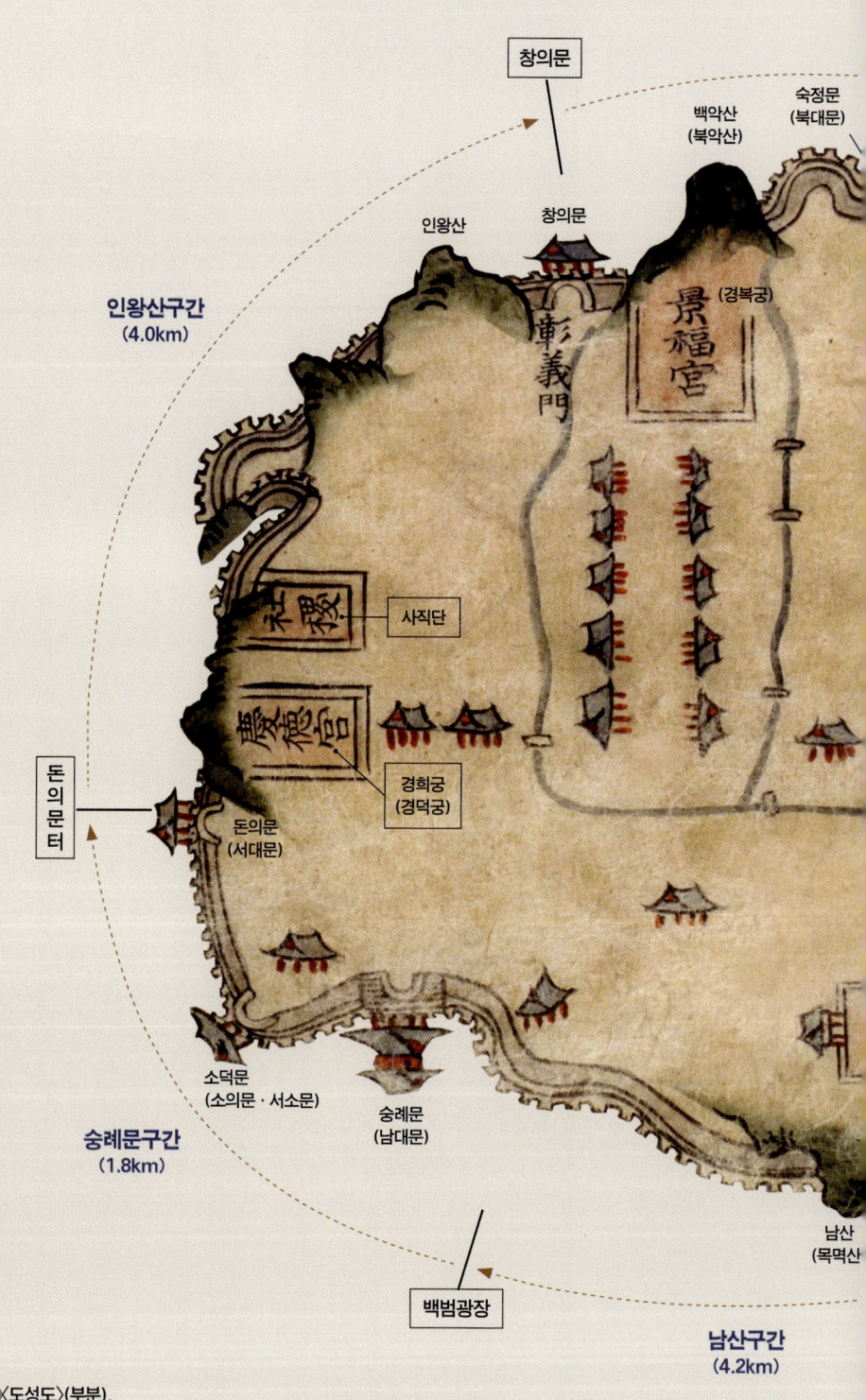

《광여도》《도성도》(부분).
서울대 규장각한국학연구원 소장.

한양도성과 순성길

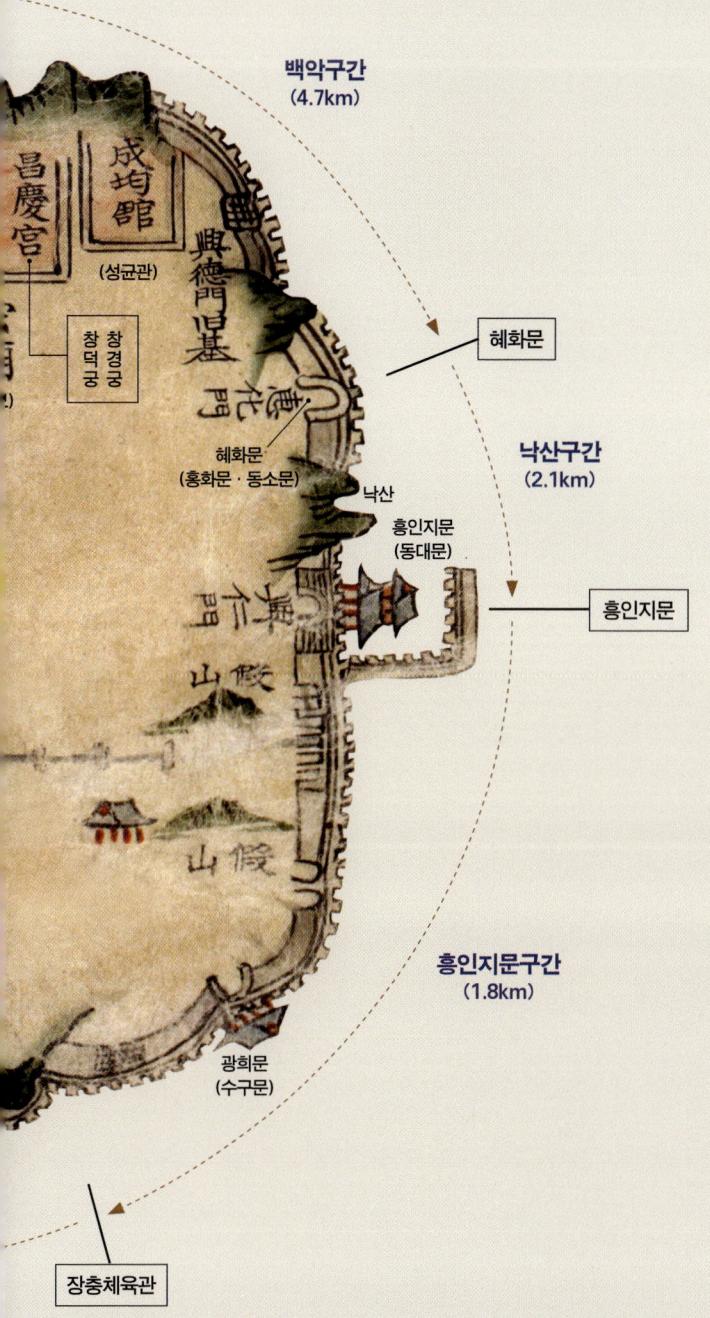

한양도성

서울을 흐르다

한양도성, 서울을 흐르다

2016년 12월 20일 1판 1쇄 발행
2017년 4월 10일 1판 2쇄 발행
2022년 11월 10일 개정판 1쇄 인쇄
2022년 11월 20일 개정판 1쇄 발행

지은이 | 신희권
펴낸이 | 이호준
펴낸곳 | 북촌

등록번호 | 제300-2015-55호
등록일자 | 2015년 3월 24일

주소 | 04520 서울특별시 중구 세종대로 136, 서울파이낸스센터 8층
전화 | 02) 722-3629
팩스 | 02) 395-3629
이메일 | bookblog@naver.com

ISBN 979-11-969062-3-8 (03910)

이 책을 만든 사람들
북 디자인 | 아르떼203 김민주
제작 | (주)재원프린팅

ⓒ신희권, 2016~2022

이 책의 판권은 저작권자와 북촌에 있습니다.
저작권자와 북촌 모두의 서면 동의 없이는 이 책의 일부 또는 전부를 이용할 수 없습니다.

- 책값은 표지에 있습니다.
- 잘못된 책은 바꾸어 드립니다.

한양도성

서울을 흐르다

신희권 지음

북촌

추천사

발굴 경험이 녹아있는 생생한 한양도성 해설

　신희권 교수의《한양도성, 서울을 흐르다》는 우리가 그동안 서울성곽이라고 불러온 한양도성에 대한 역사적 유래와 오늘의 자취를 포괄적으로 기술한 상세한 해설서이자 친절한 안내서이다. 본래 문화유산에 관한 저술은 그것이 안내서이든 해설서이든 혹은 기행문이든 답사기이든 반드시 갖춰야 할 필요충분조건이 있다. 정보가 정확해야 한다는 것이 필요조건이고 내용이 풍부하여야 한다는 것이 충분조건인데, 이 책은 그 필요충분조건을 다 갖추고 있다.
　신희권 교수는 삼국시대를 전공한 고고학자로 현재 서울시립대학교 국사학과에 재직하고 있지만, 얼마 전까지만 해도 문화재청의 국립문화재연구소 학예연구원으로 20년간 몸담고 있었다. 그 시절 신 교수는 풍납토성 발굴 책임자로 있으면서 이곳이 바로 백제의 위례성 자리임을 고증해낸 뚜렷한 성과를 내기도 하였다.
　문화재청장으로 재직해 있는 동안 나는 신희권 같은 고고학자가 있는 것이 여간 든든한 것이 아니었다. 그런 그가 서울시립대학교 교수로 자리를 옮겨간 것을 보면서 문화재청으로서는 대들보 같은 인재를 잃었다는 서운함이 없지 않았다. 그러나 그는 남들이 갖지 못한 자산이 있기에 발굴현장에서 얻은 경험을 학문적으로 체계화하는 길에 들어섰으니, 학계와 본인 모두를 위해 좋은 일이라 생각하여 축하해 주기도 하였다.
　그를 아는 사람들은 신희권 교수가 강단으로 오면 그의 전공인 삼국시대 고고학 저술을 펴낼 것으로 생각하고 또 기대도 하고 있을 것이다. 그리고 조만간 그 성과가 있으리라 믿는다. 이런 이유로 이번에 신 교수가《한양도성, 서울을 흐르다》라는 저서를 먼저 펴낸 것에 대해 의아해 할지도 모른다.
　그러나 나는 신 교수가 이 책을 언젠가는 펴낼 것으로 알고 있었고 내심 기대하고 있었다. 신희권 교수는 문화재청 시절에 풍납토성뿐만 아니라 한양도성 안팎의 여러 유적을 발굴하고 관리했던 경험이 있다. 광화문 복원에 따른 발굴과 숭례문 화재 후 성곽 복원을 위한 발굴도 맡았다. 뿐만 아니라 창덕궁관리소장도 역임하였다. 특히 그가 재직하고 있는 서울시립대학교는 서울학연구의 중심지이기 때문에, 연구 분위기도 그렇고 무엇보다도 집대성을 이룬 자료를 편리하게 이용할 수 있었을 것이다.

그런 신희권 교수가 《한양도성, 서울을 흐르다》를 탈고하고 나에게 원고를 검토해 달라고 보내왔을 때, 뜻밖에도 전문서가 아닌 흔히 말하는 대중서로 집필한 것이 한편으로는 놀랍고 한편으로는 반가웠다. 우리 학계의 분위기는 대중서를 기피하는 경향이 여전하고, 교수 업적 평가에서도 대중서는 홀대 받기 때문이다.

그럼에도 신 교수가 이런 책을 쓰게 된 데에는 나의 영향도 없지 않았겠지만, 그보다도 문화재청 시절에 얻은 한양도성 관련 지식들을 어떤 식으로든 세상에 널리 알리고 싶었을 것이다. 물론 자신의 전공인 삼국시대 고고학을 통해 독자를 만나는 작업 또한 평생의 과제로 차근히 전개하리라 기대한다.

지금 나는 《나의 문화유산답사기》 서울 편을 집필 중이어서 이 책을 꼼꼼히 읽었고 또 유익한 정보도 많이 얻을 수 있었다. 내가 20년 넘게 답사기 연작을 펴내는 동안, 우리 문화유산을 미술사가의 입장에서 본 것과는 다른 각도에서 이야기하는 저술을 항시 바라고 있었다. 이를테면 역사학자·국문학자·민속학자·고고학자 등이 저마다의 전문적 식견에 입각해 그 소견을 말해주면, 우리 문화유산이 풍부한 스토리를 확보하는 가운데 총체적으로 규명될 것이라고 기대하고 있는 것이다.

같은 한양도성이라도 내가 말하는 그것과 건축사가가 이야기하는 그것이 비슷하면서 다른 것처럼, 고고학자로 현장발굴을 경험한 신희권 교수가 저술한 이 책은 전혀 다른 분위기를 전해준다. 특히 동대문 곁 오간수문의 이야기에는 신희권 교수가 아니면 알 수 없는 스토리가 많이 들어 있어 훨씬 생생하다고나 할까.

그러면서도 그는 대한제국 시기의 근대유산에 대해서도 애정을 가지고 설명하였고, 현대 문화가 낳은 이야기들도 놓치지 않았다. 그리고 어쩔 수 없는 고고학자적 시각으로 유적의 보존과 활용이라는 두 얼굴에 대한 소견도 피력하고 있다. 이것이 이 책의 강점이다.

이 책은 신 교수의 첫 저서인데 문장에서도 자기 색깔을 갖고 있는 것이 또한 반가웠다. 멋을 부린 태가 없이 본 대로 느낀 대로 그리고 아는 대로 이야기하듯 서술하는 그만의 문체를 만났다. 차분하다고 할까. 그래서 읽기에 편하다. 만약 신 교수가 풍납토성·아차산성 이야기를 이런 식으로 저술하면 독자들이 아주 좋아할 것 같다는 생각도 해 보았다.

2017년은 한양도성이 유네스코 세계유산에 등재되는 심의가 있는 해이다. 이를 위해서는 유적의 보존과 관리뿐만 아니라, 이에 대한 연구와 국민의 관심이 얼마만큼 있냐는 것도 심사의 주요사항 가운데 하나이다. 신 교수가 이 책을 일찍 펴낸 것도 이 중차대한 시점을 놓치지 않으려는 충정도 있으리라고 생각한다. 이 책을 계기로 많은 국민이 한양도성을 깊이 있게 이해하고 삶 속에서 우리 역사의 시간과 공간을 풍성하게 누리게 되길 바라며, 사랑하는 후배의 첫 저서에 작은 추천의 글을 전한다.

유홍준(현 한국학중앙연구원 이사장 / 전 문화재청장)

추천사

서울의 힘과 아름다움이 깃든 한양도성의 모든 것

　서울은 역사의 층이 두터운 도시다. 조선의 도읍이 된 지 600여 년이 되었고, 고려 남경까지 포함하면 1,000년의 역사를 자랑한다. 여기에 백제 몽촌토성과 풍납토성까지 거슬러 올라가면 2,000년이 넘는 역사를 품고 있다. 20세기에 들어서는 전 세계 어느 도시도 경험하지 못했던 역동적이고 치열한 기간을 거쳤다. 식민도시로서의 어두운 경험과 분단국가 수도로서의 비극적 전쟁, 압축성장과 독재의 시대, 민주화 과정을 겪어 온 도시다. 서울에는 이러한 역사와 변동이 도시 형태와 유적과 기억으로 층층이 쌓여있다.

　한편으로 서울은 자연과 한 몸을 이루고 있는 도시이기도 하다. 특히 우리 땅의 지세와 지형을 잘 이용하여 계획된 도시로서, 북한산 능선을 배경으로 백악산·인왕산·낙산·목멱산의 능선을 따라 도시형태가 완성되었다. 20세기에 도시의 규모가 커지는 가운데서도 도성으로 둘러싸인 역사도심의 윤곽이 유지되었고, 외사산과 이어진 능선을 따라 거대도시이자 국제도시로서 서울의 외곽이 결정되었다. 그리고 그 중심으로 한강이 흐른다. 북한산 능선에서 굽어보면 역사도시이자 거대도시인 서울의 형태가 한 눈에 들어온다. 전 세계를 통틀어도 인구 1,000만에 가까운 수도 가운데 자연과 함께 호흡하며 어우러지는 서울 같은 도시를 찾기란 어렵다. 이처럼 서울은 우리 땅과 한 몸으로 조영된 아름다운 역사도시이며, 2,000년에 걸쳐 쌓이고 쌓인 두터운 역사층위를 갖고 있는 역사도시다.

　돌이켜보면 서울은 조선왕조의 한양과 식민지 시기 경성을 거쳐 대한민국의 서울에 이르기까지 600여 년 동안 수도로서의 지위를 유지해 왔다. 서울은 세계의 어느 수도보다도 지속성과 집중성이 강하다. 지형의 힘과 두터운 역사층위는 서울이 가진 중요한 자산이며, 서울을 둘러싼 한양도성은 서울의 고유한 성격이며 위상이다. 다시 말해 수도의 도시성곽 한양도성은 서울의 힘과 아름다움과 이력을 상징적으로 증거하고 있는 문화유산이다.

　전체 길이가 18.627킬로미터에 이르는 한양도성 중에서 국보 제1호 숭례문, 보물 제1호 흥인지문, 보물 제1881호 창의문, 그리고 사적 제10호 한양도성이 국가문화재로 지정되어 있다. 이 중에서 한양도성은 전 구간 가운데 13.1킬로미터의 성벽이 원형 또는 복원·중건된 상태로 보호 및 관리되고 있다. 안타까운 것은 지형변화와 도로확장 등으로 돈의문에서 숭례문에 이르는 구간과 흥인지문에서 광희문 너머에 이르는 구간의 성벽이 사라져버린 것이다. 하지만 사유지에 체성 일부가 남아 있거나 지표 아래 매장유적으로 남아 있는 부분이 있어서, 축성 당시의 모습을 확인할 수 있다. 고고학자 신희권의《한양도성, 서울을 흐르다》는 각각의 이름으로 관리되고 있는 도성문화재, 가려져 있거나 보이지 않는 도성유적들, 그리고 지워진 기억들을 한양도성이라는 이름으로 이어준다. "창의문에서 한양도성의 문을 열다"에서 시작하여 "한양도성, 서울을 품다"에 이르는 24편의 글을 읽으면서, 한양도성이 실체와 기억으로 이어진 커다란 띠와 같은 도시유산이라는 것을 다시금 실감하게 된다. 크기와 형태를 몸으로 가늠하고, 그 풍경에 감동하고, 그 의미를 깨닫게 된다. 이제 동서남북의 네 방위를 가늠하면서 백악산·낙산·목멱산·인왕산의 지형과 한 몸으로 축조된 한양도성을 순성한다. 한양도성을 따라 걸으며 그 몸에 새겨진 500여 년 조선왕조의 수도 한양의 역사와 20세기 근대를 꿰뚫는 변동의 역사를 읽는다.

  이 책은 고고학자의 시선으로 멀리 고구려의 성곽유산을 바라보면서, 문자와 기록으로 한양도성을 해석하고, 유적에 새겨진 지형과 시간을 실증하며 쓴 역작이다. 한양도성을 따라 걸으며 몸으로 익히고 읽고 새기길 권한다.

송인호(현 이코모스한국위원회 위원장 / 전 서울역사박물관장)

저자의 글

한양도성과 함께 글쓰기의 문을 열며

누구에게나 처음이란 설레고 두렵기까지 하다. 필자에겐 이 책이 바로 그렇다. 대학생이 되어 고고학에 입문한 이후, 그만큼의 시간을 고고학에 바친 뒤에야 비로소 필자의 위치에서 책을 내게 된 것이다. 하지만 이 책을 보고 필자를 좀 안다는 사람들은 의아해 할지도 모르겠다. "어? 이 양반이 왜 한양도성 책을 냈지? 풍납토성이 아니고!"라며 말이다. 그렇다. 필자는 백제 전공자다. 그중에서도 한성시대 백제의 도성을 주로 연구한다. 1997년부터 10년 넘게 직접 풍납토성을 파고 공부해서 그곳이 백제의 첫 도읍지인 위례성임을 주장해 왔다. 이런 필자가 한양도성을 첫 책으로 쓰게 된 데는 그만한 까닭이 있다.

도성이란 한 나라의 도읍 전체를 가리키기도 하고, 도읍의 외곽을 둘러싸고 있는 성을 가리키기도 한다. 돌이켜보면 한양도성을 만난 게 1990년이니, 한양도성과의 인연은 풍납토성보다 훨씬 일찍 시작되었다고 할 수 있다.

필자가 대학교 2학년 겨울방학을 고스란히 반납하고 발굴조사 현장에 본격적으로 뛰어든 곳은 조선의 정궁인 경복궁이었다. 임진왜란 이후 270여 년간 폐허로 방치되다가 1867년 고종 연간에 흥선대원군의 주도로 중건된 경복궁은 불과 40여 년 만에 일제 치하에서 무참히 훼손되어 버렸다. 고종 대에 중건된 경복궁의 90퍼센트 정도가 사라지고 변형된 셈이니 참으로 안타깝기 짝이 없는 노릇이다. 급기야 정부는 1990년 경복궁 복원의 첫 삽을 뜨게 되는데, 왕과 왕비의 침전이었던 강녕전과 교태전 발굴조사가 그 시작이었다. 아무것도 모르던 학부 2학년생 신분으로 이처럼 뜻깊은 발굴조사의 보조 역할을 하게 된 이후, 필자는 평생 발굴현장과 함께하는 고고학자의 길로 접어들었다.

이렇게 한양도성과의 인연을 맺게 된 필자는 2007년 경복궁 복원의 하이라이트였던 광화문지 발굴조사의 책임을 맡게 되었고, 이듬해에는 불에 탄 숭례문지의 발굴까지 맡게 되었다. 한양도성의 정문격인 숭례문과 조선시대 정궁인 경복궁의 정문 광화문을 동시에 발굴하면서, 우리 대표 문화재라 할 수 있는 두 문을 발굴조사하는 데 전심전력했다.

그로부터 몇 년이 흐른 2012년에는 전혀 다른 곳에서 한양도성과 인연을 맺게 되었다. 필자가 문화재청 연구직 공무원으로는 유일하게 세계문화유산 창덕궁 관리소장에 부임한 것이다. 그 자리에 있으면서 한양도성과 조선의 궁궐들을 더욱 깊이 있게 공부하게 되었고, 이로써 서울을 도읍으로 하여 일어선 백제와 조선의 역사와 문화를 아우르는 서울 역사문화 연구자로 한 걸음 더 나아가게 되었다. 풍납토성이 필생의 업이라면 한양도성은 여생의 연이라도 되는 것일까.

이쯤이면 한양도성과 필자의 관계에 대해 약간의 의문이 풀렸으리라 생각한다. 한양도성! 조선을 건국한 태조 이성계가 한양으로 천도하고 도성 축조를 시작한 해가 1396년이니 지금으로부터 620년 전이다. 한 왕조가 500년 이상 이어졌다는 것은 실로 대단한 일이다. 우리보다 역사가 긴 중국에서도 이만큼 이어진 왕조는 없었으니 말이다. 그런데 더 놀라운 것은, 기나긴 역사를 자랑하는 조선왕조의 도성이 현재 대한민국 수도 서울에 여전히 우뚝 서 있다는 사실이다. 비록 복원한 부분도 있고 일부 훼손된 구간도 있지만, 이 도성은 600년이 넘는 세월의 흔적을 안고 우리 곁에 남아 우리와 함께 역사를 이어가고 있다. 이 책을 쓰게 된 것은 바로 이 때문이다.

성벽이란 시간이 가면서 무너지고 훼손되기 마련이고 그럴 때면 어김없이 고쳐 쌓게 된다. 그런데 성벽을 처음 쌓은 뒤 고쳐 쌓는 과정이 이어지다 보면, 각 시기의 사상과 기술, 그리고 백성들의 피와 땀이 스며들 수밖에 없다. 이 책을 읽는 모든 사람들이 이것을 느끼고 생각하고 되새겨보길 원한다.

　이 책과 함께 한양도성을 오르는 동안, 역사학자의 시선과 고고학자의 시선이 교차되곤 할 것이다. 물론 우리 역사와 문화가 자연과 어우러지는 곳에서 만나게 되는 풍광의 아름다움도 놓쳐서는 안 될 것이다. 이처럼 구간마다 다양한 시선을 간직한 한양도성의 멋을 이 책에서 제대로 만나보았으면 좋겠다. 백악산에서 시작해 낙산을 거쳐 남산을 지나 인왕산에서 순성을 마무리하는 동안, 곳곳에 담겨 있는 한양도성의 숨은 가치를 느껴보길 기대한다.

　하지만 이 한양도성에는 우리 문화재 보존의 실상과 문제점이 그대로 녹아 있다. 1970년대에 마음만 앞섰던 한양도성 성벽복원사업을 시작으로, 1990년대 말부터 시작된 땅속 깊이 남아 있는 성벽을 찾아내는 발굴 작업, 그리고 그 결과를 토대로 고심 끝에 진행해 오고 있는 한양도성의 원형 고증 작업 등이 그것이다. 전문가들은 물론이고 우리 역사와 문화를 사랑하는 모두가 마음을 모으고 있지만, 여전히 갈 길이 멀어 보인다. 몇 년 전에 발굴되었지만 자취를 감추어버린 청계천의 오간수문이나 동대문운동장에서 발굴된 이간수문의 복원을 보면, 국민들의 수준을 만족시킬만한 복원에 이르기에는 아직 아쉬움이 크다. 이 때문에 최근에 발굴된 남산 회현자락의 한양도성만큼은 좀 더 나은 모습으로 보존될 수 있기를 기대한다.

　이렇게 필자는 이 책에 한양도성이 품은 우리 역사·문화·풍광과 더불어, 문화재 복원의 자취·현주소·미래비전까지 담았다. 부족하지만, 20년간 문화재 담당 부처의 공직자로서 직접 보고 듣고 깨달은 철학을 다 꺼내 놓았다.

　2016년에 초판을 찍고 2쇄까지 출판한 뒤, 그새 변화가 생긴 한양도성의 현황을 반영하고 수정이 필요한 부분을 보완하여 개정판을 내놓게 되었다. 근래 한양도성을 답사한 분들은 누구나 느꼈겠지만 점점 더 많은 사람들이 한양도성을 찾고 있다는 사실이 놀라울 따름이다. 주중과 주말을 가리지 않고 한양도성 구석구석을 누비는 마니아층이 있는가 하면 친구, 연인, 가족 단위 방문객까지 한양도성의 숨결을 느끼고자 발길을 재촉하는 사람들로 넘쳐나고 있다. 한양도성의 세계유산 등재 열풍도 한 몫을 하였을 테고, 금단의 땅이나 다름없었던 청와대와 그 뒷길이 수십 년 만에 개방된 탓도 있을 것이다. 그러나 무엇보다 600년 넘게 변함없이 서울을 감싸 흐르는 한양도성의 소중함을 알고 찾는 분들이 많아졌다는 생각이 든다. 앞으로도 더 많은 사람들이 한양도성을 오르며 그것이 품고 있는 역사와 문화의 정취를 만끽하길 권해 본다.

   이 책의 개정판이 출간되기까지 처음 열정 그대로 필자를 독려하며 한양도성 알리기에 힘써 준 북촌출판사 이호준 대표에게 다시 한 번 감사의 마음을 전하고 싶다. 떨리는 마음으로 이 책을 선보일 때도 밝힌 바와 같이 이호준 대표가 아니었더라면 감히 엄두도 못 낼 일이었는데, 개정판까지 찍게 되다니 감개무량하다. 한양도성의 출판을 기점으로 《문화유산학 개론》2018과 《창덕궁, 왕의 마음을 훔치다》2019 등 졸저를 연거푸 내놓았던 일도 꿈만 같다. 기회가 된다면 한양도성을 아우른 보다 흥미진진한 이야기로 독자들을 다시 만나고 싶다. 좀 더 성숙한 모습으로 만나볼 날을 기약한다.

한양도성 백악마루에서

신희권

차례

추천사	발굴 경험이 녹아있는 생생한 한양도성 해설(유홍준/한국학중앙연구원 이사장)	4
추천사	서울의 힘과 아름다움이 깃든 한양도성의 모든 것(송인호/이코모스한국위원회 위원장)	7
저자의 글	한양도성과 함께 글쓰기의 문을 열며	10

1부 ─── 백악구간 : 조선의 심장을 타고 흐르는 한양도성

1장	창의문에서 한양도성의 문을 열다	18
2장	백악마루에서 한양을 눈에 담다	30
3장	숙정문에서 조선의 중심을 지키다	44
4장	한양도성, 탄생의 비밀을 엿보다	56

2부 ─── 낙산구간 : 사람과 성벽과 자연이 함께 부르는 노래

5장	혜화문에서 친구 같은 성벽을 만나다	72
6장	성벽이 낳고 근현대 문화가 그려낸 이화벽화마을	88
7장	한양도성을 한달음에 돌아보는 순성놀이	100
8장	성벽의 글씨, 책임시공을 말하다	114

3부 ─── 흥인지문구간 : 끊어진 성벽 사이에 깃든 보물의 위엄

9장	글자 하나로 땅의 기운을 살린 흥인지문	130
10장	발굴의 희로애락이 깃든 동대문운동장	144
11장	오간수문, 명당수 청계천에 서다	156
12장	역사가 들려주는 한양도성의 이력서	170

4부 ─── 남산구간 : 가슴 아픈 우리 역사의 무대

- 13장 　조선의 통신을 지휘하던 남산 봉수대　　　184
- 14장 　남주작 남산의 뒤바뀐 운명　　　196
- 15장 　남산이 품었던 남소문과 성저십리　　　208
- 16장 　유적의 두 얼굴, 보존과 활용　　　220

5부 ─── 숭례문구간 : 도심이 껴안은 역사의 흔적

- 17장 　국보 숭례문을 말한다　　　236
- 18장 　흔적으로 말하는 서울도심의 도성길　　　250
- 19장 　대한제국의 야외박물관, 정동　　　266
- 20장 　사라진 돈의문, 역사마을로 되살아나다　　　280

6부 ─── 인왕산구간 : 육백 년 도읍을 품은 한양도성

- 21장 　임시정부의 혼이 숨 쉬는 경교장　　　294
- 22장 　나라의 번영을 기원한 사직단　　　306
- 23장 　우백호 인왕산이 품은 도성과 명승들　　　320
- 24장 　한양도성, 서울을 품다　　　334

참고문헌　350

1부

1장__창의문에서 한양도성의 문을 열다
2장__백악마루에서 한양을 눈에 담다
3장__숙정문에서 조선의 중심을 지키다
4장__한양도성, 탄생의 비밀을 엿보다

백악구간 : 조선의 심장을 타고 흐르는 한양도성

1장

창의문에서
한양도성의 문을 열다

인왕과 백악을 이어주는 아름다운 문

    서울의 중심이라 할 수 있는 광화문 인근. 경복궁역 3번 출구로 나와 서촌을 옆으로 두고 우뚝 솟은 삼각산 北한산이 이끄는 대로 길을 나선다. 한양도성 가는 길. 그 시작을 조선의 역사와 문화의 중심에서 시작하려는 마음에 찾아간 곳. 도성을 한 바퀴 도는 순성길의 시작 지점인 창의문으로 간다.

    지금의 서촌은 겸재 정선을 비롯해 조선의 문인들과 예술가들이 시를 짓고 그림을 그리던 인왕곡·청풍계·백운동 등이 자리한 문화의 중심지였다. 근현대에 와서도 시인 윤동주와 작가 이상이 이곳에서 작품을 구상했으니, 서촌은 역사를 통틀어 예술이 깊이 뿌리내린 동네라 할 수 있겠다.

    서촌을 관통하는 대로를 따라 오르다가 청운효자동 주민센터가 면해 있는 길을 따라 오른쪽으로 나아가면 청와대 앞 무궁화동산이 나온다. 동산에서 경복고등학교·청운중학교가 등을 맞댄 길을 따라가다 보면 오른편 위에 멋진 모자를 눌러쓴 문이 하나 눈에 들어온다. 한양도성 사소문 四小門 가운데 하나로 백악산 북악산과 인왕산 중간에 위치하여 북소문 北小門 또는 자하문 紫霞門으

〈창의문〉, 정선(1676~1759), 《장동팔경첩》, 지본담채, 33.1×29.5cm, 국립중앙박물관 소장.

로 불리는 창의문彰義門이다. 창의문이라는 이름은 태조 5년1396에 처음 세워질 때 붙은 이름으로, 이후 장의문莊義門이라는 이름으로 표기된 적도 있지만 가장 많이 불린 공식적인 이름은 역시 창의문이었다.

창의문은 한양도성의 북대문인 숙정문肅靖門과 함께 북한산·양주 방면으로 통하는 교통로로 사용되었다. 그러나 문을 연 지 얼마 되지 않은 태종 16년1416에 풍수지리상 왕실에 해가 된다는 이유로 폐쇄되었다가, 90년이 지난 중종 1년1506이 되어서야 통행이 가능해졌다. 이처럼 이미 만들어진 성문이라 할지라도 풍수지리상의 논리로 사용을 금지하거나 폐쇄되거나 아예 없애는 경우도 있었다. 숙정문과 창의문 등이 그 예이다. 이 두 문이 사용되지 않은 것은 바로 풍수지리상의 지맥地脈 보호 때문이었다.《태종실록》태종 13년 6월 19일자 기사에 등장하는 풍수가 최양선崔揚善의 상소에서 그 내용을 알 수 있다.

> 풍수 학생風水學生 최양선崔揚善이 상서하였다.
> "지리地理로 고찰한다면 국도國都 장의동藏義洞 문과 관광방觀光坊 동쪽 고갯길은 바로 경복궁의 좌우 팔입니다. 빌건대, 길을 열지 말아서 지맥을 온전하게 하소서."
> 임금이 그대로 따랐다. (중략) 장의동藏義洞에 소나무를 심으라고 명하였다.
>
> 출처 : 이 부분을 비롯해 이 책의 모든《조선왕조실록》번역문은 한국고전번역원 제공〈한국고전종합DB〉의 번역문을 인용한 것이다.

이 기사에 등장하는 장의동 문과 관광방 동쪽 고갯길의 문은 바로 창의문과 숙정문에 해당한다. 최양선의 상소를 접한 태종은 그의 주장대로 창의문과 숙정문을 폐쇄하고 백성들의 출입을 제한하였다. 특히 창의문으로 향하는 길에는 소나무를 심어 지맥을 보존토록 하였다. 그러나 시간이 가면서 창의문의 통행금지 단속이 느슨해지자 창의문으로 드나드는 사람들이 점차 늘어나게 되었다. 이에 세종은 다시금 술사術士 이양달李陽達의 말대로 장의문莊義門, 창의문의 별칭의 출입을 막되, 별도의 명령을 받아 통행하도록 허가하였다. 이후에도 조선 왕실에서는 창의문을 닫고 백성들의 통행을 엄격하게 단속했던 것으로 알

무궁화동산에서 흘러온 발걸음이 창의문으로 오르는 길. 겸재의 〈창의문〉이 입구에서 안내한다. 이호준 촬영.

인왕산구간의 끝에서 백악구간으로 달려가는 한양도성과 고개 들고 바라보는 창의문. 이호준 촬영.

려져 있다. 그럼에도 불구하고 백성들의 출입은 끊이지 않았고, 조선 중기에 이르러서는 창의문 통행이 재개된 것으로 보인다.[1]

하지만 근현대에 이르러 창의문은 다시 한 번 닫힌다. 1968년 1월 21일, 북한 특수부대 요원들이 청와대로 침투하려 했던 일명 '김신조 사건'으로 한양도성 백악구간이 폐쇄된 것이다. 이때부터 일반인의 통행이 금지된 창의문은 20여 년 동안 굳게 닫혔다가, 지난 1993년 다시 문을 열었다. 서울시와 정부의 노력으로 청와대 및 수방사와 협의하여 창의문 경내에 설치된 군용막사 1동과 경비초소 1개소, 군사용 철책 등을 백악산 쪽으로 옮기고, 이 일대 910평을 사적공원으로 만들어 일반에 공개하기로 한 것이다. 또한 제대로 된 창의문의 모습을 보여주기 위해 단청을 새로 칠하고 주변에 옹벽을 쌓아 산책로를 정비하는 등 보수공사를 했다. 그 결과 창의문은 그해 12월 원래의 모습으로 다시 돌아왔다. 창의문과 백악구간이 함께 열리면서 한양도성 전체를 둘러보는 계기가 된 역사적 사건이었다.

조선 후기 건축을 대표하는 보물로 서다

창의문은 임진왜란을 겪으면서 문루가 불에 타 없어졌으나, 영조 17년 1741에 복원되었다. 이때 인조반정 공신들의 이름을 새긴 판을 문루에 걸어 놓았다. 영조 대에 복원된 창의문은 사소문 중에 유일하게 완전한 모습으로 남아 18세기 조선시대 문루 목조 건축양식을 대표하는 사례로 꼽히고 있다. 창의문은 숭례문이나 흥인지문의 석축과 동일한 양식의 장대석 축대陸築, 육축를 작은 규모로 쌓고, 그 위에 목조의 문루 건축을 단층으로 세웠다. 육축의 아랫부분은 정연하게 돌로 쌓아올려져 있지만, 윗부분은 벽돌 여장으로 되어 있다. 육축 천장에는 구름 위를 노니는 봉황 한 쌍이 화려한 자태를 뽐내고 있다. 성문의 바깥쪽에는 인왕산구간 쪽으로 올라가는 'ㄷ'자 형태의 등성성에 올라감 시설을 설치하였다.

문루는 정면 3칸, 측면 2칸 규모에 우진각 지붕 형태를 띠고 있다. 보를 받치는 익공翼工은 쇠서를 두 겹으로 낸 겹처마 구조이다. 지붕은 석회·점토·모래를 섞어 만든 강회로 마루를 감싼 양성마루이며, 마루마다 취두·용두·잡상을 배열하였다. 추녀 끝의 사래에는 토수와를 끼웠다. 문루를 받치고 있는

창의문 정면. 현판이 있는 방향이 정면이다. 이호준 촬영.

창의문 후면. 이호준 촬영.

창의문 문루. 이호준 촬영.

가구 방식은 평기둥 위에 바로 대들보를 얹고 그 위에 다시 꽃쟁반형 부재를 놓아 마룻보와 중도리의 짜임을 받친 구조이다. 천장은 서까래를 모두 노출시킨 연등천장으로, 지붕 안쪽의 가구 부재들을 그대로 볼 수 있도록 되어 있다. 문루의 동쪽과 서쪽으로는 내부로 들어가는 쪽문인 협문夾門을 대칭으로 배치하였다.

모든 사물이 그렇듯 창의문 역시 원래 모습에서 조금씩 변했는데, 1958년 보수공사, 1970년 단청보수, 1983년과 1985년 부분보수, 1987년 지붕 번와翻瓦, 1989년 단청보수, 1993년 보수공사 등 여러 차례 수리가 이루어져 지금과 같은 모습을 갖게 되었다. 그럼에도 불구하고 사소문 가운데 유일하게 문루가 18세기에 중건되어 큰 변형 없이 남아 있는 데다, 건축 양식적으로 진정성과 학술적 가치를 지니고 있으며, 육축과 등성시설 또한 잘 보존되어 있어 그 가치와 역사적 의미가 크다. 이러한 가치를 인정받아 2015년 12월 보물 제1881호로 지

광해군을 폐위시키고 능양군을 새 임금(인조)으로 세운 반정군이 칼을 씻었다는 세검정. 이호준 촬영.

정되었다.

현재는 창의문 서쪽의 도로가 통행로로 이용되고 있다. 1968년에 개통된 북악스카이웨이가 자하문 고개를 넘어가는 기존 길과 교차하게 되면서 창의문 앞을 도로로 가로막아 창의문으로의 접근을 어렵게 한 탓이다. 뿐만 아니라 창의문 밖에서 창의문과 백악산을 조망하는 경관을 완전히 가로막고 있는 점 또한 안타깝다. 특히 이 지점은 한양도성 백악구간의 입구이기도 하다. 창의문으로 보다 쉽게 접근할 수 있는 길이 열리고 백악산으로 이어지는 조망권까지 확보할 수 있다면, 창의문의 문화재적 가치와 지리적 우월성이 더욱 빛날 것 같다.

인조반정의 시작을 몸으로 알리다

창의문은 1623년 인조반정 때 능양군을 비롯한 반정군들이 문을 부수고 도성 안에 들어간 곳으로 알려져 있다. 반정군은 3월 13일 밤 김류를 선두로 이귀, 김자점, 심기원, 최명길 등이 700명의 병력을 이끌고 홍제원에 집결했다.

그들이 자신을 옹립하려 한다는 소식을 들은 능양군 이종 李倧, 倧은 인조의 휘 역시 친병들을 거느리고 고양 연서역으로 출동하여 장단부사 이서 휘하의 병력 700여 명과 합류했다. 반정군이 세검정 洗劍亭을 지나 창의문에 다다랐을 때 수문장 몇몇이 앞길을 막아섰다. 하지만 그들은 망설임 없이 수문장을 죽이고 행군을 계속하여 마침내 창덕궁 앞에 이르렀다. 그러자 궁궐을 지키던 훈련대장 이흥립은 기다렸다는 듯 순순히 반정군에게 돈화문을 열어주었다. 궁궐에 뛰어든 군사들은 숙직하던 도승지 이덕형과 보덕 윤지경을 체포하고, 수하들과 함께 저항하는 병조참판 박정길을 참살했다. 창덕궁이 너무도 손쉽게 반정군에 장악되었으니, 가히 무혈입성하다시피 반정에 성공하였다고 볼 수 있다. 그런데 궁궐을 지키던 훈련대장은 왜 아무런 저항 없이 궁궐의 대문을 활짝 열어준 것일까? 서슬 퍼런 반정군의 기세에 눌려 목숨이라도 건져볼까 하는 심사였을까? 아니면 국가의 중직을 맡은 신하조차도 광해군의 폭정에 시달려 세상

인조의 아버지 정원군(원종으로 추존)의 집이 있던 곳에 세워진 경희궁.
뒤쪽에 인왕산이 보인다. 이호준 촬영.

1장 창의문에서 한양도성의 문을 열다

왕기가 서려 있다고 알려진 경희궁의 왕암. 이호준 촬영.

을 바꿔보려는 심사였을까?

　인조반정 얘기가 나왔으니 이 대목에서 인조와 광해군과의 범상치 않은 인연을 한번 살펴보자. 이들의 인연은 경희궁 창건으로 거슬러 올라간다. 광해군은 경운궁德壽宮에서 즉위한 후 곧바로 임진왜란으로 소실된 창덕궁 복원을 시작하여 1609년 그곳에 입궐하게 된다. 그러나 정작 광해군은 창덕궁을 흉궁凶宮이라 여기고 본인이 꿈꾸는 궁궐을 길지에 새로 짓고자 하는데, 바로 인왕산 자락 아래 자리한 인경궁仁慶宮 이다. 아마도 광해군은 창덕궁보다도 훨씬 웅장하고 화려한 궁궐을 지어 옮기려 했던 모양이다. 이때가 광해군 9년 1617년 인데, 이처럼 인경궁 신축공사를 막 시작했을 무렵 김일룡金日龍이라는 술인術人이 이르기를, 인경궁 남쪽의 새문동塞門洞 언저리에 왕기王氣가 있으니 그곳에 궁궐을 지어야 한다는 것이었다. 어렵사리 왕위에 오른 터라 그냥 흘려보내기 어려운 주문이었기에, 광해군은 인경궁 공사를 중단하고 새문동 일대의 민가 수백여 호를 헐어낸 뒤 새로운 궁궐을 짓기 시작한다. 그런데 그 터는 바로 정원

군인조의 아버지로 훗날 원종으로 추존과 능창군의 집이 있던 곳이다.

　새 궁궐공사에 착수한 광해군은 새로운 궁호를 경녕궁慶寧宮으로 하였으나, 그해 7월 경덕궁慶德宮으로 바꾸라 전교한다. 하지만 영조 36년1760 경덕이라는 궁명이 추존왕 원종의 시호인 경덕敬德과 음이 같다고 하여 다시 이름이 바뀌게 되니, 경복궁의 서쪽에 있다고 해서 서궐西闕이라는 이름을 얻은 경희궁慶熙宮이 바로 그것이다. 여하튼 왕기를 독차지하고자 인경궁 건설까지 포기하고 새로 지은 경덕궁은, 1620년 마침내 완공된다. 이렇게 왕기가 깃든 궁이 완공되었으나, 광해군은 즉위 15년1623 3월 새로운 궁궐로 이어를 앞둔 상황에서 인조에 의하여 창덕궁에서 폐위되고 만다. 이 과정에서 광해군을 잡기 위해 횃불을 들고 다니던 군사들에 의해 불이 나는 바람에 창덕궁은 인정전을 제외하고 잿더미가 되었다. 그 결과 인조는 경운궁 즉조당에서 인목대비로부터 옥새를 받고 즉위한 직후 10년 가까이 창덕궁이 아닌 경덕궁경희궁에서 정사를 돌보게 된다. 이 임금이 바로 광해군에 의해 쫓겨난 정원군의 아들이니 참으로 묘한 인연이 아닐 수 없다. 결국 그곳이 왕기가 서린 땅이라는 술사의 예언이 그대로 들어맞아 버렸다. 그 아버지의 집을 빼앗아 궁궐을 지어 아들에게 바친 셈이니 참으로 아이러니하지 않은가! 아무리 거부하고 막으려고 해도 안 되는 일이 있는 모양인데, 이런 게 운명인가 싶다.

오백 년 도읍지를 지켜낸 한양도성의 입구에 서다

　창의문은 인왕산이 끝나고 백악산이 시작되는 지점에 있기 때문에, 인왕산구간이나 백악구간으로 오르는 한양도성 순성의 출발점으로 자리 잡았다. 창의문에서 인왕산구간으로 가려면 도로를 건너야 하는데, 건너편에 닿자마자 바로 윤동주 문학관과 '시인의 언덕'이란 작은 공원을 만나게 된다. 윤동주 시인은 연희전문학교 재학 시절 종로구 누상동에 있는 소설가 김송의 집에 하숙

했는데, 종종 인왕산과 백악산에 올라 〈서시〉와 〈별 헤는 밤〉 같은 대표작을 구상했다고 한다.

이러한 인연으로 문을 연 윤동주 문학관은 버려진 청운 수도가압장 시설을 리모델링하여 문화공간으로 만든 곳이다. 2012년에 개관한 전시관은 30평이 채 되지 않는 작은 공간이지만 매우 알차게 운영되는 듯하다. 윤동주 시인이 활동하던 당시에 발간된 문학잡지를 비롯하여 사진자료·친필원고·시집 등을 전시하고 있으며, 시낭송회·음악회·백일장 등 문학 관련 행사도 개최한다. 자칫 골칫덩이로 전락할 수도 있는 폐기된 시설이 의미 있는 문화공간으로 탈바꿈한 만큼, 건축적으로나 디자인적으로 한 번은 가봄직한 특이한 전시관이라 할 만하다.

시인의 언덕이 있는 청운공원은 한양도성 안쪽에서는 윤동주 문학관 뒷길을 따라가면 되지만, 도성 바깥쪽에서 가려면 부암동 주민센터에서 창의문 앞 큰길로 가다가 검은색 글씨로 "시인의 언덕 오르는 길"이라 쓰인 계단을 올라가야 한다. 시인의 언덕 한쪽에는 반원형의 둥그런 바위가 하나 놓여 있고, 거기에 '윤동주 시인의 언덕'이란 이름이 새겨져 있다. 언덕에 서면, 백악산에 펼쳐진 한양도성의 구불구불한 성벽은 물론 인왕산의 깎아지른 암벽과 삼각산 봉우

시인의 언덕에 솟은 윤동주 시비(詩碑). 이호준 촬영.

윤동주 문학관과 창의문 사이의 끊어진 성벽. 이호준 촬영.

시인의 언덕 부근 한양도성에서 바라본 삼각산과 부암동 전경. 이호준 촬영.

리들까지 훤히 보인다. 그다지 높지 않은 곳임에도 사방이 한눈에 들어오는 특급 전망대다. 그래서인지 종로구에서는 해마다 이곳 청운공원에서 해맞이 축제를 열고 청와대 앞 대고각大鼓閣으로 이동해 소원성취를 기원하는 북치기 행사를 벌인다고 하니, 인왕산에서 새해를 맞이하는 것도 특별한 경험이 될 것이다.

본격적으로 한양도성에 오르기 전에 문학관에서 한숨 고르고, 시인의 언덕에서 윤동주 시인의 정기를 받아 가는 것도 좋은 생각일 듯싶다. 반면에 제법 튼튼한 다리를 가지고 있다고 생각하는 사람에게는 창의문 동쪽의 백악구간 도전을 권해 본다. 백악산으로 눈을 돌리는 순간 가파르게 솟구치는 북현무의 기세에 기가 질려 첫발을 떼기가 두려울 수도 있다. 하지만 최근에 설치된 성벽길 나무 난간은 자칫 사그라질 수도 있는 도전 의지를 되살리며 든든한 동행이 되어 준다.

---

1 이용범, 2012, 〈서울 한양도성과 서울 사람들의 삶 : 한양도성 관련 민속을 중심으로〉, 《서울 한양도성(서울성곽) 유네스코 세계유산 잠정목록 등재를 위한 학술연구》, 서울특별시.

2장
백악마루에서
한양을 눈에 담다

한양도성의 진산, 백악산

'하얀 바위'라는 뜻의 백악산白岳山, 북악산은 이름만으로도 맑고 깨끗한 느낌을 준다. 인근 부암동에는 추사 김정희의 별장이 있었다고 전하는 백사실계곡白沙室溪谷과 백석동천白石洞天이 하얀 바위와 숲이 엮어낸 태고의 아름다움을 살며시 드러낸다. 게다가 이 산은 조선의 정궁인 경복궁의 진산이었으니, 위엄과 상징성은 그 어떤 산보다도 대단하다. 광화문광장에서 경복궁을 바라볼 때면, 부끄러운 듯 근정전 뒤로 얼굴을 반쯤 숨기는 백악산. 이 하얀 돌산은 조선과 대한제국, 대한민국에 이르기까지 우리 역사의 중심에 있었다.

태조 4년1395 백악산 아래 경복궁이 들어서자, 이듬해에 백악산을 중심으로 인왕산·낙산·남산에 한양도성이 축성되기 시작했다. 백악산이 경복궁의 진산鎭山, 혹은 주산主山이자 한양도성의 진산으로 자리 잡은 게 바로 이때였다.

지금은 북악산으로 불리고 있는 백악산의 정상은 백악마루라 한다. 한양도성 백악구간을 걷다가 성곽길의 가장 높은 지점에서 50미터 정도 나아가면 만날 수 있다. 하지만 성곽길을 따라 걷다 보면 자칫 놓치고 지나갈 수도 있기 때

백사실계곡에 자리한 조선 후기 대표 문인 추사 김정희의 별서로 추정되는 곳. 이호준 촬영.

한양도성이 끌어안은 서울의 중심 종로구의 백석동천. 이호준 촬영.

문에 조금은 긴장하고 만나야 하는 곳이다. 백악마루에는 "白岳山 백악산 海拔 해발 342m"라고 쓰인 표석이 앉아 있는데, 그곳에 서면 서울시내는 물론 남산과 그 너머까지 훤히 보인다. 백악산 아래에 위치한 청와대 방향으로는 사진촬영이 금지되어 있기에, 사람들은 눈에 들어오는 전경을 잠깐 둘러본 뒤 표석과 함께 인증샷을 찍고 내려가곤 한다.

6구간으로 구성된 한양도성에서 백악구간이 차지하는 의미는 남다르다. 한양도성을 쌓을 때 공사구간을 97개로 나누고 각 구간의 이름을 천자문 순서에 따라 천天에서 조弔까지 붙였는데, 백악구간의 이름이 바로 '천'이었다. 성벽 축조공사가 바로 여기서 시작되었다는 얘기다. 백악마루는 경복궁의 진산인 백악산에서 가장 높은 곳이기 때문에 이 지점부터 시계방향으로 한 바퀴를 돌아 18.6킬로미터라는 거대한 도성이 들어선 것이다.

조선시대 518년 동안 도읍으로 자리했던 한양은 음양과 풍수지리 사상으로 볼 때 길지吉地에 해당한다. 북으로 백악산이 버티고 있고, 남으로 한강이 굽이쳐 흐르는 전형적인 배산임수의 명당이다. 예로부터 명당이라 함은 장풍득수藏風得水의 지형조건이 필수였는데, 이는 말 그대로 바람을 감추고 물을 얻

백악구간 출발지점인 창의문 성벽에서 바라본 인왕산과 성곽마을. 이호준 촬영.   청운대에서 바라본 백악마루. 신희권 촬영.

는다는 뜻이다. 한양은 네 개의 산 내사산內四山으로 둘러싸인 분지인 데다 남쪽으로 한강이라는 큰물이 있으니 이러한 조건에 딱 맞아떨어지는 곳이다. 북현무 백악산, 좌청룡 낙산, 우백호 인왕산, 남주작 목멱산 남산을 택해 도성의 최적지로 삼은 것이 바로 풍수지리 사상을 고려한 것임에 이론의 여지가 없다.[1]

 이렇듯 한양은 풍수지리 사상을 바탕으로 조선의 도읍이 되었지만, 자세히 들여다보면 다른 이유도 있었던 것 같다. 고려 말기에 국가적으로 유행했던 지리도참설도 영향을 끼친 것으로 보인다. 지리도참설은 원래 신라 말기에 도선대사 道詵大師가 중국에서 받아들인 지리학으로, 인문 지리적 인식과 예언적인 도참신앙이 결부된 학설이다. 즉 풍수지리가 나라의 앞날이나 종교적·정치적 상황 등을 결정한다는 설이다.

 백악산이 한양도성의 진산으로 정해진 게 지리도참설과 관련이 있다는 흥미로운 이야기가 있다. 현재 한양도성의 진산은 백악산이며, 좌청룡으로 낙산이, 우백호로 인왕산이 자리한 형세이다. 그런데 조선왕실이 도읍을 개경 개성에서 한양으로 옮기려 했을 때, 백악산이 아니라 인왕산을 진산으로 삼고 낙산으로 안산案山을 삼는 것이 바람직하다는 주장도 있었다. 한양도성의 진산을 어디로 정하느냐에 따라 나라의 운명마저 바뀔 수 있다는 얘기까지 있었는데, 이긍익의 《연려실기술練藜室記述》에서 《오산설림五山說林》에 수록된 것으로 알려진 내용에 따르면 무학대사와 정도전은 진산을 어디로 할지를 두고 한판 대결을 벌인 듯하다.

> 태조가 명을 내려 무학無學을 찾게 하니, (중략) "분명 이분이 무학대사無學大師로다." 하고, 더불어 돌아왔다. 태조가 크게 기뻐하여 불러들여 보고 이내 도읍을 정할 땅을 물었다. 무학無學이 마침내 한양에 이르러 말하기를, "인왕산仁王山으로 뒤 진산鎭山을 삼고, 백악白岳·남산南山이 좌우左右의 용호龍虎가 되어야 합니다."라고 하였다. 정도전이 반대하기를, "예로부터 제왕은 모두 다 남면하여 앉아 다스렸으니, 동향을 하였다는 말은 아직 들어 보지를 못했습니다."라고 하였다. 무학이 말하기를, "내 말을 따르지 않으면, 이후 200년에 걸쳐 반드시 내 말을 생각하게 될 것입니다. (후략)" 하였다.[2]

백악산에서 바라본 남주작 남산. 이호준 촬영.

2장 백악마루에서 한양을 눈에 담다

이 이야기가 사실인지는 모르겠으나, 조선 개국에 참여한 주요 인사들이 진산과 한양도성의 입지가 장차 나라의 앞날에 큰 영향을 미칠 것으로 보았다는 점은 주목할 만하다. 풍수지리에 따르면 좌청룡은 장자를 상징하고 우백호는 차남 이하를 상징하는데, 한양도성은 좌청룡인 낙산의 지대가 낮고 우백호인 인왕산이 더 높기 때문에 조선 왕실에서는 적장자가 왕위를 계승한 경우가 많지 않았다는 설이 있다. 조선 중기의 학자 성현成俔, 1439~1504이 지은 《용재총화慵齋叢話》에도 이와 비슷한 이야기가 실려 있으니 한번 살펴보자.[3]

"우리 태조太祖께서 개국開國하였는데 도읍을 옮길 뜻이 있었다. 먼저 계룡산鷄龍山 남쪽을 둘러보고 이미 경읍京邑의 규모를 살폈으나 얼마 있지 않아 중지하고 다시 한양에 도읍을 정하였다. 술자術者가 말하기를, "예로부터 공암孔岩이 앞에 있단 말이 있는데, 삼각산三角山 서쪽 영서역迎曙驛 들이 바로 좋은 땅이 될 것이다."라고 하였다. 나중에 다시 이를 살펴보니, 모든 산이 바깥으로 등지고 달려가는 형세이므로, 백악산白岳山의 남쪽과 목멱산木覓山의 북쪽만 못하니, (이곳이) 제왕 만승萬乘의 땅으로 하늘과 더불어 끝이 없을 것이다. 전하는 말에, "송경松京은 산과 골짜기가 둘러싸 감싸고 있는 형세이므로 권신權臣의 발호跋扈가 많았고, 한도漢都는 서북쪽이 높고 동남쪽이 낮은 까닭에 장자長子가 가벼이 되고 지자支子가 중하게 되어 오늘에 이르기까지 왕위의 계승과 명공名公·거경鉅卿은 지자를 거느림이 많았다."라고 한다.

그리고 보니 조선의 역대 임금 27명 중에 장자가 왕위를 계승한 경우는 문종·단종·연산군·인종·현종·숙종·경종까지 7명에 불과하다. 적장자의 왕위계승을 원칙으로 하였지만 그러한 경우가 4분의 1 정도밖에 되지 않았으니, 무학대사는 어쩌면 이런 상황을 예견한 게 아니었을까? 그럼에도 조선왕조는 518년이나 이어져 근세 역사에서 손꼽을 만큼 오래 지속되었다. 역사에 '만약에'라고 가정하는 것만큼 어리석은 게 없겠지만, 만약 무학대사의 주장대로 인왕산을 진산으로 하였다면 어찌되었을까? 어쩌면 조선 건국 후 정확히 200년 만에 일어난 임진왜란 같은 참혹한 전쟁을 피해갈 수도 있지 않았을까?《오산설림》에서 무학대사가 200년 뒤를 언급한 것을 볼 때 왠지 섬뜩해진다.

한양도성의 운명을 결정한 두 사람

한양도성의 위치와 관련해 또 다른 전설 같은 이야기가 전한다. 태조의 왕사王師 격인 무학대사는 한양도성을 인왕산에서 무악母岳, 지금의 서대문구 안산鞍山으로 연결시킬 것을 강력히 주장했으나, 결과는 정도전의 뜻대로 인왕산에서

무학대사와 태조 이성계라고 전하는 한 쌍의 선바위.
인왕산을 진산으로 삼지 못한 한을 토해내는 듯하다. 이호준 촬영.

2장 백악마루에서 한양을 눈에 담다

백악산에서 바라본 북한산 보현봉. 이호준 촬영.

곧바로 남산으로 연결시키는 것으로 결정되었다. 무학대사의 속내는 인왕산 서쪽 꼭대기에 버티고 서 있는 선바위禪岩, 장삼에 고깔 쓴 형상의 바위를 한양도성 안에 포함시켜 어떻게든 불도佛道의 쇠퇴를 막아보려 한 것이나, 그 뜻을 끝내 이루지 못하였다. 입을 크게 벌린 채 절규하는 선바위를 보고 있으면, 뜻을 이루지 못해 탄식하는 무학대사가 떠올라 안타까움을 더한다.

백악산은 한양도성의 진산으로 태조 2년1393에 호국백護國伯, 태조 4년1395에 진국백鎭國伯으로 봉해졌다. 진국백은 국사당을 높여서 부른 이름인 만큼 백악산은 국가적으로 가장 중요한 제사공간이 된 것이다. 이로써 백악산에서는 국왕 외에는 제사를 올릴 수 없게 되었다. 평소에는 정기적으로 복을 기원하는 기은제祈恩祭, 왕실의 안녕과 복을 기원하던 제사나 별기은別祈恩, 나라의 안녕을 기원하던 산신제을 백악산에서 올렸고, 가뭄이 들었을 때는 기우제를 지내기도 하였다. 백악산 정상에는 신사神祠를 세워 백악산과 삼각산의 산신을 함께 모셨고, 봄과 가을에는 이 신사에서 정기적으로 초제醮祭를 지내기도 하였다.[4]

백악산이라는 이름은 단군이 도읍으로 정한 아사달과도 관련이 깊다. 아사달은 백악白岳·백아강百牙岡 등 여러 명칭으로 불렸는데, 두 명칭은 한자가 다르긴 하나 그 의미는 모두 '환한 산' 혹은 '밝은 산'을 뜻한다. 고려시대에 아사달은 개경 이북에 위치한 서경 혹은 황해도 구월산에 있었던 것으로 추정되었다. 그러나 고려가 강화도로 잠시 천도했을 때는 삼소三蘇 가운데 좌소 지역에 속한 고양주古楊州·남경南京·백악白岳·강도江都 등이 아사달로 거론되었다. 그 뒤 우왕 8년1382 왕이 한양에 머물던 이후로는 아사달이 한양에 있었던 것으로 간주되었다. 이렇게 된 이유는 한양의 진산인 면악面岳이 왜 백악白岳으로 불리게 되었는지를 보면 알 수 있다.

숙종 대까지는 남경의 주산을 면악이라 불렀고, 아사달은 서경 지역에 있었던 것으로 간주되었다. 그런데 어떤 이유에서인지는 모르겠지만, 우왕 대부터는 면악이 백악으로 불리게 된 것 같다. 우왕이 한양에 머물 당시 이색李穡이 지은 시에는 백악柏岳이라는 말이 나오는데, 훗날의 백악白岳과는 한자가 다르다. 이후 공양왕 대의 기록에 비로소 백악白岳이 등장한다. 결국 고려 후기에 와서 아사달이 개경 이남의 어느 지역에 있었던 것으로 의견이 모아졌고, 우왕 대 이후에 한양이 급부상하면서 두 의견이 결합하여 아사달이 한양에 있었던 것으로 간주된 것 같다.[5]

공교롭게도 고조선의 도읍인 아사달과, 고려가 지덕地德을 빌어 국기國基를 연장하려는 바람에서 세웠던 삼소는 모두 '백악'이라는 이름과 연관되어 있다. 그런데 아사달 및 삼소와 연관된 백악이 조선시대 한양의 진산인 백악산을 가리키는 것인지는 알 수 없다. 만약 이들이 한양의 백악산북악산이 맞다면, 서울의 역사는 조선과 백제를 넘어 우리 민족이 세운 첫 나라인 고조선의 도읍으로까지 거슬러 올라가는 것이니 그야말로 우리나라 역사를 다시 써야 할 판이다. 다만, 서울에서는 고조선의 도읍으로 볼 만한 역사적·고고학적 증거가 아직 발견되지 않고 있어 희망고문으로 끝날 공산이 커 보인다.

서울성곽에서 한양도성으로 이름이 바뀐 이유

한양도성을 한 번이라도 만나본 사람들은 지금의 한양도성이란 이름이 다소 생소하게 들릴지도 모르겠다. 예전에는 한양도성이 아니라 서울성곽으로 불렸기 때문이다. 문화재청은 2010년부터 전국의 문화재 명칭을 변경하면서, 2011년 7월 28일 사적 제10호인 서울성곽의 이름도 '서울 한양도성'으로 바꾸었다. 어떠한 이유에서건 이름을 바꾼 것은 잘한 일이라 생각한다. 왜냐하면 서울성곽은 학술적으로 그다지 정확한 이름이 아니기 때문이다.

성곽城郭이란 왕이 거하는 궁성宮城의 '성城'과 백성을 보호하기 위한 외곽성外郭城의 '곽郭'을 합쳐 부르는 말이다. 이를 기록한 문헌들 가운데《관자管子》라는 책에서는 "內爲之城, 城外爲之廓 안의 것이 성이 되고, 성 바깥의 것이 곽이 된다"라고 하여 양자를 명확하게 구분하고 있다. 또한《오월춘추吳越春秋》라는 책에서도 "築城衛君造郭以守民 此城郭之始也 임금을 호위하기 위해 성을 쌓고 백성을 지키기 위해 곽을 만드는데, 이것이 성곽의 시작이다"라고 하여, 성과 곽의 개념은 물론 성곽이란 말의 어원까지 명쾌하게 정의하고 있다. 이렇게 볼 때 한양을 둘러싼 성

백악마루와 백악곡성 사이의 성벽 여장. 신희권 촬영.

백악마루와 백악곡성 사이의 성벽. 숙종 대에 축조된 성벽이 비교적 잘 보존되어 있다. 신희권 촬영.

벽을 서울성곽이라 부르는 것은 분명 문제가 있다. '성곽'에서 '성'은 경복궁이나 창덕궁 같은 궁궐 엄밀히 말하면 궁성宮城이 맞음에 쓰는 표현이기 때문이다. 그러므로 서울성곽이라는 말을 어원에 맞게 고친다면 '서울곽'이라 하는 것이 맞지만, 굳이 '성'과 '곽'을 넣어 부르고 싶다면 '서울곽성'이라 하는 게 정확할 것이다. 서울성곽은 분명 한양이라는 도읍을 둘러싼 외곽성을 가리키기 때문이다.

여기서 한 가지 더 생각해 볼 문제가 있다. 서울성곽이라는 이름 대신 서울곽성이 아니라 한양도성이라는 이름을 선택한 이유는 무엇일까? 도성都城이란 '수도都를 둘러싸고 있는 외곽의 곽성郭城'을 뜻하기도 하고, '곽성으로 둘러싸인 도시' 전체를 가리키기도 한다. 이를 요즘 말로 '수도'라고 부르는 것이다. 즉 수도란 국가의 정치·경제·군사·외교·교육의 중심지이며 문화의 결정체로서, 나라의 수준을 가늠하는 지표로 작용하기도 한다. 이처럼 도성이란 도읍지 전체 혹은 도읍지를 둘러싼 곽성을 가리키는 중의적인 말이라 할 수 있다. 한양도성이란 용어가 담고 있는 이러한 중의적 의미를 제대로 이해하고 사용한다면, 한양도성의 가치가 더욱더 빛날 것 같다.

한양도성을 세계유산에 등재한다는 말을 처음 들었을 때, 필자는 '드디어 서울도 창덕궁과 종묘 외에 성벽과 사대문 안의 조선시대 유적까지 전부 세계유산으로 등재되는가 보다.'라고 생각하였다. 우리는 2000년 12월 경주역사유적지구를 이미 세계유산으로 등재한 경험이 있기 때문이다.

경주는 천년 고도 신라의 역사와 문화를 간직한 종합역사지구로서 다양한 유산이 산재해 있다. 유적의 성격에 따라 불교미술의 보고인 남산지구, 천년 왕조의 궁궐터인 월성지구, 왕릉을 비롯한 고분군 분포지역인 대릉원지구, 신라불교의 정수인 황룡사지구, 왕경 방어시설의 핵심인 산성지구 등 5개 지구로 나뉘어져 있으며, 52개의 문화재가 세계유산지역에 포함되어 있다. 그런데 경주가 그 가치를 인정받아 세계유산이 되었으니, 서울도 경주처럼 도시 전체가 세계유산이 되는 날이 오지 않을까? 지금부터라도 한양도성으로 둘러싸인 도시의 땅속 및 지상 문화재를 잘 보존하고 가꾸어 나간다면, 서울도 언젠가는 세계유산이 되어 많은 이들에게 감동과 기쁨을 선사할 수 있으리라 기대해본다.

이 책에서 만날 한양도성은 한 도시를 에워싸는 물리적 개념의 성벽에서 시작해, 518년을 이어온 조선의 도읍 한양의 역사와 백성들의 의식이 투영된 공간으로서의 성벽으로까지 확장된다. 한양도성이라는 물리적 대상은 한양을 둘러싸고 있는 18.6킬로미터 남짓의 성벽이지만, 역사를 타고 흘러온 도성에는 물리적 성벽 이상의 가치와 의미가 함축되어 있다.

한양도성은 조선이란 나라와 그 수도인 한양을 대표하는 도시경관으로서, 500년 이상 지속된 사회·문화적 가치가 중첩된 역사적 구조물이라 할 수 있다. 이러한 의미를 갖고 있기에 세계인들 앞에 자랑스러운 문화유산으로 내세울 수 있다.

백악구간 석축계단. 신희권 촬영.

백악구간이 끝나는 지점에 위치한 성북동의 서울과학 고등학교 뒤편 성벽. 신희권 촬영.

백악구간 막바지에 자리한 경신고등학교 담장 아래쪽에 남아 있는 성벽의 흔적. 신희권 촬영.

한양도성 비교체험 극과극

창의문에서 백악산 정상에 이르는 구간은 한양도성의 원형이 비교적 잘 남아 있고, 일부구간에서는 훼손되었던 여장이 복원되었다. 2016년 11월 현재 백악산 정상부인 백악마루에서 숙정문에 이르는 한양도성 구간을 살펴보면, 성벽의 원래 모습이 가장 많이 남아 있다. 성벽이 자리한 위치가 높아 일반인의 접근이 쉽지 않았기에, 개발 압력에서 상대적으로 자유로웠기 때문이리라. 이 구간을 거닐며 시기별로 개보수가 이루어진 다양한 흔적들과 검게 때가 묻은 성벽의 돌들을 보고 있노라면, 600여 년을 이어온 세월의 흔적을 고스란히 느낄 수 있다.

그런데 성벽에 가깝게 설치되는 시설물 관리 또한 성벽 관리 못지않게 중요하다. 자연지형을 그대로 살려 축조한 한양도성을 제대로 관리하려면, 원래의 지형이 변형되거나 훼손되지 않도록 주의해야 한다. 여기서 가장 문제가 되는 것은 필요 이상으로 친절하게 설치한 각종 편의시설이다. 성벽을 수리하고 복원하는 과정에서 달랑 성벽만 되살리는 게 미안했던지, 어떤 구간에는 성벽에 바로 붙여 탐방로를 조성하기도 하고 돌계단까지 만들어 놓은 곳도 있다.

그 뒤 세월이 흐르다보니, 어느 것이 성벽이고 어느 것이 탐방로인지 구별이 안 될 지경에 이르렀다. 기회가 되면 이런 구간들의 현황을 전체적으로 파악한 뒤, 원래의 성벽이 잘 드러나도록 합리적으로 손을 볼 필요가 있다. 그밖에 불가피하게 설치한 각종 휴식시설과 조망장소 등 탐방객들을 위한 각종 시설물은 그 설치 목적을 잘 살릴 수 있도록 수시로 점검하여 지속적으로 관리해야 한다. 의도적으로 설치한 것은 아니지만 자연지형과 절묘하게 어우러진 성벽 안팎에 자라는 식물과, 성벽에 붙어 생명을 이어가는 식물 등에 대해서도 세심한 관심을 기울여 한양도성을 구성하고 있는 모든 요소들이 잘 조화를 이루며 유지될 수 있도록 가꾸어 나가야 할 것이다.

숙정문을 뒤로 하고 성북동을 향해 도성을 따라 나아가다 보면, 단독주택들이 도성과 함께 앞서거니 뒤서거니 달려 나간다. 숙정문에서 말바위안내소를 거쳐 와룡공원이 있는 곳까지는 군부대 권역을 제외하고 체성과 여장이 잘 남아 있는 편이다. 일부 복원된 성벽이 가미되긴 했지만 말이다. 하지만 와룡공원에 인접한 한양도성 바깥쪽에는 주택들이 빽빽이 들어서 있고, 성벽과 거의 붙어 있는 경작지도 눈에 띈다. 백악산 정상에서 평지로 연결되는 지점까지의 한양도성은 다른 구간에 비해 원형이 잘 보존되어 있는 편이나, 평지에서부터는 성벽 바깥쪽으로 접근하기가 쉽지 않다.

그나마 잘 이어지던 성벽은 서울과학고등학교 뒤편의 도로로 인하여 일부 단절되고 만다. 서울과학고등학교에서 경신고등학교를 거쳐 구 서울시장 공관에 이르는 지역은 성벽의 훼손이 심각한 구간이다. 경신고등학교 구간에는 담장 경계에 훼손된 성벽의 돌들이 그대로 노출되어 있는데, 이는 성벽 위에 바로 학교 담장을 올린 때문이다. 현재 한양도성 안내센터로 탈바꿈한 구 서울시장 공관까지 이어지는 도성 구간에서는 성벽이 다세대주택 등의 담장으로 이용되는 등 한양도성의 성벽인지 현대 건축물의 축대인지 분간이 어려울 정도로 훼손이 진행되고 있다. 이 구간에 대한 합리적인 대책 마련이 절실하다.

백악구간은 한양도성의 시기별 변화 양상을 가장 잘 확인할 수 있는 구간인 동시에, 서글프리만큼 끈질기게 살아남은 도성의 생명력을 제대로 느낄 수 있는 구간이다. 상처 입은 흔적이 여전히 남아 가슴을 아리게 하지만, 600년 넘게 백악산을 흐르며 우리 역사의 중심을 지켜낸 한양도성이 대견하다. 그래서일까? 희로애락이 절묘하게 어우러진 이 백악구간이 더욱더 사랑스럽다. 굽이치는 백악산의 줄기를 따라 도성과 함께 흘러가는 길은 이제 숙정문으로 이어진다.

---

1 구본현, 2012, 〈漢詩文에 나타난 漢陽 城門의 성격과 의미〉, 서울학연구 47.
2 한국고전번역원 제공 〈한국고전종합DB〉의 《연려실기술(練藜室記述)》 제1권 태조조 고사본말(太祖朝 故事本末)의 개국정도(開國定都)편 번역문을 인용, 수정 가공하였다.
3 이용범, 2012, 〈서울 한양도성과 서울 사람들의 삶 : 한양도성 관련 민속을 중심으로〉, 《서울 한양도성(서울성곽) 유네스코 세계유산 잠정목록 등재를 위한 학술연구》, 서울특별시.
4 이용범, [주3]과 같은 문헌.
5 장지연, 2012, 〈풍수 및 입지관을 통해 본 서울 한양도성〉, 《서울 한양도성(서울성곽) 유네스코 세계유산 잠정목록 등재를 위한 학술연구》, 서울특별시.

3장

숙정문에서
조선의 중심을 지키다

몇 번이나 이름을 바꾼 진산의 대문

서울의 중심인 광화문광장에서 경복궁을 바라보면 조선의 진산 백악산이 한눈에 들어온다. 인왕산에서 출렁이며 흘러온 세 줄기 파도가 하나로 뭉쳐 커다란 흐름이 되어 솟아오른다. 그러다가 파도의 포말처럼 하얀 바위가 솟구치면, 한양도성은 백악산의 정상을 타고 흐르다가 동쪽 고개에서 잠시 숨고르기를 한다. 백악산만큼이나 아름다운 이름을 가진 숙정문肅靖門이 바로 그것이다.

숙정문은 태조 4년1395에 북쪽에 있는 사대문의 하나로 처음 세워졌는데, 당시의 이름은 숙청문肅淸門이었다. 숙청肅淸이란 이름은 《구당서舊唐書》〈이성전李晟傳〉에 나오는 "종묘가 다시 맑아지고, 궁궐이 모두 엄숙해졌다宗廟再淸 宮闕咸肅"라는 뜻을 취한 듯한데, 잠시 당나라 덕종 연간으로 돌아가 그 사연을 살펴보자.

당나라 때에 덕종의 총애를 받던 묘령언과 주비가 반란을 일으키자, 덕종은 어쩔 수 없이 도읍인 장안에서 봉천으로 피난을 갔다. 다행히 이성이 반란

〈도성대지도〉의 숙정문. 문루가 없고 숙청문(肅淸門)으로 표시되어 있다. 서울역사박물관 소장.

군을 토벌하여 사건이 일단락됨으로써, 덕종은 종묘와 궁궐을 회복할 수 있었다. 그때부터 '숙청'이란 말은 잘못을 바로잡거나 악한 것을 없애 원래의 상태로 안정되게 한다는 뜻으로 사용되었다고 한다. 아마도 조선 왕조 역시 고려 말기의 혼란스러운 상황을 바로잡기 위해 새 나라를 세웠다는 의미로 도성의 북대문에 숙청이라는 이름을 사용한 것이 아닌가 생각된다. 숙정肅靖이라는 말 또한 세상을 고요하고 편안하게 한다는 뜻이므로, 숙청에 담긴 뜻과 같다고 볼 수 있다.[1]

숙정문은 도성 북쪽에 있는 문이라 하여 북대문 또는 북문이라고도 불렸는데, 숙청문이라는 이름과 함께 사용되다가 어느 시점에 자연스럽게 숙정문으로 바뀐 것으로 추정된다. 숙청문의 이름이 숙정문으로 바뀐 시기와 이유는 정확히 알려져 있지 않지만, 숙정문이라는 이름은 《중종실록》 중종 18년1523 기사에 처음으로 등장한다.

예조禮曹가 계청啓請하기를, "다음 달 초1일부터 숭례문崇禮門을 열고 숙정문肅靖門은 닫고서, 격피고擊皮鼓는 도로 예전에 있던 시장의 그 자리에 갖다 두도록 하소서."라고 하니, 아뢴 대로 윤허하였다.

숙정문과 백악마루 사이에 자리한 성벽. 이호준 촬영.

그런데 그로부터 3년쯤 지난 시점에 숙정문이 다른 한자, 즉 숙정문肅靜門으로 쓰인 것이 발견된다. 《중종실록》 중종 21년1526 5월 14일 기사가 그것이다.

예조가 아뢰기를, "측수기測水器를 살펴보니 내린 비가 6푼으로 두루 흡족하지는 못합니다. 그러나 우세雨勢가 그치지 않을 것 같으니 춘당대春堂臺 못가의 석척제蜥蜴祭, 가항街巷의 기우祈雨, 맹인盲人의 기우祈雨 및 피고皮鼓를 치지 못하게 하는 일, 시장을 옮기는 일, 숭례문崇禮門을 닫고 숙정문肅靜門을 여는 일 등에 대해서 고쳐 택일擇日하기 위해 감히 아룁니다. [우세雨勢를 보아서 다시 아뢸 일로 전일 전교했으므로 다시 아뢴 것이다.] 동적전東籍田에서 보고해 오기를 '비가 온 뒤로 황충의 10분의 9가 없어졌다.'라고 함으로 감히 아룁니다."라고 하니, 전교하기를, "알았다. 우세가 이처럼 아직 흡족하지 않으니 석척제 및 맹인의 기우는 정지하지 말게 하라. 가항의 기우는 아이들 놀이와 같으니 정지시키라. 문을 닫고 시장을 옮기고 피고를 치지 못하게 하는 일 등은 고쳐 택일하도록 하라."라고 하였다.

이밖에 중종 26년1531에 북정문北靖門이라고 언급되기도 하였고, 선조 20년1587에는 다시 숙정문肅靜門으로 표기된 사례도 있다. 이렇게 볼 때, '정숙하고 고요한 기운을 일으킨다'라는 의미의 숙정문肅靜門과 '엄숙하게 다스린다'라는 의미의 숙정문肅靖門이 한동안 함께 쓰였던 것 같다. 그러나 이후 역대 실록에는 모두 숙정문肅靖門으로 기록되어 있기에 지금도 그 이름으로 부르고 있다.

닫혀있던 문, 가뭄 때만 활짝 열리다

앞에서 살펴본 중종 21년1526 5월 14일의 기사로 다시 돌아가 보자. 조선시대에는 가뭄이 들면 석척제蜥蜴祭나 기우제祈雨祭를 올리는 것은 물론, 북을 치지 못하게 하고 시장을 옮겼으며 숭례문을 닫고 숙정문을 열었다. 여기서 주목해야 할 것은 가뭄에 숭례문을 닫고 숙정문을 열었다는 대목이다. 이를 달리 생각하면, 가뭄이 들지 않았을 때는 숭례문을 열고 숙정문을 닫아 두었다는 얘기다. 아니, 북쪽의 대문을 닫아 두었다고? 닫아 둘 거면 왜 문을 만든 걸까? 그러면 숙정문이 평상시에 진짜 닫혀 있었는지 알아보자.

　숙정문은 앞서 살펴본 창의문과 마찬가지로 태종 13년1413에 풍수학생 최양선의 주장에 따라 폐쇄되고 말았다. 새 나라 조선이 들어서고 5년째 되던 해인 태조 5년1396에 경복궁의 진산인 백악산에 깃들였던 이 문이 닫혀버리고 만 것이다. 심지어 조선 조정은 숙정문으로 향하는 길에 소나무를 심어 사람들의 통행까지 금하였다. 숙정문이 경복궁의 진산인 백악산과 종묘의 진산인 응봉鷹峰을 연결하는 산마루 중간에 자리 잡고 있어서, 이 문을 계속 열어 놓게 되면 사람들이 두 진산의 지맥을 밟고 다니게 되어 일부러 막았다는 얘기도 있다. 김영상 선생이《서울 육백년①-북악·인왕·무악기슭》1994에서 주장한 바에 따르면, 이는 창경궁과 성균관 사이의 언덕길에 박석薄石을 깔고 흙을 덮어주어 응봉의 지기를 보호하는 데 힘을 쏟았던 조치와도 상통한다고 한다.

　숙정문을 통과하는 길은 높은 산 중턱을 넘어야 해서 매우 험했다. 문을 통

백악마루 인근에서 바라본 인왕산. 한양도성이 힘차게 달려간다. 이호준 촬영.

과한다 해도 삼각산이 막아서는 통에, 동쪽에 자리한 성북동 골짜기로 내려와 동소문 밖 경원가도로 나아가는 것 외에는 다른 길이 없었다. 게다가 한양으로 가는 데는 동소문을 거치는 게 더욱 빠르고 편리하기에, 숙정문을 이용하는 사람은 거의 없었다. 다른 문들과는 달리 험준한 산악에 위치한 데다 일찍부터 폐쇄되었기에, 숙정문은 성문의 기능을 제대로 하지 못했다. 이처럼 숙정문이 항상 닫혀 있었던 탓인지, 사람들은 창의문을 북문이라 부르기도 하였다. 대문大門의 하나였던 숙정문이 소문小門인 창의문에 밀린 격이니 얼마나 자존심이 상했으랴. 하지만 진산에 깃든 대문이 자존심이 상하든 말든, 풍수지리 사상을 중요시하던 조선 조정은 이 문의 빗장을 걸어둔 채 열어줄 생각을 하지 않았다.

조선 조정은 숙정문을 폐쇄해도 그다지 지장이 없었기 때문에, 늘 닫아둔 것으로 보인다. 다만 가뭄이 심할 때는 숙정문을 열고 숭례문을 닫아걸었다. 음양오행사상에 따라 음陰에 해당하는 북쪽을 부양하고 양陽에 해당하는 남쪽을 억제하려 했기 때문이다. 이런 조치는 태종 16년1416에 처음 시행되었는데, 앞서 언급한 중종 대의 기사 외에 명종 대에도 비슷한 사건이 언급된다.《명종실록》명종 12년 6월 24일 기사를 보면, 조선시대에는 이와 같은 기우제가 지속적으로 이루어진 듯하다.

> 정원에 전교하였다. "근일 가뭄이 극심해서 비를 바란 지가 오래인데 비가 올 듯하면서 오지 아니하니 매우 걱정스럽다. 기도하는 일을 거행하지 않을 수 없으니 내일 오관산五冠山 등에서 기우한 다음에 형편을 보아서 숭례문을 닫고 숙정문을 열고 피고皮鼓를 치지 말고, 저자를 옮기는 등의 일도 거행함이 마땅하다. 그리고 금년에는 무巫·맹盲 및 소동小童의 기우를 아직 거행하지 않았으니 또한 전례를 상고해서 아울러 거행할 것으로 예조에 이르라."

이처럼 숙정문은 통행로로 쓰이기보다는, 가뭄이 들었을 때 기우제의 용도로 활용된 것 같다. 이규경의 《오주연문장전산고 五洲衍文長箋散稿》에는 북문인 숙정문을 열어 놓으면 여자들이 음란해져서 도성의 풍기가 문란해질 우려가 있기 때문에 문을 닫아 두었다는 속설도 전한다. 아마도 이 문이 음방 陰方, 여자의 방위에 있기 때문인 듯하다.

숙정문은 정월이면 도성민들이 액을 없애기 위해 모여드는 공간으로 탈바꿈하였다. 《동국세시기 東國歲時記》에는 "서울 도성의 북문을 숙청문이라고 하는데 문은 항상 닫아두고 사용하지 않는다. 그곳은 물과 계곡이 무척 맑고 그윽하여 보름 전에 여염집 부녀들이 이곳에서 세 번 놀고 가면 액땜을 할 수 있다."라고 하였다.² 그래서인지 정월이면 숙정문으로 여성들이 많이 모여든다고 해서, "사내 못난 것이 북문에서 호강 받는다 못난 사내라도 북문에서는 호강한다는 뜻"라는 서울 속담도 생긴 듯하다.

숙정문에는 문루가 있었을까

숙정문은 그 이름에 담긴 사연부터 문이 폐쇄된 전설 같은 이야기에 이르기까지 온갖 미스터리로 가득하다. 그런데 이보다 더 궁금증을 자아내는 것은 숙정문의 원래 모습이다. 숙정문은 다른 대문과 달리 문루의 존재 여부에 대한 논란이 끊이지 않았다. 그 시행 여부는 명확하지 않지만,《연산군일기》에 의하면 연산군 10년 1504에 연산군은 숙정문을 원래 있던 자리에서 오른쪽으로 조금 옮기라고 명한다. 이때 석문 石門만 세우고 문루는 만들지 않았다는 견해가 있다. 태조 대에 월단누합 月團樓閤을 만들었다는 기록으로 보아, 축성 당시에는 문루가 있었던 것으로 추정된다. 하지만 조선시대에 한양도성을 그린 지도 가운데는 숙정문에 문루를 그리지 않은 것이 더 많아 확정하기 어렵다. 다만 현존하는 조선시대 지도 가운데 대부분이 18세기경에 제작된 것이어서, 숙정문의 문루가 표현되지 않은 게 더 많은 것 같다. 따라서 지도만을 놓고 숙정문 문

《광여도》의 〈도성도〉에 나타난 문루 없는 숙청문(肅淸門). 서울대학교 규장각한국학연구원 소장.

백악구간의 청운대. 서울도심이 시원하게 펼쳐진다. 이호준 촬영.

루의 존재 여부를 판가름할 수는 없다. 즉 이른 시기에는 숙정문의 문루가 있었을 수도 있다는 얘기다.

1751년에 제작된 〈도성삼군문분계지도都城三軍門分界地圖〉는 도성 방어를 담당하는 삼군문의 경비구역을 표시한 지도이다. 군사지도의 성격이 강해 비교적 정확히 그려진 것으로 보이는데, 여기에는 숙정문 문루가 표현되어 있지 않고 암문 형태로 그려져 있다. 이보다 약간 늦은 1760년대에 제작된 것으로 보이는 〈한양도漢陽圖〉에는 숙정문 자체가 아예 그려져 있지 않다. 비슷한 시기의 《광여도廣輿圖》의 〈도성도都城圖〉에는 숙정문의 이름이 숙청문肅淸門으로 표기되어 있고, 문루는 없는 것으로 그려져 있다. 이 지도에는 혜화문 역시 문루가 없는 암문 구조로 표현된 점 또한 특이하다. 여하튼 조선 후기에 이르러 숙정문은 문루 없이 암문 구조로 되어 있었던 것만큼은 틀림없는 듯하다.

한편 17세기 말에 제작된 《조선강역총도朝鮮疆域總圖》의 〈도성도都城圖〉1716를 보면 숙정문 자리에 숙청문구지肅淸門舊址라고 적혀 있는 것을 볼 수 있다. 만약 이것이 잘못된 게 아니라면, 숙청문이 언젠가 헐려 없어졌거나 다른 곳으로 옮겨졌을 가능성이 있다. 이밖에 1770년에 편찬된《신편표제찬도환영지 新編標題纂圖寰瀛誌》의 〈한양도漢陽圖〉에도 숙정문은 문루가 없는 형태로 그려져 있다. 이런 점들을 종합해 보면 숙정문은 창건되었을 때부터 석문만 있고 문루가 없었거나, 원래 있었던 문루가 전란이나 다른 이유로 소실되었을 가능성이 있다. 그도 아니면 영조 대에 중건 과정에서 의도적으로 문루를 만들지 않았을 경우 등 다양하게 추측할 수 있다.[3]

현재의 숙정문은 1976년 박정희 대통령의 특명으로 복원한 것인데, 앞에서 살펴본 것과 같은 이유로 인해 문루 복원에 대한 논란이 있었다. 하지만 숙정문을 창건할 당시인 태조 대의 제도에 따라 문루를 건축하고 '肅靖門숙정문'이라는 편액을 걸었다. 복원된 문루는 정면 3칸에 측면 2칸의 단층 우진각지붕으로 되어 있다. 현판의 글씨는 박정희 전 대통령이 쓴 것이다. 그런데 여기서 이해가 안 되는 부분이 있다. 문의 구조는 처음 지을 때인 태조 대의 모습으로 하고, 그 이름은 태조 대와는 무관한 중종 이후의 것을 썼다는 점이다. 숙정문의 한자가 한글식으로 왼쪽에서부터 쓰여진 점 또한 두말할 나위가 없다. 여러 전문가들이 고심 끝에 내린 결정이었겠지만, 오해하기 딱 좋은 복원 사례가 되어 버리고 말았다.

복원된 숙정문. 창건 당시처럼 문루를 올린 대신, 편액은 중종 이후 방식을 따랐다. 이호준 촬영.

숙정문에서 바라본 서울도심 전경. 이호준 촬영.

숙정문은 1968년 1·21 사건 후 청와대 경비를 위해 백악산 일대에 대한 출입을 통제하면서 접근이 불가능해졌다. 그러나 2006년 4월에 1단계로 홍련사에서 숙정문을 거쳐 촛대바위에 이르기까지 약 1.1킬로미터 구간이 개방되었고, 그해 8월 15일 나머지 구간도 개방되어 지금은 누구나 숙정문을 만날 수 있다.

성문의 이름에 백년대계를 담아낸 정도전

이제 숙정문을 포함한 한양도성의 성문 이름이 어떻게 지어졌는지 알아보자. 한양도성에는 4개의 대문과 4개의 소문까지 모두 8개의 문이 있었다. 대문은 흥인지문 동대문 · 돈의문 서대문 · 숭례문 남대문 · 숙정문 북대문이고, 작은 문은 홍화문 혜화문 · 소덕문 소의문 · 광희문 · 창의문이다. 문에는 홍예와 문루를 지었으며, 문의 이름은 정도전이 지었다. 4대문의 이름은 《태조실록》 태조 5년 9월 24일 기사에 처음 나타난다.

성 쌓는 역사를 마치고 정부 丁夫들을 돌려보냈다. 봄철에 쌓은 곳에 물이 솟아나서 무너진 곳이 있으므로, 석성으로 쌓고 간간이 토성을 쌓았다. (중략) 또 각 문의 월단 누합月團樓閤을 지었다. 정북은 숙청문肅淸門, 동북은 홍화문弘化門이니 속칭 동소문東小門이라 하고, 정동은 흥인문興仁門이니 속칭 동대문東大門이라 하고, 동남은 광희문光熙門이니 속칭 수구문水口門이라 하고, 정남은 숭례문崇禮門이니 속칭 남대문이라 하고, 소북小北은 소덕문昭德門이니 속칭 서소문西小門이라 하고, 정서는 돈의문敦義門이며, 서북西北은 창의문彰義門이라 하였다.

한양도성 4대문이 지닌 이름의 연원은 오상五常, 仁義禮智信의 덕목에서 찾는 것이 보통이다. '인'은 어진 마음으로 온화함을 나타내는 반면, '의'는 옳고 바름을 뜻하는 것으로 온화함에 대비되는 강함으로 표현된다. 이러한 의미에서 '인의仁義'로 조화를 이루는 나라에 대한 염원이 흥인지문과 돈의문이라는 이름으로 발현된 듯하다. 그리고 남쪽 대문은 '예禮'를 숭상하는 의미에서 숭례문이라 이름 지었다. 이처럼 수많은 백성들이 드나드는 도성의 대문 이름에 인의와 예를 사용한 것을 보면, 정도전을 비롯한 위정자들은 백성들에게 조선의 통치이념을 각인시켜 유교적 규범을 확립하고 안정적 질서를 꾀하고자 했던 것 같다.

그런데 앞에서 살펴본 이름의 유래와 뜻에 따르면, 숙정문숙청문은 인의예지仁義禮智의 '지智'에 해당하지 않는 이름이다. 그래서인지 숙종 대에 탕춘대성의 성문을 쌓고 오상 가운데 '지'의 뜻을 취하여 홍지문弘智門이라 이름 붙였다. 이로써 비록 4대문은 아니지만 한양도성 성문 이름에서 표방하고자 했던 인의예지의 구색이 갖춰진 셈이다. 그리고 고종 대에는 도성 중앙에 위치한 종루의 이름에다 '신信'을 넣어 보신각普信閣이라 함으로써, 오상의 의미를 완전히 구현한 것으로 보인다. 태조 이성계가 새 나라 조선을 세우며 추구하였던 유교의 대표 덕목 '인의예지신'을 구한말 고종 대에 이르러서야 완성한 것으로 볼 수 있다.

이처럼 4대문의 이름에는 동서남북의 방위에 맞추어 각각 인의예지의 네 글자를 배치했지만, 4소문의 이름을 지을 때는 이 글자들을 넣지 않았다. 그러나 이례적으로 서소문에 대해서는 신경을 써서 서방西方에 해당하는 '의義'자를 붙였는데, 이는 처음 정한 이름이 왕비의 시호에 들어간 글자와 겹쳤기 때문이다. 서남쪽 소문인 소의문昭義門의 원래 이름은 소덕문昭德門으로 1396년 9월에 세워졌다. 이후 성종이 선왕인 예종의 왕비 장순왕후의 시호를 추존하게 되는데, 하필이면 휘인소덕徽仁昭德이라는 시호가 서소문인 소덕문과 이름이 겹친다 하여, 불가피하게 소덕문의 이름을 소의문으로 바꾼 것이다.[4]

앞에서 보았듯이 한양도성의 성문 이름에는 유교사상이 철저하게 투영되어 있다. 그런데 더 재미있는 것은 성문이 채 완성되기도 전에 이름이 지어졌다는 점이다. 한양도성의 축조를 완료하고 4대문에 이름을 붙인 것으로 알

탕춘대성의 홍지문. 오상의 지(智)가 들어가 있다. 이호준 촬영.

려진 시점은 태조 5년 1396 9월이다. 하지만 "도성都城의 남문南門이 이루어졌으므로 임금이 가서 보았다."라는《태조실록》의 태조 7년 2월 8일의 기록을 보면, 숭례문의 완공시점은 이름을 붙인 것보다 2년이나 늦었다는 것을 알 수 있다. 이러한 사실은 한양도성 축조에 있어서 어쩌면 성문의 이름을 짓는 것이 실제 성문을 짓는 것보다 더 시급하고 중요한 일이었음을 보여준다. 아이를 애타게 원하는 부모가 아이 이름부터 지어놓고 아이가 태어나기를 간절히 기다리는 것과 같다고나 할까. 조선 건국 초의 어지러웠던 정치·경제 상황을 떠올려보면, 잘 지은 성문 이름들이 그 이름값을 제대로 하기를 고대했던 당시 지도자들의 간절함이 절절하게 다가온다.

---

1 구본현, 2012,〈漢詩文에 나타난 漢陽 城門의 성격과 의미〉, 서울학연구 47.
2 국립민속박물관, 2007,《조선대세시기Ⅲ – 경도잡지·열양세시기·동국세시기》.
3 윤진영, 2012,〈회화를 통해 본 서울 한양도성〉,《서울 한양도성(서울성곽) 유네스코 세계유산 잠정목록 등재를 위한 학술연구》, 서울특별시.
4 허경진, 2012,〈문학에 나타난 서울 한양도성의 이미지〉,《서울 한양도성(서울성곽) 유네스코 세계유산 잠정목록 등재를 위한 학술연구》, 서울특별시.

4장

한양도성, 탄생의 비밀을 엿보다

한양도성에 무한 애정을 쏟은 태조 이성계

　소중한 것을 지켜내고 외부와 구분하려면 경계선이 필요하듯이, 새 나라 조선을 세운 지도자들도 종묘와 사직단 건설을 시작으로 임금이 거하는 궁궐과 주요기관, 도읍의 백성들을 지켜내기 위해 한양도성을 쌓았다. 이 도성은 북쪽의 백악산342m, 동쪽의 낙산125m, 남쪽의 남산목멱산, 265m, 서쪽의 인왕산338m이라는 네 개의 산내사산內四山을 이어 축조된 약 18.6킬로미터의 성벽이다. 도성을 연결하는 네 개의 산은 백악산으로 모여 백두대간으로 연결된다. 백악산 동쪽으로는 응봉과 낙산이 솟구쳐 흥인지문에 이르며, 서쪽으로는 인왕산을 거쳐 숭례문의 낮은 구릉을 지나 남산으로 솟구쳐 올라 흥인지문을 향해 달려간다.

　내사산에서 발원한 계곡물은 도성 중심부를 관통하여 청계천으로 흐르고, 이는 다시 동쪽으로 흘러 중랑천으로 모였다가 한강과 합류한다. 백악산이 다른 세 산과 손을 잡고 조선의 도읍 한양을 감싸 안은 형국이며, 한양도성은 이 맞잡은 손을 잇고 이어 나라의 중심에 거한 백성들을 안전하게 지켜준다.

《광여도》의 〈도성도〉에 나타난 한양도성. 서울대학교 규장각한국학연구원 소장.

    고려의 마지막 왕인 공양왕을 폐위하고 조선을 세운 이성계는 태조 3년1394 10월에 한양 천도를 단행하고, 뒤이어 궁궐·관아·성곽 등 주요시설을 갖추기 시작하였다. 천도 이듬해인 1395년 6월에는 고려 때부터 유지되어 왔던 한양부漢陽府를 한성부漢城府로 승격시켰다. 수도의 방위를 목적으로 축조된 한양도성은 태조 5년1396 1월부터 축조하기 시작하여 태조 7년1398에 완공을 보게 된다. 1396년 제1차 도성공사를 시작으로 도성의 윤곽이 정해지자, 도성 안을 5부 52방으로 구분하는 등 도성의 체제를 정비하는 데 주력하였다.

    한양도성은 태조 대에 축조되기 시작하여 세종·숙종·영조 대에 크게 정비되었다. 태조 대에는 두 차례에 걸쳐 공사가 진행되었는데, 제1차 공사는 1396년 1월 9일부터 2월 28일까지 49일간 이루어졌다. 이때는 경상도·전라도·강원도 및 서북면·동북면 장정들을 한양으로 불러들여 도성을 쌓았다. 조선

해당 구간의 성벽을 쌓은 책임자와 군사들의 출신지를 기록한 각자성석. 이호준 촬영.

조정은 5만 9,500척약 18km의 성터를 1구간 600척약 182m씩 총 97구간으로 나누고 천자문의 글자 순번에 따라 차례를 정하여 시공하되, 2개의 구간마다 판사와 부판사 각 1명씩과 사·부사·판관 등 12명을 배치하여 공사를 감독하였다. 그리고 각 구간을 다시 6호로 나눈 뒤 성을 쌓는 책임자를 임명하였다. 앞에서도 언급했듯이, 한양도성의 시작인 백악산 동쪽 제1구간은 천天이었고 마지막 97번째 구간은 조弔였다. 또한 공사 실명제를 채택하여 구간별 책임자 및 감독자의 성명, 군명郡名, 성벽을 쌓은 사람들의 출신지, 자호字號, 천자문의 글자 순서에 따라 매긴 호수 등을 성벽에 새겨 놓았다. 지금도 성벽에는 지역을 나타내는 경주慶州·성주星州·봉산鳳山·서흥瑞興 등의 지명이 남아 있다.

제2차 공사는 1396년 8월 6일부터 9월 24일까지 역시 49일간 이루어졌다. 이때는 경상도·전라도·강원도의 인력을 불러모아 성을 쌓았다. 처음에는 흙과 돌을 섞어 성벽을 쌓았는데, 이 중에 흙으로 쌓은 여러 구간이 무너짐에 따라 농한기를 이용하여 쌓아올린 것이다. 성터가 높고 험한 곳은 석성으로 축조하여 높이 15척약 4.5m에 길이 1만 9,200척약 5,818km이나 되었다. 또 낮고 평탄한 곳은 토성으로 쌓아올렸는데, 하층의 너비가 24척약 7.3m에 상층의 너비가 18척

태조 대에 남산구간에 축조된 한양도성. 성벽을 구성하는 돌의 크기가 일정하지 않으면서 거칠다. 신희권 촬영.

약 5.5m, 높이는 25척 약 7.6m으로 총 길이 4만 300척 약 12,212km이었다.

태조 대에 쌓아올린 한양도성 축조공사에서 주목할 만한 것은, 태조가 이 공사를 적극적으로 주도했다는 점이다. 1395년 윤9월에 도성조축도감都城造築都監을 설립할 때 정도전에게 도성 터를 정하게 했다는 기록이 있다. 그런데 정도전에게 도성 터를 정하도록 명하기 사흘 전에 태조는 도성을 쌓을 만한 터를 직접 살펴보았다고 한다. 또 정도전에게 도성 터를 정하도록 명한 지 10여 일 후에 서산西山으로 거둥하여 또다시 도성 터를 둘러보았다. 아마도 정도전이 정한 도성 터의 세부적인 사항을 직접 점검하기 위해 거둥했던 것으로 보인다. 이러한 점은 수도 건축물 가운데 이념적으로 가장 중요한 종묘와 사직의 위치를 권중화·정도전·심덕부 등에게 정하도록 한 조치와는 대조적이다.

또한 태조는 종묘와 사직에 대해서는 완공 전까지 각각 3회와 1회 거둥한 반면, 한양도성 공사현장은 사흘 연속 찾는 등 총 7회나 거둥했다. 심지어 2차 공사 때는 아끼던 현비 신덕왕후가 훙서했음에도 두 차례나 거둥하여 도성 축조 상황을 직접 살폈다. 하지만 태조의 도성에 대한 애착은 여기에 그치지 않았다. 그는 공사를 시작하기 직전에 또다시 도성 터를 돌아보았으며, 간관이 반대 상서를 올리고 도평의사사 구성원 모두가 반대함에도 그해 가을에 또다시 대규모 인원을 징발했다. 빠른 시일 내에 도성 축조를 마치려는 의지가 담긴 조치였다. 태조는 도성터를 측정하여 자字와 호號를 나누어 정하는 일까지도 직접 챙길 만큼 도성 축조에 지대한 관심을 가지고 이를 주도했다.[1]

큰 돌과 세련된 기술로 도성을 버전업한 세종과 숙종

태조가 한양도성을 쌓는 데 이처럼 공을 들이고 신경을 썼음에도 불구하고, 태조 대에 쌓은 성벽은 20여 년이 지나자 절반 정도가 무너졌다. 단기간에 공사를 끝내려고 밀어붙이다 보니 기초를 튼튼하게 세우지 못했던 게 직접적인 이유인 듯하다. 한양도성 축조공사에 집중적으로 많은 인원을 동원했다 하더라도, 공사기간이 턱없이 짧았다는 생각이 든다. 어언 6만 척尺, 지금으로 치면 18킬로미터가 넘는 긴 성벽을 불과 98일 만에 완공한 것이다.

당시에는 무거운 돌을 들어 올리는 대형 크레인이나 땅을 파는 굴삭기는커녕, 돌이나 흙을 실어 나르는 덤프트럭도 없었다. 태조 대의 백성들이 지금보다 힘이 세고 튼튼하였거나 성을 쌓는 기술이 월등히 뛰어났던 것도 아니다. 그런데도 산지와 평지를 넘나들며 단기간에 엄청난 규모의 성벽을 쌓았으니, 필연적으로 부실공사로 이어졌을 것이라는 생각이 든다.

조선 조정은 세종 3년1421 10월 13일 도성수축도감都城修築都監을 설치하고 도성의 대대적인 보수공사에 들어갔다. 이때 과거에 쌓았던 흥인지문에서 장충단공원 뒤 남소문까지 구간과, 남산 잠두봉에서 인왕산까지의 구간을 돌로 다시 쌓아 성벽 전체를 석성石城으로 개축하였다. 세종 연간에는 가로 2~3척약 61~91㎝에 세로 1.5~2척약 45~61㎝의 장방형 석재를 아래쪽에 쌓고 위쪽에는

세종 대에 쌓은 한양도성 인왕산구간의 성벽.
신희권 촬영.

숙종 대에 쌓은 한양도성 인왕산구간의 성벽.
신희권 촬영.

작은 돌로 쌓았으며, 성벽의 중앙부가 밖으로 약간 튀어나오게 하였다. 1422년 1월 16일부터 2월 23일까지는 흥인지문 옆에 오간수문과 이간수문의 규모를 확대·증축했다. 이후 성벽을 보수하고 쌓는 일은 병조·공조·금화도감에서 담당하였고, 한양 백성이 아니라 지방 출신의 군사들이 중심이 되어 보수하였다.

세종 대에 대대적인 보수공사를 마쳤지만, 두 차례씩 조선을 휩쓴 왜란임진왜란·정유재란과 호란정묘호란·병자호란으로 한양도성은 엄청난 피해를 입었다. 그 결과 숙종 대에 도성의 방어력을 높이기 위해 대대적인 도성 보수공사를 실시하였고, 북방에서 침입해 오는 적에 대비하기 위해 북한산성도 신축하였다. 숙종 30년1704 3월부터 약 5년에 걸쳐 오군문五軍門, 훈련도감·어영청·금위영·총융청·수어청에 분담하여 둘레 9,975보步를 보수하여 여장을 7,081개로 고쳐 쌓아올렸다. 이때 수축된 성벽은 문헌상으로는 가로와 세로 2척약 61cm 규모[실제로는 45cm 정도]의 정방형 돌을 가지런히 쌓아 간격도 일정하고 벽면도 수직을 이루었다. 이 시기의 성벽이 한양도성 가운데 가장 잘 수축된 것으로 평가 받고 있다.

2009년 '서울성곽 중장기 종합정비 기본계획' 수립 시 조사된 자료에 의하면, 한양도성의 전체 둘레는 도면상의 직선거리가 18.627킬로미터이다. 그중에 지금까지 남아 있는 성벽의 길이가 13.156킬로미터인데, 땅속에 매장되어 있는 성벽을 포함하여 이런저런 이유로 없어진 성벽이 5.471킬로미터이다. 1975년 서울성곽복원위원회에서 조사한 18.127킬로미터보다 성곽 둘레가 늘어난 것은, 성벽이 없어진 구간에 대한 원위치 고증을 통해서 좀 더 정확한 위치를 추정할 수 있었기 때문이다. 또한 최근 서울성곽 근린공원 부지, 타워호텔, 동대문운동장 부지 등의 발굴조사에서 새롭게 성벽 유구를 확인했기 때문이다.

시대별로 남아 있는 성벽의 비율을 보면, 태조 대의 성벽이 가장 많이 분포하는 구간은 남산 권역으로 해당 구간의 73퍼센트를 차지한다. 세종 대의 성벽은 광희·장충 권역에 가장 많이 남아 있으며 해당 구간의 75퍼센트를 차지하며, 다른 구간에도 골고루 분포하고 있다. 숙종 대의 성벽은 백악·성북 권역의 62퍼센트를 차지하고 있으며, 숭례문 권역의 29퍼센트, 혜화문·흥인지문 권역의 25퍼센트, 그리고 인왕·교남 권역의 23퍼센트를 차지하고 있다. 현재 남아

성벽 축조의 시대별 차이를 살펴볼 수 있는 백악구간 성벽. 이호준 촬영.

땅속에 매장되었다가 새롭게 발굴된 남산구간 백범광장 태조 대 성벽. 서울역사박물관 사진 제공.

있는 도성을 축조 연간에 따라 분석해 보면, 세종 대의 성벽이 48퍼센트를 차지하고 숙종 대의 성벽이 34퍼센트를 차지하여 다른 시기에 축성된 성벽보다 상대적으로 많이 남아 있다. 태조 대의 성벽은 전체의 11퍼센트 정도만 남아 있으며, 나머지는 새로 복원된 구간과 기타 시기에 축조된 성벽이다.[2]

한양도성과 관련된 축성 및 관련 자료는 도성의 입지 선정과 축성 의도를 포함해 축성의 전 과정을 상세히 밝히고 있는《조선왕조실록》을 비롯하여,《승정원일기》·《비변사등록》·《일성록》·《금위영도성개축등록》등 다양한 문헌자료가 있어 상세한 내용을 확인할 수 있다. 이외에도 한양도성의 구조와 형식 등을 보여주는 각종〈도성도 都城圖〉가 많이 남아 있고, 관련 사진과 도면 등도 남아 있다. 또한 성벽에 구간별로 축성에 참여한 사람들을 기록하여 놓았는데, 이러한 각자성석을 통해서도 군사들이 동원된 지역 등을 파악할 수 있다.

유사시 서울을 지켜낼 방책을 담은 영조의 도성수비론

숙종이 그 어느 때보다 단단하게 한양도성을 구축했지만, 영조는 거기에 만족하지 않고 흥인지문구간에 치성 雉城, 성을 방어하거나 적을 공격하려고 성벽 바깥으로 돌출되게 쌓은 부분을 설치하는 등 실질적인 도성 방어책을 강구했다. 또한 도성 방어에 대한 개념을 근본적으로 바꾸려고 하였다. 영조 19년 1743 부터 21년 1745 사이에 훈련도감·어영청·금위영에 명하여 도성을 고쳐 지었다는 기록이 전한다. 영조 대에 도성을 보수한 것은 유사시에 한양을 사수한다는 '도성수비론'에서 비롯된 것이다.

영조 27년 1751 에 간행·반포된《수성책자 守城冊子》에는 한양도성을 방어하기 위한 구체적인 계획이 담겨 있는데, 그 핵심은 조선 후기 삼군문과 더불어 도성 주민이 참여하는 도성 방어체제라고 할 수 있다. 이 책자는〈어제수성윤음 御製守城綸音〉·〈도성삼군문분계지도 都城三軍門分界之圖〉·〈도성삼군문분계총록

都城三軍門分界總錄〉·〈수성절목守城節目〉으로 구성되어 있다.

〈어제수성윤음〉에는 유사시에 도성을 수비하는 것이 국가적으로 중요하다는 사실을 밝히는 동시에, 도성의 백성들이 소속해야 할 군문軍門과 수비할 도성의 구역을 평상시에도 잘 알게 하려고 책자를 간행했다면서 간행 목적까지 밝혔다. 유사시에 해당 부관部官이 도성의 백성들을 인솔하되, 궁시활과 화살나 조총이 있는 자는 성에 오를 때 휴대해야 하며, 없는 자는 돌을 가지고 오르라고 했다. 또 영조는 어떠한 일이 있더라도 도성의 백성들을 버리지 않고 자신이 먼저 성에 올라 도성의 백성들을 위로할 것이니, 도성의 모든 백성들은 도성 수비에 대하여 가타부타 하지 말고 그 뜻을 잘 헤아려 도성 수비에 전력을 기울이라고 하였다.

〈수성절목〉은 왕의 뜻을 받들어 한마음으로 협력하여 도성을 수비할 것을 약속하고, 도성 수비에 대한 실행사항 9개 조목을 기록하고 있다. 대표적인 내용을 살펴보면 다음과 같다.

① 도성을 수비하려는 대계大計는 성상聖上, 임금의 결단에 의하여 이루어진 것이다. 또 백성들이 〈수성절목〉의 내용을 잘 이해한 다음에야 국가가 위급함을 당하였을 때 백성들로부터 힘을 얻을 수 있다. 따라서 한성의 5부민에게 〈수성절목〉을 반포하는 것이니, 우리 신민臣民들은 한마음으로 협력하여 성상의 뜻을 잘 받들어야 한다.

⑧ 위급한 일이 있을 때는 해당 군영에서 소속 부대로 명령을 전달하고, 해당 부대에서는 관하管下·관할구역 장정들을 대동하고 성에 올라 지키되 해당 부대의 관원이 군령을 잘 거행하지 않을 때는 군법으로 다스린다.

⑨ 위급한 일이 있을 때는 매호마다 집을 지키는 노약한 사람을 제외하고는, 동반과 서반, 유생 출신, 한산인閑散人, 일 없이 한가하게 지내는 사람을 막론하고 일제히 성에 올라 모든 힘을 다하여 성을 지킨다.

삼청공원 우수전망명소 직전에 바라본 인왕산과 백악산. 유사시 〈수성절목〉에 따라 왕과 도성 백성들은 내사산을 타고 흐르는 도성을 지켜내야 했을 것이다. 이호준 촬영.

이와 같이 〈수성절목〉에 기록된 '성을 지키기 위한 실행사항'을 보면, 국가 유사시 한성부의 주민들은 모두 삼군문이 분담하는 도성 구역에 배치되어 담당구역의 도성을 수비하도록 되어 있었다. 즉 도성이 위협을 받을 경우 도성 인근 성벽으로 피난하거나 몽진하여 근왕병을 모아 전세를 회복하고자 했던 이전까지의 전략에서 벗어나, 왕을 비롯한 도성 주민 모두가 도성을 사수하는 것으로 도성 방어 개념이 바뀐 것이다.[3]

도성 부문 그랜드슬램을 달성한 한양도성

서울을 둘러싸고 있는 성곽은 한양도성 외에도 북한산성과 남한산성이 있다. 삼각산에 자리한 북한산성은 아름다운 풍광과 함께 산을 오르는 이들에게 역사적 상상력과 아름다운 추억을 선물해 왔다. 남한산성은 한강의 남쪽에서 서울도심 전체를 내려다볼 수 있는 특별한 전망을 제공한다. 특히 서울의 아름다운 야경을 담을 수 있는 곳으로 각광받고 있다. 그런데 북한산성과 남한산성이 한양도성의 진산인 백악산보다 더 높고 큰 산에 자리해 있다 하더라도, 규모에 있어서는 한양도성이 첫 번째 자리를 차지한다.

성벽의 규모는 왜 쌓았는지와 어디에 쌓았는지에 따라 큰 차이가 있을 수밖에 없다. 대체로 조선시대의 포곡식산성包谷式山城, 산꼭대기와 함께 1개 이상의 골짜기를 둘러쌓은 산성이 규모가 큰 편이다. 현재 알려진 것 가운데 규모가 가장 크다고 할 수 있는 산성은 둘레 17.34킬로미터의 부산 금정산성이고, 남한산성은 그보다 짧은 12.4킬로미터, 북한산성은 전체 둘레 12.7킬로미터 가운데 석축한 성벽의 길이가 8.4킬로미터 정도이다. 이에 비해 한양도성은 둘레가 18.63킬로미터에 이르고 있어 우리나라에서 가장 긴 성이라 할 수 있다. 도성은 성내에 궁성·관아·민가를 포함하고 있기 때문에 보통의 산성이나 읍성보다는 규모가 클 수밖에 없다. 물론 북한에 남아 있는 고구려의 평양성이나 고려 개경의 외곽성이 규모가 더 크다고 알려져 있다. 하지만 이들은 여러 차례 수축되었거나 여러 개의 성이 합쳐진 것이기에, 한양도성과 함께 놓고 비교하기에는 무리가 따른다. 더구나 직접 가서 확인할 길이 없기에, 현재로서는 서울 한양도성을 남한 최대 규모의 성곽으로 보고자 한다.

한양도성은 축성에 동원된 인력의 규모에 있어서도 단연 최고다. 앞서 살펴본 것처럼 한양도성 축성에는 태조 5년1396의 1차 공사에 11만 8,070명, 2차 공사에 7만 9,400명 등 총 19만 7,470명의 장정이 동원되었다. 이후 세종 4년1422에 고쳐쌓을 때에는 1월 15일부터 한 달간 무려 32만 2,400명이 동원되었다. 한양도성을 처음 쌓을 때와 고쳐쌓는 과정에서 50만 명이 넘는 장정이 동원되었음을 알 수 있다. 이후에 이루어진 여러 차례의 크고 작은 개보수 공사까지 감안하면 한양도성 축성공사에는 단일 성곽 가운데 가장 많은 인원이 동원되었다고 볼 수 있다.

끝으로 한양도성은 국내 성벽을 통틀어 최단 기간에 쌓아올린 성벽으로 알려져 있다. 일반적으로 성을 쌓는 데 소요된 기간이 알려진 경우는 도성 유적을 제외하고는 거의 없다. 예를 들어 기원후 470년에 완성된 삼년산성三年山城, 충청북도 보은군에 위치한 삼국시대 신라 산성은 3년 동안 쌓았다고 해서 붙여진 이름이지만 사실 여부는 알 길이 없다. 그러나 고구려 평양성平壤城을 쌓는 데는 양원왕 8년552부터 평원왕 28년586까지 무려 35년이나 걸렸다. 이밖에 고려의 개성은 21년, 남한산성은 2년, 수원화성은 쌓는 데 2년 9개월이 걸렸다. 도성을 건설하는 데는 짧게는 1년, 길게는 수십 년이 걸리기도 했다는 얘기다. 그러나 한양도성의 경우에는 초축 당시 1·2차 공사에 소요된 기간을 다 합해도 98일밖에 걸리지 않았다. 25년이 지나 세종 대에 개축할 때도 1개월 만에 평지 구간의 토성 일부를 전부 석성으로 고쳐쌓았다.[4]

이로써 한양도성은 우리나라 축성사에서 보기 드물게 최대 규모, 최다 인력동원, 최단 공기를 기록하며 3관왕에 오르게 되었다. 그러나 한양도성의 가치를 무엇보다 돋보이게 하는 것은 한양도성이 가지고 있는 도시 성벽으로서의 긴 역사이다. 한양도성은 조선 건국 초기인 1396년에 세워져 대한제국이 일본에 강제 병합된 1910년까지 무려 500년이 넘는 시간을 버텨왔다. 18킬로미터가 넘는 수도의 외곽성이 이렇게 장구한 기간 동안 유지된 경우는 세계사적으로도 유례가 없는 것으로, 이 부문 올림픽 금메달감이다. 앞에서 언급한 3관왕에다 도시 성벽으로서 가장 긴 역사를 간직한 금메달리스트이니, 한 해에 4관왕에 올랐다면 '그랜드슬램 도성'이라 할 수 있지 않을까?

15세기부터 20세기까지의 세계사를 보면 전쟁의 연속이었다. 이 과정에서 이른바 민족과 국가라는 이름은 나타났다가 사라지기도 하고, 어느 시점에 또다시 생겨나는 과정을 끊임없이 반복했다. 반면에 조선은 중국이라는 제국의 턱밑에 자리했음에도 불구하고, 같은 시기 중국의 어느 왕조보다도 더 오랫동안 나라를 이어갔다. 중국의 역사를 샅샅이 훑어봐도 조선보다 길게 존속했던 왕조는 없다. 우리나라는 이미 삼국시대부터 고구려·백제가 700년 가까이

숙정문에서 혜화문으로 달려가는 백악구간의 한양도성. 이호준 촬영.

나라를 이어갔고 신라는 어언 1,000년이나 존재하였으니, 세계사에서 우리 민족만큼 한 국가를 길게 이어간 사례가 또 있으랴. 이런 점에서 자부심과 긍지를 가져도 좋으리라.

    한양도성은 비록 완전한 모습은 아니지만, 대한제국이 멸망하고 오늘에 이르기까지 그 모습을 유지해 오고 있다. 그런데 조선시대에 여러 차례 수축되어 큰 흠 없이 보존되어 왔던 한양도성이 복원이라는 수술을 필요로 하게 된 것은, 대한제국 시기에 등장한 전차電車 때문이었다. 당시 새로운 교통수단인 전차가 등장하자, 1898년 전차선로를 내기 위해 흥인지문·돈의문·숭례문 일대의 성벽을 허물기 시작한 것이다. 그러다가 1905년 대한제국이 실질적으로 국권을 상실하자, 그때부터 한양도성도 대대적으로 훼손되는 아픔을 겪는다. 1907년 일본 요시히토 왕자의 서울 방문을 앞두고 경호상의 이유를 들어 서울의 4대문과 4소문 주변의 성벽이 허물어졌고, 이후에도 개발이라는 미명하에 여러 곳의 성벽이 사라졌다.

한양도성은 광복 후에도 이렇다 할 보수 없이 유지되다가, 1963년에 인왕산 방면과 백악산 석축 보수를 시작으로 1972년과 1976년에 부분적으로 보수·개축되었다. 1987년에는 석축 기단부 일부와 창의문이 보수되었으며, 이후 혜화문이 복원되고 숙정문·광희문의 문루가 복원되는 등 복원공사가 지속적으로 이루어지고 있다.

앞에서 살펴보았듯이 한양도성은 조선시대에 수도방위를 목적으로 축조되었지만, 현재의 한양도성은 그 역할이 완전히 달라졌다. 하지만 역사·문화를 간직한 이 도성이 21세기에 이르기까지 대도시 서울 한복판을 흐르고 있다는 것은 그 자체로 기적이라 할 수 있다. 이는 우리 국민이 한양도성을 단순히 조상들이 남긴 자취로만 인식한 것이 아니라, 살아 숨 쉬는 문화유산으로 끌어안은 덕분이다. 때로는 아름다운 문화유산으로, 때로는 산책길 친구로 우리 옆자리를 지켜주는 한양도성. 반듯한 숙종 대의 성벽이 저만치 서서 어서 오라 손짓한다. 혜화문에서는, 또 그 너머에서는 어떤 역사와 만남이 기다릴까.

---

1   김웅호, 2012, 〈조선 초 都城의 축조와 수도 境界 기능〉, 《서울학연구》 47.
2   서울특별시, 2009, 《서울성곽 중장기 종합정비 기본계획1》.
3   나각순, 2012, 〈서울 한양도성의 기능과 방위체제〉, 《서울 한양도성(서울성곽) 유네스코 세계유산 잠정목록 등재를 위한 학술연구》, 서울특별시.
4   손영식, 2012, 〈한양도성의 독창성 고찰〉, 《서울 한양도성(서울성곽) 유네스코 세계유산 잠정목록 등재를 위한 학술연구》, 서울특별시.

2부

5장__혜화문에서 친구 같은 성벽을 만나다

6장__성벽이 낳고 근현대 문화가 그려낸 이화벽화마을

7장__한양도성을 한달음에 돌아보는 순성놀이

8장__성벽의 글씨, 책임시공을 말하다

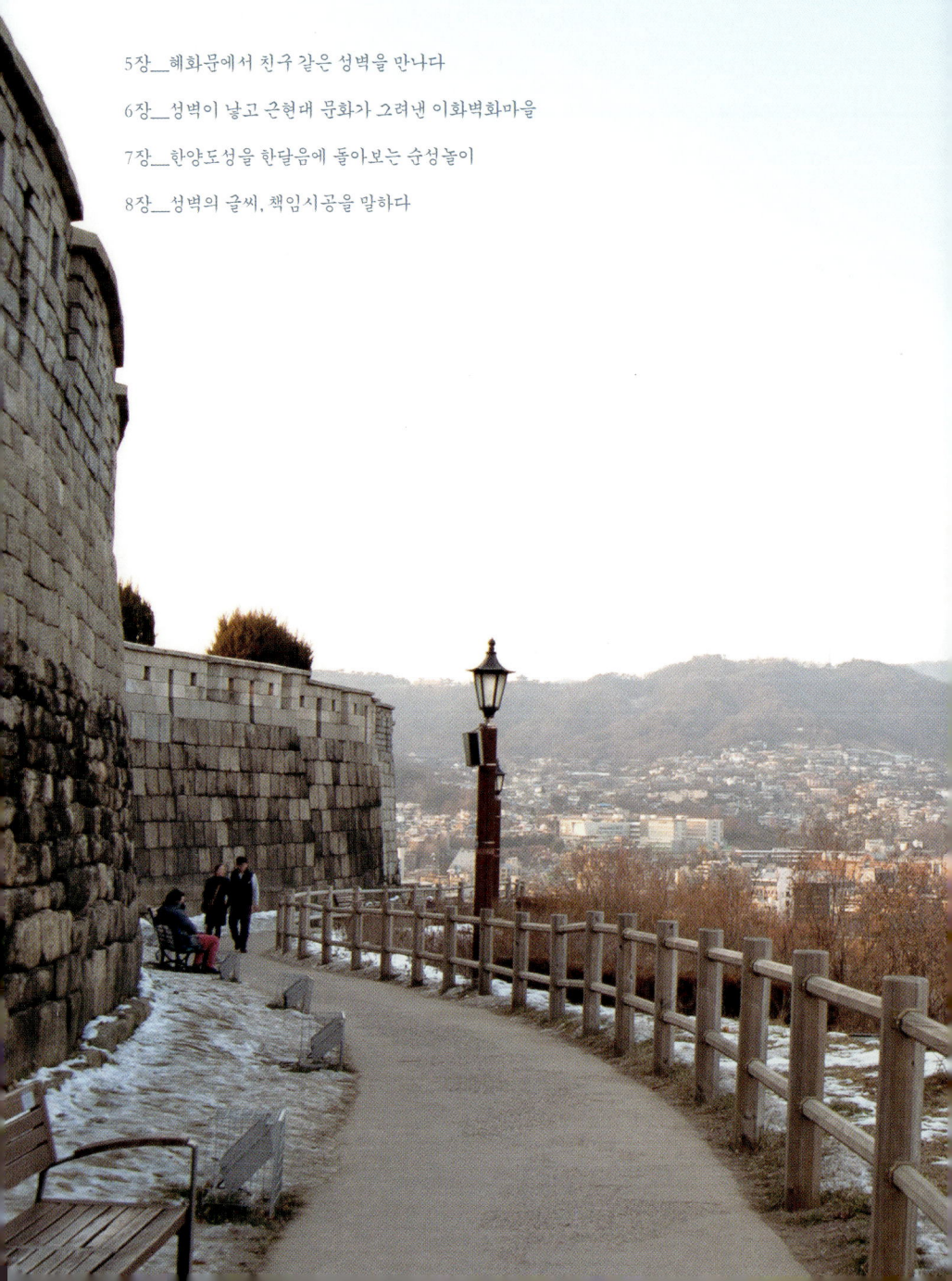

낙산구간 : 사람과 성벽과 자연이 함께 부르는 노래

5장

혜화문에서 친구 같은 성벽을 만나다

이름도 빼앗기고 제자리도 지켜내지 못한 혜화문

한양도성 낙산구간은 젊음의 활기로 충만하다. 인근에 대학로가 있고 이화벽화마을이 지척이라 연인들의 발걸음이 사시사철 끊이지 않는다. 대학로에서 다채로운 먹거리로 배를 채운 뒤에 이화벽화마을의 비경을 만나기 위해 계단을 오르는 연인들. 계단의 끝에는 서울도심을 한눈에 넣으며 구불구불 흘러가는 한양도성 낙산구간이 있다. 그곳에서 백악산으로 내려앉는 해님을 지켜보다가, '신사와 강아지' 설치물과 함께 석양을 감상해도 좋다. 그렇다. 한양도성에서 가장 아름다운 해질녘 풍경이 바로 이곳에 있다.

낙산은 한양을 둘러싸고 있는 내사산의 하나로 풍수지리상 동쪽의 좌청룡에 해당하는 산이다. 높이는 125미터로 내사산 중에 가장 낮은 산이기도 하다. 산 전체가 화강암으로 이루어져 있으며, 산 모양이 낙타의 등과 같다 하여 낙타산駱駝山 또는 낙산駱山이라고 불리었다. 또 조선시대에는 궁궐에 우유를 조달하던 관아인 유우소가 산기슭에 있어 타락산駝酪山이라고도 하였다.

낙산구간은 예로부터 숲이 우거지고 약수터가 있어 선비들이 많이 찾아 풍

낙산 정상에서 백악산과 인왕산을 향해 달려가는 한양도성. 이호준 촬영.

해님이 내려앉을 무렵의 신사와 강아지. 이호준 촬영

류를 즐기던 곳이었다. 그러나 일제강점기와 근대화 과정을 거치면서 서울로 몰려든 도시빈민들의 생활터전으로 바뀌어 원래의 모습을 많이 잃고 말았다. 다행히 1996년부터 서울시에서 낙산 일대를 근린공원으로 지정하고 주변의 녹지와 연결하여 낙산의 모습과 역사성을 복원하는 사업을 추진해 오고 있다.

이 낙산구간에는 사소문 가운데 하나로 동소문東小門이라고도 하는 혜화문 惠化門이 있는데, 이 문이 처음 지어진 태조 5년1396에는 홍화문弘化門으로 불리었다. 그런데 성종 15년1484에 창경궁을 신축한 뒤 그 동문東門을 홍화문으로 명명하면서, 혼동을 피하기 위해 중종 6년1511에 한양도성의 홍화문을 혜화문으로 개칭하였다.

태조 이성계와 함께 조선 건국을 이끈 삼봉 정도전은 궁궐이나 도성의 문에다 고유의 이름을 붙여주는 방식으로 건국의 염원을 담아냈다. 그가 붙인 이름을 분석해 보면, 주로 세상을 살아가는 데 필요한 덕목을 이름에 반영한 듯하다. 그런데 궁궐의 문과 성곽의 문 사이에는 뚜렷한 서열이 있어, 궁성 문의 위계가 더 높았던 것으로 보인다. 대표적으로 홍화문을 혜화문이라 개명하는 과정에서 그 위계를 분명히 확인할 수 있는데, 한양도성의 동북쪽 소문이 궁궐

혜화문. 이호준 촬영.

인 창경궁의 동문에 밀려서 그 이름을 빼앗기고 만 셈이다.[1]

 대문인 숙정문이 닫혀 있었기 때문에 양주·포천 방면으로 오고가던 사람들은 소문인 혜화문을 주요 출입구로 이용하였다. 영조는 1744년에 어영청御營廳에 명하여 무너진 문루를 보수하고 혜화문惠化門이라고 쓴 현판을 새로 달게 하였다. 그 뒤 1928년 일제강점기에는 문루의 퇴락과 도시계획 시행을 내세워 문루를 헐고 석문인 홍예문만 남겨두었다. 1939년에는 혜화동과 돈암동 사이에 전찻길이 생기면서 그나마 남아 있던 홍예문마저 철거되어 원형이 모두 멸실되었다.

 현재의 혜화문은 1992년부터 1994년까지 복원한 것인데, 대학로에서 한성대입구역으로 향하는 도로 때문에 원위치인 동소문로 가운데에서 북서쪽 언덕 위로 옮겨져 복원되었다. 복원된 혜화문의 문루는 정면 3칸에 측면 2칸의 단층 우진각지붕 구조로 되어 있다. 그런데 겸재 정선이 그린 〈동소문東小門〉 그림에는 이 혜화문이 문루가 없는 상태로 그려져 있다. 앞서 숙정문을 만날 때 살펴보았던 《광여도廣輿圖》의 〈도성도都城圖〉에 혜화문이 문루가 없는 암문 구조로 표현되었던 것을 기억할 것이다. 공교롭게도 18세기 후반의 혜화문 그림에는 문루가 없는데, 이는 영조 대에 보수한 혜화문과는 다른 모습이어서 궁금증을 자아낸다.

그런데 혜화문에 문루가 있었던 것으로 보이는 결정적인 이야기가 전한다. 보통 다른 문들의 문루 천장에 용이 날고 있던 것과 달리, 혜화문의 문루 천장에는 봉황이 날개를 펴고 있었다는 것이다. 조선시대에는 혜화문 밖에 위치한 삼선교에서 돈암동에 이르는 지역이 지금과는 달리 울창한 산림지대였다고 한다. 그래서 이 숲으로 온갖 새들이 모여드는 바람에 농사 피해가 컸던 것으로 보인다. 당시 조정에서는 이러한 농민들의 피해를 막기 위한 방편으로 혜화문 문루에 새들의 왕 격인 봉황을 그린 것으로 알려져 있다.

한편 희한하게도 복원된 현판에는 惠化門혜화문이라는 한자 이름이 왼쪽에서 오른쪽으로 쓰여 있어, 오른쪽에서 왼쪽으로 써나가는 일반적인 방식과 반대로 되어 있었다. 다행히 최근에 제대로 된 현판을 다시 제작하여 걸었으니 이제야 번듯한 혜화문으로 우뚝 선 느낌이다.

혜화문이 있던 고개 남쪽에서는 낙산으로 오르는 길이 열리는데, 혜화문

혜화문 주변의 끊어진 성벽.
이호준 촬영.

5장 혜화문에서 친구 같은 성벽을 만나다

남쪽 언덕은 지금의 가톨릭대학교가 있는 커다란 둔덕이었다. 그런데 성벽과 이 언덕 사이를 뚫어 길을 만들었고, 언덕은 학교가 들어서면서 대부분 잘려나가 버렸다. 동소문로는 원지반보다 5~6미터 정도 땅이 깎여 조성되었기 때문에, 혜화문의 원위치 기초 유구들은 멸실된 것으로 보인다.

한성대입구역 4번 출구에서 고갯길을 따라 오르다 보면 왼편에 낙산구간 진입로가 나타난다. 계단을 올라서자마자 길 건너편에서 보았던 한양도성의 비애 내지는 처참함과는 대조적으로 우뚝 솟은 한양도성의 위엄과 마주하게 된다. 미리 말하자면 낙산구간은 지대가 낮아 훼손 우려가 큰 지역임에도 불구하고 생각보다 원형이 잘 유지되고 있는 구간이다. 근래 복원된 여장 부분을 제외하면 복원이라는 미명하에 어울리지 않는 새 옷을 입은 듯한 생경함도 덜 느껴지는 구간이기도 하다. 더군다나 성벽을 따라 걷다보면 시기별로 다르게 성을 쌓은 모습이 확연하게 드러나, 그동안 학습한 한양도성의 축조연혁을 복습하며 실력을 테스트해 볼 수 있는 곳이기도 하다.

낙산 정상으로 향하는 순성길은 성 바깥으로 나 있다. 따라서 오른쪽으로는 절벽과도 같은 성벽을 만끽할 수 있는 반면, 왼쪽에 자리한 성곽마을에 눈

낙산구간에서 흥인지문 방향으로 흐르는 성벽. 신희권 촬영.

낙산구간 성벽 바깥쪽 전경. 이호준 촬영.

인사를 건네며 여유로운 산책을 즐길 수도 있다. 도성과 손잡고 걷는 동안 사람과 자연과 역사의 어우러짐도 느끼고, 아담한 카페에서 수고한 다리를 쉬게 하며 커피향에 젖을 수도 있다.

타지에서 한양도성을 찾은 사람들은 한껏 여유를 즐길 수 있다지만, 정작 도성에 인접한 성곽마을 사람들은 불편한 게 한두 가지가 아니다. 남들처럼 높은 건물을 지을 수도 없고, 마음 놓고 건물들을 뜯어고치기도 힘들다. 앞으로 완전히 복원된 낙산구간이 원래의 모습을 제대로 보여줌으로써, 성곽길을 찾는 사람들과 성곽마을 사람들이 도성을 중심으로 함께 행복했으면 좋겠다.

성벽에도 지붕을 만들었으니, 이름 하여 여장이라

성벽이 잘 남아 있다는 이야기는 꼭대기까지 완전한 형태를 갖추고 있다는 말이기도 하다. 성벽의 꼭대기에는 기와집의 지붕 모양으로 깎은 돌을 씌워 낮은 담장처럼 만들어 놓았는데, 이를 여장女墻 혹은 성가퀴라고 한다. 여장은 화살이나 총알과 같은 적의 공격으로부터 몸을 숨기기 위한 방어시설이자, 뚫린 구멍을 통해 적의 접근을 관찰하고 공격하는 시설이다. 무기가 떨어지거나 하는 비상시에는 여장을 밀어 떨어뜨림으로써 성벽에 인접한 적을 공격하는 최후의 방어수단으로 삼기도 한다. 이밖에도 빗물이 성벽 안으로 흘러 들어가는 것을 막기 위한 지붕의 역할 또한 무시할 수 없다. 돌로 쌓은 성벽 틈새로 물이 스며들었다 불어터지는 날이면, 공든 탑이 하루아침에 무너지는 상황이 벌어질 수도 있기 때문이다.

여장 윗부분의 덮개돌은 옥개석이라고 하는데, 탑 부재의 명칭과 동일하다. 옥개석 아래에는 일부러 구멍을 뚫어 밖을 내다볼 수 있도록 했다. 이 구멍을 총안銃眼이라고 하는데, 이는 성으로 접근하는 적군을 공격하기 위한 것이다. 그런데 이 구멍에는 약간의 차이가 있다. 총안의 안팎이 평평하면 원총안이라 하고 경사져 있으면 근총안이라고 한다. 실제 이 구멍들을 통해 보면 원총안은 멀리 떨어진 곳을 조망할 수 있고, 근총안은 성벽 바로 아래의 상황을 볼 수 있다. 따라서 각각 멀리서 오는 적과 성벽 가까이에 있는 적을 보며 공격할 수 있는 구조를 띠고 있다.

한양도성 역시 처음 성벽을 축조할 때부터 여장을 갖추었을 것으로 생각된다. 이후 여러 차례 개축과 수축을 하는 동안, 조선 조정은 훼손된 여장을 수리하거나 잘못 지은 여장이 있을 경우 바로잡기도 했다. 여장의 변천 과정은 《만기요람萬機要覽》에 수록된 유성룡의 축성론築城論을 참고할 수 있다.

"우리나라의 여장女墻은 겨우 두어 척尺 정도이므로 사람들이 모두 쥐처럼 기어 다녀도 적의 탄환을 피할 수 없으니 이것이 첫째 잘못이요, (중략) 우리나라 여장은 그 사이에 두어 사람씩 들어설 수 있으니 이것이 둘째 잘못이요 (후략)"[3]

이 글에서 보듯이 조선 전기의 여장은 2자61㎝ 남짓한 정도로 여장의 높이가 매우 낮아서 병사들이 숨을 수 없었던 것으로 보인다. 또한 높이에 비해 타

여장(총안). 신희권 촬영.

여장(타구). 신희권 촬영.

여장 개요. 신희권 촬영.

구 타와 타 사이의 트여 있는 공간의 폭이 매우 넓어서 적의 총탄을 피하거나 적이 성벽을 넘어오는 것도 막아내기 힘들었던 모양이다. 상황이 이러하니 성벽의 여장이 전쟁을 수행하는 데 크게 도움이 되지 않았을 게 뻔하다.

이러한 단점을 보완하기 위한 본격적인 개축은 숙종 대 이후부터 이루어진 것으로 보인다. 숙종 대에서 영조 대에 이르기까지 여장의 수리는 성벽의 수축과 함께 진행되기도 하였고, 퇴락한 여장을 수리하라는 명령이 삼군문에 별도로 하달되기도 하였다. 특히나 숙종 대에 이르면 이전처럼 막돌로 여장을 만드는 대신 벽돌로 여장을 만드는 획기적인 변화가 나타난다.

숙종 30년1704 이유李濡는 체성은 돌로 쌓더라도 여장만은 석재보다 조달이 쉽고 안전한 벽전壁塼·벽돌을 구워 쌓을 것을 건의한다. 그러나 예조판서 민진후閔鎭厚는 이에 대해 신중론을 펴면서 벽돌을 굽는 데 들어가는 공력과 어려움을 파악한 연후에 결정해도 늦지 않다고 하였다. 그러자 이유는 벽돌을 잘 굽게 되면 중국처럼 벽돌로만 축성하는 것도 가능하다고 하면서 벽돌의 사용을 재차 주장한다. 이때 영의정 신완申琓은 우리나라 사람들은 중원과 같이 벽돌을 굽는 데 능숙하지 않아 뜻대로 잘 만들지는 못하지만, 잘 굽게 되면 여장에 사용할 수 있을 것 같다고 하였다. 이에 숙종은 벽돌을 사용하되 용도에 맞춰 쓰고 축성은 견고하게 하는 것에 초점을 맞추라고 지시했다. 이처럼 숙종 대까지는 마름돌과 벽돌을 이용해서 여장을 축조했으며, 영조 대에 이르면 여장을 수리하고 회를 바르는 등 보수공사를 시행한다.[4]

낙산 정상 가까이에 이르면 도성 안으로 들어가는 쪽문 같은 것을 만나게 된다. 성문이라고 하면 4대문이나 4소문처럼 거대한 문루를 가진 그럴듯한 문을 연상하기 마련이지만, 낙산구간에는 한두 사람만이 지나다닐 수 있는 암문들도 종종 눈에 띈다. 암문은 원래 산자락 으슥한 곳에 위치해 있는데, 적과 대치할 때 적군의 눈을 피해 물자를 구해오거나 적의 뒤로 돌아가 공격하는 데 이용된다. 적은 모르되 아군만 아는 비밀문인 셈이다. 그러나 현재 한양도성에 남아있는 암문들은 일제강점기 이후 통행의 편의를 위해 만들어진 것으로 보인다.

낙산에 올라 수백 년 역사를 끌어안다

낙산 정상에는 광장과 공원이 조성되어 있다. 심지어는 흥인지문 방향에서 올라오는 마을버스 정류장도 마련되어 있으니 일반적인 산 정상과는 거리가 멀다. 그야말로 탁 트인 공간이어서 서울도심을 내려다보며 족구 한판 하고 싶어지는 그런 곳이다. 낙산의 가장 높은 곳에는 노인정이 있고 소규모 체육시설도 있다. 이 시설들은 하필 성벽이 지나가는 곳에 성벽 대신 자리를 차지하고 있어서 다른 곳으로 이전하는 방안까지 포함된 적절한 조처가 필요한 듯하다. 여하튼 낙산광장과 정상 주변은 그다지 높은 곳이 아님에도 불구하고 사방이 훤하게 조망되는 지리적 요충지임을 금세 느낄 수 있다.

낙산의 서북쪽과 서남쪽에는 각각 백악산과 남산이 버티고 있는데, 그저

낙산에서 바라본 서울도심. 이호준 촬영.

바라만 봐도 든든하기 그지없다. 그러다가 세 산과 인왕산이 함께 품은 서울도심에 하늘을 찌를 듯이 경쟁적으로 솟아오른 고층빌딩들을 보면, 서울이 세계적으로 손꼽히는 대도시란 생각이 절로 든다. 좀 더 가까이로 눈길을 돌리면 응봉 자락에 들어선 창덕궁과 창경궁이 차례로 나타난다. 하지만 서울대학교병원의 암병동이 궁궐의 조망을 막아서는 통에 시선은 저절로 대학로로 미끄러진다. 이곳에는 함춘원含春苑이라는 조선시대 궁궐 부속 정원이 있는데, 정조가 아버지인 사도세자장조 의황제로 추존의 사당으로 모셨던 경모궁景慕宮이 있던 자리이다. 서울대학교병원 경내인 이곳에 함춘원 복원공사가 한창이다.

서울대학교병원 자리에는 광복하기 전에 경성제국대학교가 있었기에, 일제강점기 근대 건축물이 많이 남아 있다. 고딕양식의 경성제국대학교 의학부 본관 건물을 비롯하여, 1908년에 지어진 의정부 직속병원인 대한의원 본관, 서울대학교 옛 본관, 구한말에 세워진 공업전습소 등이 자취를 이어오고 있다.

1975년 서울대학교가 관악캠퍼스로 이전하고 1980년에 대학로가 조성되면서 지금은 많은 젊은이들이 모이는 곳으로 탈바꿈하였다. 주변에 여러 소극장과 문화시설이 들어서 핵심적인 문화소통의 장으로 자리매김하고 있다.

이제 반대쪽으로 눈을 돌려 한양도성의 동쪽 밖을 바라보자. 서울도심과는 또 다른 풍경이 펼쳐지는데, 가장 큰 차이는 아마도 그다지 높지 않은 빽빽한 주택단지들이 아닐까 싶다. 한양도성이 도읍을 보호하는 기능을 하던 당시에는 이렇게 많은 건물들이 없었다. 성벽과 가까운 곳에는 사산금표四山禁表, 묘지로 쓰지 못하게 하고 소나무 벌채를 금지한 표석가 세워져 있어서 나무를 베거나 집을 짓고 살지 못하도록 했기 때문이다.

동쪽의 건물들 사이로 어렴풋이 동망봉 東望峰이라는 봉우리가 보인다. 청룡사 동쪽에 솟은 산봉우리인데, 성북구 보문동 6가와 종로구 숭인동에 걸쳐 있다. 청룡사란 이름은 바로 이곳 낙산이 한양도성의 좌청룡에 해당하기 때문에 붙여진 이름일 것이다. 조선의 제6대 왕이었던 단종은 숙부 세조에게 왕위를 빼앗긴 뒤 영월에 유배되어 17세의 어린 나이에 목숨을 잃고 만다. 단종의 비인 정순왕후 송씨定順王后 宋氏는 궁에서 쫓겨난 뒤 종로구 숭인동에 있는 정업원淨業院이란 곳에 머물게 된다. 원래 정업원이란 양반 출신의 여인들이 출가하여 머물던 절이라는 얘기도 있다.[5] 정순왕후는 단종이 영월로 떠날 때부터 동망봉에 올라 단종이 있는 동쪽을 바라보며 아침저녁으로 안녕을 빌었고, 중종 16년1521 82세로 세상을 떠날 때까지 단종의 명복을 빌며 평생을 정업원에서 지냈다고 한다.

훗날 영조가 이곳을 찾아 1771년에 정업원구기淨業院舊基라는 비석을 세워 표지로 삼도록 하였다. 비석은 정면 1칸에 측면 1칸의 팔작지붕을 한 비각 안에 모셔져 있다. 비석에는 "淨業院舊基歲辛卯九月六日欽涕書정업원 옛터 신묘년 [영조 47년] 9월 6일에 눈물을 머금고 쓰다"라는 글씨가 새겨져 있고, 비각의 현판에는 "前峰後巖於千萬年앞산 뒷바위 천만년을 가오리"라고 쓰여 있다. 모두 영조의 친필로 알려져 있는 이 비는 서울시 유형문화재 제5호로 지정되어 있다. 한편 정순

정업원 터 비각. 본 저작물은 문화재청에서 공공누리 제1유형으로 개방한 '정업원 터 비각'을 이용하였으며, 해당 저작물은 문화재청의 http://www.cha.go.kr/korea/heritage/search/Directory_Image.jsp?VdkVgwKey=21,00050000,11&imgfname=1636049.jpg&dirname=tangible_cult_prop&photoname=정업원 터 비각&photoid=1636049에서 무료로 다운로드 받으실 수 있습니다.

왕후가 올랐다는 동망봉에는 영조가 친히 쓴 같은 이름의 각자도 있었다고 하는데, 일제강점기에 이곳에 채석장이 생기면서 없어진 것으로 추정된다.

동망봉에서 청계천 쪽으로 가다 보면 관우의 사당인 동묘東廟가 나오는데, 그 남쪽 마을인 싸전골에 채소시장이 하나 있었다. 이른바 '여인시장'이다. 이 시장의 이름은 궁궐에서 쫓겨난 단종비 정순왕후가 정업원에 기거할 때 이 시장의 부녀자들이 정순왕후 송씨를 도와준 것에서 유래했다고 한다. 이 시장은 여인시장이라는 이름에서 알 수 있듯이 부녀자들만 드나들 수 있었던 모양이다.

낙산공원 광장에서 나무계단으로 내려와 왼편을 보면 작은 텃밭이 하나 나오는데, '홍덕이 밭'이라는 안내판이 세워져 있다. 설명문에는 "병자호란 때 인조가 삼전도에서 항복한 뒤, 효종당시 봉림대군이 청나라에 볼모로 잡혀 심양에 있을 때 따라가 모시던 나인 홍덕이라는 여인이 심양에 있으면서 채소를 가꾸어 김치를 담가서 효종에게 날마다 드렸는데 볼모에서 풀려 본국으로 돌아온 후에도 이 홍덕이의 김치 맛을 잊을 수가 없어 이에 효종은 낙산 중턱의 채소밭을 홍덕이에게 주어 김치를 담가 대게 했다 하여 낙산에 '홍덕이 밭'이라는 지명이 전해진다."라고 쓰여 있다. 이러한 사연을 접하고 나니, 지금이라도 이곳에 배추를 심어 '홍덕이 밭' 김치를 만들어 판다면 아마도 낙산 최고의 명물로 거듭나지 않을까 싶다.

한양도성의 역사를 한눈에 보는 한양도성박물관

낙산 자락을 따라 내려오면 드디어 흥인지문이 보이기 시작하고, 그 뒤로는 계속 평지가 펼쳐진다. 낙산구간 끝자락의 하이라이트라고 하면 바로 한양도성박물관이 아닐까 싶다. 원래 이곳에는 이화여대 동대문병원과 동대문교회 등 유명한 건물들이 오랜 기간 터줏대감 역할을 하고 있었다. 그런데 지금은 한양도성 복원정비와 공원조성사업으로 인해 그 건물들이 자취를 감추거나 용도 변경되어 또 다른 경관을 연출하고 있다. 이화여대 동대문병원은 목동으로 통합·이전되었고, 부속건물이 서울디자인지원센터 지상 9층, 총면적 5,719㎡로 리모델링되었다. 동대문교회는 우리나라 감리교회로는 정동교회·상동교회에 이어 세 번째로 설립된 유서 깊은 교회인데, 1910년에 지어진 붉은 벽돌 건물을 헐고 1973년에 콘크리트 건물로 새로 지은 것이 화근이 되어 그 역사성을 인정받지 못하여 철거되고 말았다.

이화여대 동대문병원 터에는 조선시대에 여진의 사신이 머물던 장소인 북평관北平館이 있었다. 북평관은 흥인지문 바로 옆에 위치하고 있었지만, 오랑캐가 나라의 큰 문을 통과할 수 없다고 하여, 여진 사신은 흥인지문이 아니라 북쪽에 있는 혜화문을 통해 출입했다고 한다. 서울시는 디자인 연구를 위해 종합연구소·창작스튜디오·아카데미·체험관 등을 갖춘 서울디자인지원센터를 만들고, 일부 공간을 할애하여 2014년 7월 한양도성박물관을 개관하였다. 또한 이 일대의 한양도성을 복원하고 공원화하여 시민들의 휴식공간으로 조성하였다.

한양도성의 역사와 가치를 조명할 한양도성박물관은 동대문성곽공원 내 서울시 디자인지원센터 1~3층에 자리 잡고 있다. 2012년 10월 한양도성연구소가 설립된 후 준비과정을 거쳐 문을 연 한양도성박물관에는, 한양도성의 과거·현재·미래 유산으로서의 가치를 담은 상설전시실과 기획전시실이 마련되어 있다. 또한 국내외 도성 관련 자료를 구비한 도성정보센터와 시민참여 교육 프로그램을 진행하는 교육공간까지 갖추고 있다.

 홍인지문 옆 동대문성곽공원에 위치한 한양도성박물관은 상설전시실의 관람동선이 낙산구간 탐방로와 바로 이어지도록 설계되어 있다. 이로써 한양도성을 찾는 이들은 이 박물관을 도성 탐방의 중심 거점으로 삼아 보다 효율적으로 탐방할 수 있게 되었다. 주요 전시물로는 1749년에 제작된 돈의문 현판 국립고궁박물관 소장, 홍인지문에 올려졌던 용두와 잡상 8점, 그리고 레고로 제작된 숭례문이 있다. 이외에도 한양도성 전체를 돌며 촬영한 순성체험 3면 영상 등도 눈길을 사로잡는다.

 이 중에 돈의문 현판은 일제강점기 한양도성 훼손의 상징적 의미를 담고

홍인지문을 만나기 직전의 한양도성 낙산구간과 한양도성박물관. 이호준 촬영.

한양도성 위쪽으로 떠오른 달님. 한양도성박물관에서 디지털 순성을 한 뒤, 달님을 벗삼아 일종의 관등놀이를 즐길 수 있다. 이호준 촬영.

있는 전시물로서, 1915년에 철거되었다가 약 100년 만에 한양도성박물관을 통해 최초로 공개되었다. 이 유물은 필자가 국립고궁박물관 유물과학과장으로 재직하던 때에 한양도성박물관 개관을 위해 특별히 대여해준 것이어서 각별한 느낌이 든다. 최근에는 또다시 리모델링하여 재개관을 하였다고 하니, 개관 시점에 비해 얼마나 달라졌는지 빨리 가서 확인하고 싶다. 관람객들은 이 박물관을 통해 한양도성의 진면목을 더욱더 풍성하게 경험할 수 있을 것이다.

박물관까지 둘러보고 나왔다면 이제 흥인지문으로 향하는 마지막 코스만

이 남아 있다. 흥인지문 동편의 건널목 앞에 서면 잘려나간 한양도성의 성벽이 저절로 눈에 들어오는데, 이곳에는 꼭 만나야 할 특별한 돌이 있다. 한양도성 복원공사가 시작된 1975년부터 제 위치를 알지 못하는 각자성석들이 이곳에 모여 있는 것이다. 대표적으로 책임자를 지칭하는 일패두一牌頭, 축성에 관련된 훈련도감을 가리키는 훈국訓局, 축성의 관리감독 역할을 수행한 절충折衝, 사과司果 등의 관직명이 있고, '康熙강희 45年년 4月日월일 改築개축'처럼 축성 연대를 표시한 것도 있다. 각자성석에 대해서는 2부를 마무리하는 장에서 자세히 살펴보도록 하겠다.

---

1 허경진, 2012, 〈문학에 나타난 서울 한양도성의 이미지〉, 《서울 한양도성(서울성곽) 유네스코 세계유산 잠정목록 등재를 위한 학술연구》, 서울특별시.
2 오충현, 2012, 〈서울성곽 주변 식생과 생태〉, 《서울 한양도성(서울성곽) 유네스코 세계유산 잠정목록 등재를 위한 학술연구》, 서울특별시.
3 《만기요람(萬機要覽)》 군정편(軍政篇) 4. 관방(關防) 부관방총론(附關防總論)
4 신영문, 2016, 〈한양도성 축성술의 역사고고학적 연구〉, 국민대학교 대학원 박사학위논문.
5 문화재청 홈페이지의 문화재 설명에 의하면 "정업원은 여승방(女僧房)으로 원래 창덕궁에서 그리 멀지 않은 도성 안에 있는 것인데, 성 밖에 있었다는 전설에 따라 이곳에 비를 세우고 비각도 짓게 되었다. 이는 정순왕후 송씨가 동대문 밖인 이곳에서 지냈던 사실과 정업원의 주지로 있었던 일이 얽혀서 잘못 전해온 것으로 보인다."라고 설명되어 있다. 필자는 현장에 있는 서울시의 안내판 내용을 위주로 설명하고자 한다.

6장
성벽이 낮고 근현대 문화가 그려낸
이화벽화마을

배꽃이 흐드러지게 핀 성곽마을

　근래 들어 우리 문화재에 대한 관심이 높아지면서 문화재 활용이나 역사문화 연계 프로그램을 운영하는 전문가들도 많아지고 있다. 현대에 이르기까지 600년 넘게 이어온 한양도성은 구간마다 독특한 역사와 문화를 형성해 왔기에, 관련 분야 전문가들이 특히 관심을 가지는 대상으로 부각되는 듯하다. 낙산구간은 한양도성의 여러 구간 가운데서도 오래된 역사를 간직한 성곽문화와, 근현대에 조성된 성곽마을의 회화 및 조형을 함께 만끽할 수 있는 종합 문화예술 공간이라 할 수 있다. 아름다운 벽화들과 조형물들이 있어서 밤낮으로 사람들을 불러 모으는 이화벽화마을도 바로 이 낙산구간에 자리 잡고 있다.
　지하철 4호선 혜화역에 내려 마로니에공원 샛길을 따라 30분 정도 오르면 대학로가 한눈에 들어오는 낙산구간과 만나게 된다. 한성대입구역에서 찾아가는 길에 이어 낙산구간을 만나는 또 다른 방법이다. 이 낙산구간에는 성벽 안팎으로 탐방로가 조성되어 있어 서울도심을 편안하게 내려다볼 수 있다. 또한 이곳에는 근현대에 조성된 여러 마을들의 이야기와 서민들의 애환이 담겨 있다.

한양도성 낙산구간과 성곽마을. 이호준 촬영.

    한양도성의 상당 부분은 시가지와 맞닿아 있는데, 특히 성벽 아래 구릉지에는 집들이 빼곡히 들어서 있는 성곽마을이 자리해 있다. 일제강점기와 한국전쟁 전후의 급격한 도시화 과정에서 생겨난 이들 마을은, 몇 년 전까지만 해도 빨리 손을 봐야 하는 정비 대상으로만 여겨졌다. 그러나 최근에는 한양도성과 함께 지켜나가야 할 미래융합자산으로 주목받고 있다. 이러한 인식의 변화 사례는 이화벽화마을을 통해서도 확인할 수 있다.

    이화벽화마을이 자리한 이화동의 이름은 서울특별시 종로구 이화동 2번지에 있던 이화정梨花亭에서 유래했다. 이화정 또한 특별한 사연을 간직하고 있는데, 배밭 가운데 지어져 봄이면 정자 주위가 하얀 배꽃으로 둘러싸인다고 해서 붙여진 이름이다. 이화동은 낙산 자락의 비교적 부유한 주택가와 언덕 부근의 낙후된 빈촌을 함께 품고 있는데, 이화벽화마을은 바로 이 언덕에 자리 잡고 있다. 낙산 일대에 자리한 이 마을은 서민들의 애환을 담은 채 그 모습을 지금까지 이어오고 있다. 한마디로 이 지역은 집과 골목, 계단들이 조화를 이루는 서울 근현대화 과정의 생활사박물관이라 할 수 있다.

이화벽화마을이 형성되기 전까지만 해도 이 일대는 사산금표가 설치된 개발제한구역이었다. 조선 조정은 도성 자체를 보호할 뿐만 아니라 주변지역의 자연·식생·경관도 엄격하게 관리해 왔다. 이러한 조치들로 인해 낙산 일대를 포함한 한양도성 주변부에는 집단 거주지가 조성되기 어려웠다.[1] 오히려 이화동 및 충신동 일대는 배꽃이 아름다운 곳이어서, 주거지로 인기를 끌기보다는 서울 시민들이 풍류와 여가를 즐기는 곳으로 더 유명했다. 그랬던 곳에 일제강점기 이후 1960년대까지 급격한 인구팽창과 도시화가 진행되면서 성곽마을이 형성되었다.

한양도성 주변에 마을이 조성된 것은, 일제강점기에 경성(한양)의 인구가 지속적으로 늘어나 거주지역이 도성 외부로 확장되고 도로·전차와 같은 시설이 구축되면서부터였다. 당시 토지조사 사업을 벌인 결과 성벽 주변에는 고향에서 기반을 잃고 농촌을 떠나 도시로 이주할 수밖에 없었던 이농민, 도시시구개정사업에 의해 생겨난 철거민, 수해나 재해가 반복되면서 어쩔 수 없이 이주한 뒤 도시 빈민층이 되어 버린 사람들이 자리 잡았다. 이렇게 떠밀려온 사람들은 성벽 주변의 국유지나 사유지를 무단으로 점거하여 살았는데, 보통 굴을 파서 생활하거나 조잡한 가건물을 짓고 살기 일쑤였다. 땅을 파서 벽으로 삼거나 땅 위에 기둥을 박고 거적 같은 것을 둘러서 벽을 만든 뒤 양철이나 판자를 덮어서 지붕을 만든 주택을 '토막'이라 하였는데, 이런 토막이나 토막을 개조해 만든 주택에 거주하던 사람들을 '토막민'이라 불렀다. 이들이 거주지로 삼은 곳은 대체로 언덕이나 성벽 밑과 같은 고지대, 철로변이나 하천변, 혹은 다리 밑과 같은 저지대 등 생활을 이어가기가 쉽지 않은 곳이었다. 그중에서도 대부분 구릉지인 성벽 주변에는 사람들이 많이 살지 않아 공터로 남아 있는 땅이 많았기 때문에, 이런 지역은 토막민과 같은 오갈 데 없는 사람들의 집단 주거지로 안성맞춤이었다.[2] 한양도성의 다른 구간과 마찬가지로 낙산 일대에도 이러한 빈민들의 무허가 정착지인 토막촌이 형성되기 시작하였다.

또한 광복을 맞이한 귀환민·월남민·상경민들이 한양도성 일대로 대거 몰려들면서, 토막촌은 성벽 주변의 구릉지에 무차별적으로 판잣집들을 짓는 과정에서 또 한 번 급증하게 된다. 한국전쟁 등을 겪고 난 후 낙산구간에도 무허가 판자촌이 조성되었는데, 이에 대한 대책으로 정부는 다양한 주택을 공급해 왔다. 대표적으로 이승만 대통령이 거주하던 이화장 일대의 도시환경과 미관을 정비할 목적으로 1950년대 후반 대한주택영단에서는 주변의 판자촌을 철거하여, 낙산 일대에 국민주택단지를 건설하기도 했다. 그러나 국민주택단지는 기반시설이 부족했기에, 사람들은 지형에 따라 길과 계단을 내기도 하고 벽돌로 벽을 쌓은 뒤 슬레이트나 기와를 얹는 방식으로 삶의 터전을 가꿔 왔다.[3]

낙산구간 성곽마을에 새 생명을 안겨준 한양도성 복원사업

이화동 일대에 자리한 낙산구간 성곽마을이 본격적으로 변화를 맞게 된 계기는 1975년부터 시작된 서울성곽복원사업이었다. 1976년 성벽을 효율적으로 보존할 목적으로 성벽 주변에 5개 지구를 설정하여 성벽 양측으로 15미터를 녹지대로 만들었다. 녹지대 옆에는 너비 4~6미터의 도로를 만들어 주민들의 산책로로 활용하고자 하는 방안이 추진되었다. 5개 지구 가운데 동숭지구에 포함된 낙산구간 성곽마을에서는, 1981년 성벽에 인접한 집들이 철거된 뒤 이듬해인 1982년에 지금의 모습으로 성곽길이 조성되었다. 역사성 회복을 위한 성벽복원과 생활환경 개선을 위한 도로 개설로 마을의 주변부가 철거되고 변형되어 지금과 같은 모습으로 자리 잡았다.

이처럼 이화벽화마을 일대는 한양도성 성벽과 낙산 녹지축에 바로 붙어 있어 개발에 대한 규제가 엄격했다. 특히 성벽에 연접한 일부 주택은 한양도성

이화벽화마을의 일본식 주택. 신희권 촬영.

문화재보호구역에 포함되어 있기도 하였다. 2009년에는 마을 바로 아래에 위치한 이화장이 국가지정문화재 사적 제497호로 승격되면서, 문화재보호구역 및 역사문화환경 보존지역으로 자리한 이 지역에 대한 규제는 더욱 엄격해졌다. 게다가 구릉지와 급경사지라는 입지조건에 토지 및 건축의 복잡한 소유관계 등으로 개발 사업이 지연되었고, 그 사이에 마을 환경 노후화로 생활환경이 더욱 악화되었다.

2010년부터는 한양도성 세계문화유산 등재가 본격적으로 추진되면서, 한양도성과 주변 문화재를 고려하지 않는 철거 중심의 정비방식에 대한 개선 요구가 있었다. 한양도성 주변 지역을 철거형으로 정비할 경우 역사경관이 심하게 훼손될 수 있다는 우려 속에, 규제 중심의 관리방식은 성곽마을의 쇠퇴를 가속화시키는 부작용을 낳았다. 결과적으로 내부 주민들과 개발업자는 한양도성과 주변 문화재들을 '재개발을 막는 주된 장애물'로 인식하게 되었다.

사실 이때까지만 해도 정부와 서울시는 한양도성의 보호를 위해 주변지역을 철거해야 할 대상으로 여겼으며, 낙산구간 성곽마을도 예외가 아니었다. 그러던 낙산구간 성곽마을이 오늘날 내외국인을 막론하고 서울에서 가장 이름 난 도보관광의 명소로 거듭날 수 있었던 배경은 무엇이었을까?

낙산 공공미술프로젝트, 이화벽화마을을 낳다

이화동 일대의 성곽마을은 1970년대까지만 해도 대표적인 봉제업의 중심가였다. 동대문시장에서 가까웠던 탓에 시장에서 판매하는 의류·침구류·커튼액세서리 등을 주로 생산하였다. 하지만 2000년대 초 재개발 계획이 발표되고 봉제업 또한 쇠락해 감에 따라 주민들이 하나둘씩 떠나면서 동네도 점차 생기를 잃게 되었다.[4]

이러한 상황에서 2006년 이 일대에 생각지도 못했던 '낙산 공공미술프로젝트'가 추진되었다. 이 프로젝트는 공공미술사업 'Art In City 2006'의 기획사업으로, 문화체육관광부가 주최하고 공공미술추진위원회가 주관한 이른바 소외지역 생활환경개선사업이었다. 이 사업은 "섞다, 잇다, 함께 어울리다"라는 주제로, 다소 이질적인 요소들이 공존하는 낙산 일대의 주거환경을 개선하는 것 외에 낙산공원 및 대학로와의 문화적 연계와 소비적 상업문화에 대한 대안문화 제시 등을 목표로 하였다.

70여 명의 작가가 합심하여 마을 내 주택의 담벼락에 벽화를 그리고, 도심이 내려다보이는 가드레일을 따라 조형물을 설치하는 등 다양한 작품을 제작하였다. 주민들이 참여하여 예술가와 함께 만든 작품들도 곳곳에 선보였다. 낡고 오래된 건물과 현대적 미술작품이 묘하게 어우러진 이 동네는 그 자체로 거대한 마을 박물관 겸 미술관으로 재탄생한 것이다. 프로젝트 이후 이 마을은 서울 최초의 벽화마을로 이름을 날리게 되었고, 각종 드라마와 영화의 단골 촬영장이 되었다. 지금도 관광객들의 발길이 끊이지 않고 밤낮으로 북적대는 명소가 되었으니, 벽화의 위력은 상상을 초월한다 할 만하다.

이화벽화마을을 대표했던 비단잉어 그림. 이호준 촬영.

젊음의 낭만과 오래된 역사의 흔적 사이에 근현대를 상징하는 회화와 조형물이 하나둘 들어서면서, 낙산구간 성곽마을은 이화벽화마을이라는 고유명사로 국내외 탐방객들에게 큰 사랑을 받게 되었다. 한마디로 이화벽화마을은 공공미술 사업을 통해 성곽마을의 새로운 가능성을 발굴하고 예술적·문화적 가치를 부여함으로써 개성 있는 문화공간을 창출한 모범사례였다. 하지만 소외지역의 생활환경을 개선하는 데는 여전히 한계를 드러냈으며, 이곳을 찾는 외부인들과 거주민 사이의 갈등도 불거졌다. 2006년부터 추진한 문화재생 사업이 각종 매체를 통해 알려지면서 관광객 방문이 줄을 잇고 있으나, 일부 관광객들의 쓰레기 무단투기를 비롯해 소음피해·경관훼손 등으로 주민들의 불편은 점점 더 커지고 있다.

이화벽화마을에 자리한 연인 조형물. 이호준 촬영.

　그럼에도 문화예술 사업을 통한 마을재생 시도는 2011년 해당 분야 전문가들에 의한 민간사업으로 다시 추진되었다. 낙산프로젝트에 참여했던 작가들의 주도로 이루어진 '이화마을박물관 10년 프로젝트'가 그것이다. 이 프로젝트는 마을의 빈집들을 박물관·갤러리·작업실·카페 등 문화공간으로 바꾼 뒤 그곳들을 둘러보는 행사를 진행하고 있다. 또한 주민들의 동의를 얻은 집의 경우, 벽화를 그려주거나 주민들의 참여를 독려하는 등 마을주민들과 지속적인 연계를 유지해 나가고 있다. 대표적인 이화마을박물관 네트워크 공간으로는 쳇대박물관, 수작, 개미다방, 아트 스페이스 낙산, 풀무아치 공방, 이화동 마을박물관 등이 있으며, 특히 서울시에서 매입한 빈집을 활용한 이화동 책 공방과 갤러리, 배꽃에 흰 달집 등이 있다.[5]

　이렇듯 이화벽화마을에는 이름만 들어도 한 번쯤 들러보고 싶은 곳들이 한두 군데가 아니다. 그래서인지 최근에는 거주민과 관광객 사이의 주거환경 침해문제에 재개발사업과 재생사업 지지자들 사이의 갈등이 더해져, 거주민이 마을의 벽화를 훼손하는 사건으로 이어지고 말았다. 이 사건을 통해 얻을 수 있는 교훈은 사람들이 살고 있는 마을의 과도한 관광지화는 지양되어야 하며, 궁극적으로 주민들의 삶이 최우선되어야 한다는 점이다. 마을재생도 좋고 도시재생도 필요하지만, 그러한 사업의 본질은 벽화를 예술적으로 그려 사람들을 불러오는 게 아니라 주민들의 삶의 질을 높이는 데 있기 때문이다. 이러한 사건을 통해 이화벽화마을 주민들을 좀 더 배려할 줄 아는 성숙한 시민문화를 기대한다면 욕심일까?

성곽마을, 함께 가꾸어야 할 미래유산으로 서다

최근 한양도성 주변지역에 대한 규제 위주의 정책이 바뀌고 있다. 성곽마을이 한양도성과 함께 가꾸어 가야 할 중요한 생활유산임을 자각하게 된 것이다. 이러한 변화의 움직임은 도시의 생활경관을 포함하는 문화유산에 대한 정의 및 보전의 원칙 등에 관한 국제적 인식을 지속적으로 공유하게 되면서 점점 더 확산되었다. 유네스코 세계유산 등재원칙에 따르면 해당 유산의 효과적

한양도성 낙산구간에서 이화벽화마을로 내려가는 오른쪽 길. 이호준 촬영.

인 보호를 위해 그 유산 주변의 일정 구간을 완충지대Buffer Zone로 설정하여야 하며, 설정된 완충지대의 구체적인 관리지침 등을 제시토록 하고 있다. 특히 한양도성처럼 주변지역과 일체화된 장소적 의미가 중요한 경우에는 유산의 진정성 측면에서 인접지역들과 통합적으로 관리해야 할 필요성이 더욱 절실하다.

성곽마을 그 자체는 오래된 역사유산으로서의 가치를 지니고 있다고 볼 수 없다. 하지만 서울이 근현대로 나아가는 과정에서 형성된 이 마을의 다양한 주택유형과 골목길 등은 당시 주거문화의 실상과 특징을 보여주는 중요한 생활유산으로서 미래유산으로 삼기에 충분하다.[6] 미래유산이란 역사적·예술적·학술적 또는 생활사적으로 가치가 있어 미래 세대를 위해 보존할 필요가 있는 근현대 유산을 말한다. 현재는 서울시를 중심으로 문화재보호법으로 보호받지 못하는 근현대 유산을 핵심 대상으로 하고 있으며, 2013년부터 정치·역사유산에서 생활·산업·문화예술 중심 유산으로 확대 선정하고 있는 개념이다.

성곽마을은 자연 지형에 순응하여 한양도성과 조화를 이루며 조성되었다는 점에서 큰 가치가 있다. 한양도성과 한 몸을 이룬 듯 형성된 성곽마을은 그 자체로 독특한 역사경관 자원이 될 수 있다. 특히 근현대 서울의 주거지 발달사를 반영한다는 점에서 중요한 의미를 지닌다. 1958년에 조성되어 현재까지도 원형을 상당 부분 유지하고 있는 이화벽화마을의 국민주택단지는 일본식 주택양식과 절충 형태로 지어져 특정 시대상을 반영하는 건축사적 가치를 담고 있다. 또한 한양도성과 더불어 오랜 세월 녹아든 주민들의 삶을 함축하고 있다는 점도 무시할 수 없다. 역사문화와 생활문화가 공존하는 이곳에서는 다양한 공동체 활동이 이루어지고 있으며, 최근에 이러한 활동이 더욱 활성화되면서 성곽마을에 대한 시민들의 관심 또한 점점 더 고조되고 있다.

이처럼 한양도성 성곽마을은 자연환경과 어우러진 경관적 가치, 건축사적으로 독특한 학술적·역사적 가치, 문화관광 자원으로서의 가치, 주민들이 함께 가꿔온 삶의 터전으로서의 가치 등과 더불어 미래유산으로서의 가치까지

낙산에서 바라본 일몰. 지는 해님은 한양도성 백악구간에 잠시 머물다 잠이 들었다. 이호준 촬영.

여러 방면에서 그 의미가 강조되고 있다. 이에 발맞추어 성곽마을에 대한 보존관리 계획들도 수립되었다. 그 핵심은 성곽마을의 역사도시 경관을 보호하고 거주지로서의 진정성을 유지시키며, 사회적으로 조화되도록 변화의 양과 속도를 조절하는 데 있다. 특히 성곽마을만이 가지고 있는 고유의 잠재력과 특성을 존중함으로써 성곽마을이 더 이상 낙후된 주거지가 아닌 '새로운 가치를 지니는 주거지'임을 부각시키는 것이다.

서울시는 2012년 처음 실시한 장수마을 시범사업을 시작으로 2014년 4월 '한양도성 주변 성곽마을 보전관리 종합계획'을 수립하여 총9개 구역에 걸친 22개의 성곽마을을 선정하였다. 이화벽화마을은 이화·충신권의 이화 1지역으로 주택재개발 정비사업구역에 지정되었다. 성곽마을을 지정할 때는 해당 마을이 한양도성과 연접해 있으면서 한양도성이 마을의 정체성을 형성하는 데 주요한 요소로 작용하며, 특별히 마을의 고유한 특성과 정체성을 지속적으로 유지·관리할 필요가 있는 지역을 대상으로 하였다.[7] 이 사업은 2018년까지 추진될 예정이며, 핵심 앵커시설 확충과 기반시설 정비 및 주택개량 지원 등 주거환경 개선이 주된 사업이다. 여기에 그치지 않고 최근 서울시 도심부 관리계획은 역사문화를 고려한 마을 만들기 등으로 나아가고 있다.

이러한 마을재생 사업의 효과로 성곽마을에 대한 시선과 인식도 크게 변화되었다. 과거 주민들에게 있어서 한양도성은 마을의 개발을 막는 거추장스런 존재일 뿐이었다. 문화재 보존 입장에서도 성곽마을은 도성의 경관을 해치고 유지·보수하는 데 방해가 되는 요소에 지나지 않았다. 그러나 지금은 서로의 입장을 이해하려고 노력하는 모습이 역력하다. 문화유산 보호주의자들도 성곽마을이 역사적으로 얼마나 중요하고 소중한지를 깨달아 가고 있고, 성곽마을에 사는 주민들도 수백 년 동안 서울시민과 함께해 온 한양도성의 가치를 배워 가고 있다. 성곽마을은 조선시대부터 현대에 이르기까지 서울이 걸어온 전 과정을 몸소 보여주는 산 증인과도 같다. 이제는 문화유산으로서의 한양도성과, 한양도성에 깃들어 명맥을 이어온 성곽마을, 그리고 그곳에 사는 사람들을 함께 바라보아야 한다. 그래야만 한양도성의 진정한 가치를 제대로 인식할 수 있을 것이다.

해님이 하염없이 낙산을 바라보다가 백악산 아래로 서서히 잠을 청한다. 그 소식을 누구보다 빨리 알리려는 듯 빛의 속도로 달려오던 성벽은 이화벽화마을의 아름다움에 반해 잠시 발걸음을 멈춘다. 흥인지문으로 달려가던 햇살도 그 옛날 선비들처럼 순성巡城 놀이를 즐기다 가려는 걸까. 역사와 문화와 사람들이 함께 어우러지며 하나가 되는 곳. 낙산으로 황홀한 빛이 내린다.

---

1 고동환, 1998, 〈조선후기 서울의 인구추세와 도시문제 발생〉, 《역사와 현실》 제28권.
2 장남종·맹다미, 2012, 《한양도성 연접지역 실태분석 및 합리적 관리방안 연구》, 서울연구원.
3 손현정, 2011, 《서울성곽 복원에 따른 관광상품화 방안 연구 : 흥인지문에서 낙산구간의 성곽중심으로》, 이화여자대학교 석사학위논문.
4 서울특별시, 2016, 《낯설고도, 그리운 골목-시민이 발로 찾은 서울 골목길 명소 30선》.
5 이승민, 2016, 《이화마을의 재생방식 변화과정》, 성균관대학교 디자인대학원 석사학위논문.
6 장옥연, 2014, 〈한양도성 주변 성곽마을의 가치인식과 보전원칙〉, 《역사문화환경 보존과 건축역사학회의 역할》, 2014년 4월 월례학술세미나, 한국건축역사학회.
7 서울역사박물관·한양도성박물관, 2014, 《도성과 마을》, 2014년 한양도성 마을 특별전.

7장
한양도성을 한달음에 돌아보는 순성놀이

조선의 풍류객, 순성놀이에 빠지다

　기암괴석이 제법 거칠게 맞이하는 인왕산구간과 거대한 산봉우리를 오르내리는 백악구간에 비해, 낙산구간은 야트막한 언덕을 산책하듯 거닐 수 있어서 엄마 품에 안긴 듯 편안하다. 게다가 먹을거리와 볼거리, 즐길 것들로 넘쳐나니 저절로 사람들을 불러 모은다. 그런데 이곳은 조선시대에도 풍류와 여가를 즐기는 사람들로 넘실대곤 했다.
　예로부터 한양의 백성들은 경치가 좋은 곳에 올라 꽃놀이를 하거나 성곽길을 따라 돌며 경치를 감상하는 순성巡城놀이를 즐겼다. 유득공柳得恭의 《경도잡지京都雜誌》〈풍속風俗〉편에 나오는 유상遊賞 대목에는 이러한 광경을 잘 묘사하는 구절이 나온다.

　　필운대 행화杏花, 북둔의 복사꽃, 흥인문 밖 버들楊柳, 천연정天然亭 연꽃, 삼청동 탕춘대蕩春臺의 수석水石이 술과 노래를 즐기려는 자들이 많이 모이는 곳이다. 도성의 둘레는 40리인데 이를 하루 만에 두루 돌면서 성 내외의 꽃과 버들을 감상하는 것

봄꽃을 따라 걷는 사직공원 인근의 성곽길. 왼쪽 산수유 가지 사이로 성벽이 보인다. 이호준 촬영.

을 좋은 구경거리로 여겼다. 이른 새벽에 오르기 시작하면 해질 무렵에 다 마치게 되는데 산길이 험하여 포기하고 돌아오는 경우도 있다.

이밖에 당시의 세시풍속을 기록한 대표서 가운데 하나인 《열양세시기洌陽歲時記》에도 비슷한 대목을 찾을 수 있다.

> 경성의 꽃놀이는 삼월에 제일 성하다. 남산의 잠두蠶頭와 북한산의 필운대弼雲臺와 세심대洗心臺가 꽃놀이하려는 사람들이 주로 모이는 곳이다. 구름같이 모이고 안개 끼듯 꾀이는 것이 한 달 내내 줄지 않는다.[1]

앞에서 살펴본 《경도잡지》의 대목은 당시 한양도성의 꽃놀이와 순성 모습을 생생하게 그리고 있다. 봄이 오면 나들이에 나선 사람들이 도성 내 명승으로 꼽히는 지점을 찾아 복숭아꽃·살구꽃을 즐기고, 청계천변에 늘어진 버들을 보며 술과 노래를 즐겼을 모습이 눈에 선하다. 순성의 모습은 예나 지금이나 크게 다르지 않았던 모양이다. 《경도잡지》〈풍속〉편에 언급된 "도성 둘레 40리"는 18킬로미터가 넘는 한양도성의 전체 길이를 말하는데, 거리가 만만치 않다 보니 요즘 사람들도 대부분 구간을 나누어 적당한 시간에 올랐다 하산하곤 한다.

오늘날 한양도성 순성을 하는 사람들은 운동이나 역사문화 탐방을 염두에 두고 길을 나서지만, 조선시대 사람들은 성 내외의 꽃과 버들을 보며 풍류를 즐겼다. 원래 순성은 조선 초기에 왕명으로 도성을 안전하게 지키기 위해 시작되었지만, 실제적인 위협이 크지 않았기 때문에 산과 골짜기의 풍경을 감상하듯 걸으며 순성하게 되었다. 새 소리를 반주삼아 콧노래를 흥얼거리고, 꽃내음을 맡으며 잠시 명상에 잠기거나 지친 몸을 맡기는 유유자적한 순성이 이루어진 것이다.[2]

조선 초기 한양도성을 순성하는 풍경을 잘 묘사한 시 한 구절을 소개할까 한다. 바로 조선 건국의 일등공신이자 한양도성 설계의 당사자라고 할 수 있는 삼봉 정도전의 시 〈도성궁원 都城宮苑〉편이다.

> 성이 높으니 철옹 천 길이고
> 구름이 두르니 봉래 오색 蓬萊五色 이라
> 해마다 상원에는 꾀꼬리 꽃 가득하고
> 철마다 도성 사람들이 놀며 즐기네
>
> 城高鐵甕千尋 雲繞蓬萊五色
> 年年上苑鶯花 歲歲都人遊樂
>
> — 정도전, 《三峰集》, 〈신도 팔경의 시를 올리다[進新都八景詩]〉

이 시를 보고 있으면 한양사람들이 철따라 성을 찾아 꽃놀이를 즐기는 모습이 훤히 그려진다. 조선 후기가 되면 각종 기록에 친지들과 순성하며 시를 짓는 문인들의 놀이가 많이 보인다. 한양도성의 봄놀이 명소 가운데는 청계천의 오간수문을 꼽은 시도 눈에 띈다. 유득공의 아들로 순조 대에 규장각 검서관을 지낸 유본학柳本學의 《문암집問庵集》에 수록된 〈오간수문유제五間水門柳堤〉라는 시에는 세차게 흐르는 청계천의 물줄기와 버드나무가 우거진 오간수문의 모습이 함축적으로 묘사되어 있다.

세차게 흐르는 물에 철문이 덜거덕거리고
동풍에 버들개지가 이리저리 날리네
도성에서 제일가는 봄놀이 장소는

현대판 관등놀이의 현장인 DDP. 이호준 촬영.   DDP의 밤을 밝히는 LED장미들. 이호준 촬영.

수양버들 넘쳐나는 오간수문이라네

鐵閘喧轟水勢奔 東風飛絮每紛紛
京城第一游春處 無數垂楊五間水

이처럼 한양사람들은 철따라 순성놀이를 즐겼고, 청계천변과 흥인지문 인근 오간수문을 오가며 놀이문화에 한껏 빠져들었던 것 같다. 새벽에 길을 나서 해질녘까지 도성을 한 바퀴 돌아보는 것 또한 요즘과 다르지 않으니, 순성놀이는 대를 이어 내려온 아름다운 문화전통이라 하지 않을 수 없다. 다만 당시에도 산길이 험하여 하루 만에 도성을 한 바퀴 돌아보는 것은 쉽지 않았던 모양이다. 성곽길이 잘 정비된 요즘에도 하루 만에 순성하는 게 쉽지 않으니, 당시로서는 더더욱 힘든 일이었으리라.

꽃놀이만 놀이더냐, 관등과 연날리기도 있다

사월 초파일에 등불을 달아놓고 부처님의 지혜를 떠올리며 구경하는 관등觀燈이란 놀이가 있다. 불교가 융성했던 고려시대에 성행한 풍습이지만, 한양사람들이 즐기던 대표 축제 가운데 하나이기도 하였다. 홍한주洪翰周, 1798~1868의 《해옹시고 남원창수집초하海翁時藁 南園唱酬集鈔下》 권3에는 한양도성에서 관등놀이가 이루어진 것을 보여주는 시가 있다.

모든 나무에 흰 꽃이 닷새 밤낮을 피어 있고
태평 등불이 시전 건물 앞에 걸려 있네
가장 어여쁜 게 숭례문 처마에 걸린 등인데
풍豊 글자 또렷하니 분명 풍년이 들겠구나

숭례문. 한양사람들은 이곳 성루에 올라 관등놀이를 즐겼을 것이다. 이호준 촬영.

> 萬樹銀花五夜天 太平燈在市樓前
>
> 最憐崇禮門楣上 豊字分明占有年

　이 시는 지인들과 함께 숭례문 성루에 올라 관등놀이를 하던 홍한주가 지은 것이다. 남대문시장에서는 4월 초하루부터 장대를 세워 다양한 종류의 등을 걸어놓고 팔았다. 등을 거는 장대 끝에는 꿩의 깃털을 꽂아서 장식하였다. 때로는 꿩 깃털이 아닌 삼나무나 전나무 이파리를 매달기도 하였으며, 등을 걸 만한 장대가 없을 때는 건물의 처마 밑이나 맨 나뭇가지에 등을 매달았다고 한다.

　홍한주의 시에는 도성 안에서 벌어진 관등놀이의 풍경과 도성민들의 염원이 잘 묘사되어 있다. 시전 앞에 걸린 화려한 등불이 눈에 보이는 듯한데, 그중에서도 '풍'자가 선명한 남대문 처마의 관등에서는 태평성대를 염원하는 백성들의 열망이 느껴지기도 한다. 사월 초파일에는 도성사람들이 삼삼오오 거리

〈씨름〉, 김홍도, 《단원 풍속도첩》, 26.9×22.2㎝, 보물 제527호, 국립중앙박물관 소장.

로 나와 악기에 맞추어 노래를 부르면서 밤새 흥겨운 시간을 보냈다. 그야말로 한양도성이 고된 일상에서 벗어나고자 하는 뭇 사람들의 탈출구이자 신나는 축제의 공간으로 거듭난 것이라 할 만하다.[3]

　한양의 어른들이 짧은 순간이나마 관등을 즐기며 놀았다면, 한양의 어린아이들은 어떤 놀이를 즐겼을까? 아마도 연날리기와 씨름이 큰 인기를 끌었던 것으로 보이는데, 당시 연을 날리기에는 한양도성의 성벽과 성문이 가장 좋았을 것이다. 내사산으로 연결된 한양도성은 아이들에게 천혜의 놀이터가 되었는데, 단오에는 도성 안 이곳저곳에서 한바탕 씨름판이 벌어졌다. 상대를 넘어

뜨리기 위해 젖 먹던 힘까지 짜내던 선수들과 구경꾼들의 응원하는 모습이 눈에 선하다. 씨름판에 모인 아이들에게 연신 가위질로 유혹하며 엿이나 떡을 파는 장사꾼도 결코 빼놓을 수 없다.

이처럼 한양도성은 순성을 비롯해 관등·연날리기·씨름 등 다양한 놀이가 벌어진 공간이자, 그것을 구경하며 함께 즐기는 공간이었다. 한마디로 한양도성은 도성사람들이 어우러져 소통하던 가장 편안한 장소였다. 그들에게 한양도성은 도읍을 지켜내는 성벽이라기보다는, 다양한 놀이문화와 놀이터를 제공해 준 친숙한 존재로 더 크게 다가왔을 것이다.

그런데 왜 요즘에는 한양도성에서 다양한 놀이문화를 만끽하지 못하는 것일까? 명절이면 남산골 한옥마을에서 제기차기·연날리기 등 각종 민속놀이를 하는 장면이 뉴스를 장식하곤 하는데, 원래는 이런 놀이가 한양도성에서 이루어졌다. 하지만 언제부턴가 문화재는 '만져서는 안 되고 드나들어서도 안 될 존재'가 되고 말았다. '가까이 하기엔 너무 먼 당신'이 되어버린 것이다. 과연 문화재는 멀리서 바라보아야만 하는 대상일까?

활용이라는 뒷물결이 보존이라는 앞물결을 밀어내다

현대는 문화유산 활용의 시대라 할 만큼 문화유산의 보존과 활용에 대한 국민적·사회적 관심이 커졌다. 사실 그동안은 좀 더 빨리 산업화를 이뤄내야 한다는 개발 압력으로 인해, 문화유산을 올바로 보존해야 한다는 방침을 적용하기가 쉽지 않았다. 하지만 경제가 발전하는 가운데 문화적 욕구도 함께 커지면서 문화유산에 대한 인식 또한 달라지기 시작하였다. 돌이켜보면 '개발과 보존'이라는 모순 속에서 사라져간 문화유산도 헤아릴 수 없이 많았다. 하지만 요즘은 국민 대다수의 시대적 요구에 힘입어 보존을 넘어선 '문화유산의 활용과 향유'가 대세로 자리 잡기에 이르렀다. 이제 '보존'은 목표가 아닌 당위가 되었으며, '활용'은 시대적 과제가 되어 버렸다.

일선 학교에서는 '내 고장 문화재 알기'와 '현장체험' 같은 방법으로 문화유산 교육에 힘쓰고 있으며, '한 문화재 한 지킴이' 운동과 같은 프로그램으로 문화유산 보호·관리에 앞장서는 기업도 늘어났다. 전국 각지의 문화유산을 찾아 답사를 하거나 전시관 등을 관람하는 활동이 생활의 일부로 자리매김하였고, 문화유산 해설 등 봉사활동도 활성화되고 있다. 이처럼 문화유산은 더 이상 '개발의 걸림돌'이 아니라 '고이 가꾸고 누려야 할 가치'로 통하게 된 것이다. 이에 문화유산의 활용에 대한 원칙과 적절한 가이드라인을 제시할 필요성이 절실해졌다.

문화유산 활용은 서양의 고대 미술품 전시에서 그 뿌리를 찾을 수 있다. 고대 미술품은 르네상스 시대에 왕실 혹은 귀족의 전시물로 재사용되거나 건축물의 장식 부재로 사용되었다. 중세의 교회는 내부구조를 변경하여 생명력을 보장받기도 했다. 건축 문화재의 활용에 대한 방법은 용도 변경 속에서 찾을 수밖에 없었는데, 대부분은 수리를 통해 보존이 가능했지만, 때로는 용도를 바꾸면서까지 새로운 상업적·관광적 기능을 부가하기도 했다.

이에 반해 우리나라의 문화유산 활용은 아직도 선언적 의미를 벗어나지 못하고 있다. 학자들의 연구나 검토는 여전히 부족하고, 일반인들도 문화재를 일상에서 함께해야 할 편한 친구가 아니라 부담스러운 어른으로 여기고 있는 듯하다. 즉 문화재를 원형 그대로 보존한다는 원칙을 지키며 나름대로 성과를 거두어 왔지만, 문화재의 적절한 활용 범위와 방법 등은 구체화시키지 못하였다. 그러나 최근에는 문화재에 대한 해석의 범위가 자산적 가치에 머물지 않고, 문화재가 만들어진 용도를 고증하여 현대적으로 적용하는 데까지 확대됨으로써 '문화재 활용'의 분야가 새롭게 주목받고 있다.

'활용'은 '만족스럽게 잘 이용함' 또는 '원래의 능력 혹은 기능을 잘 살려 이용하는 것'이라고 볼 수 있는데, 이는 문화유산에도 동일하게 적용할 수 있다. 즉 문화유산의 여러 가치나 기능을 살려 효율적으로 이용하는 행위라 할 수

인왕산구간에서 순성놀이를 즐기는 등산객. 세종 대 성벽과 최근에 복원된 성벽이 어우러져 있다.
이호준 촬영.

있다. 다시 말하면 문화유산의 발굴·복원·보존·관리·활용이라는 순환구조를 재인식하고, 그로부터 파생되는 다양한 부가가치를 창출하는 데 활용의 목적이 있다. 따라서 문화유산을 원형대로 보존하고 체계적으로 관리하는 것은 물론, 국민들로 하여금 문화유산을 제대로 알고 찾고 누리면서 사회경제적 가치까지도 만들어낼 수 있도록 하는 활용정책 마련이 시급하다.

소통과 놀이공간으로 거듭나는 한양도성

1962년 제정된 문화재보호법 제1조 목적를 보면, 문화유산 활용에 대한 권리는 보존의 당위성과 더불어 법적으로도 가장 우선적으로 보장되고 있다.

이 법은 문화재를 보존하여 민족문화를 계승하고, 이를 활용할 수 있도록 함으로써 국민의 문화적 향상을 도모함과 아울러 인류문화의 발전에 기여함을 목적으로 한다.

다만 이러한 활용은 "문화재의 보존·관리 및 활용은 원형유지를 기본원칙

밤에 더욱 빛나는 N서울타워. 이호준 촬영.

으로 한다."라는 제3조 문화재보호의 기본원칙를 전제로 한다. 다시 말하면 아무리 좋은 취지의 활용이라 할지라도 원형유지가 보장되지 않으면 활용을 억제해야 한다는 것이다. 한편 문화재보호법 제48조 국가지정문화재의 공개 등 제1항에서는 "국가지정문화재는 제2항에 따라 해당 문화재의 공개를 제한하는 경우 외에는 특별한 사유가 없으면 이를 공개하여야 한다."라고 공개의 의무를 강조하고 있다.

이처럼 문화재는 원형이 훼손되지 않고 보존되는 한에서는 원칙적으로 그것을 활용하도록 보장하여야 하며, 필요에 따라 누구에게나 개방하여야 하는 대상이다. 그럼에도 불구하고 모든 문화유산을 활용하고 개방하지 못하는 이유는 '원형유지'라는 절대적 명제 때문이다. 이와 관련하여 선진국에서는 오래 전부터 문화유산 활용의 원칙과 목적, 그리고 범위와 정도 등에 관한 논의가 이루어져 왔다.

　대표적으로 오늘날 여러 국가에서 문화유산 보존의 원칙으로 준용하다시피 하고 있는 베니스 헌장1964에서는 "기념물의 보존은 사회적으로 유용한 목적으로 활용되는 것이 바람직하다."라고 하여 활용의 목적을 공적인 것에 국한하고 있다. 그러나 1981년에 제정된 플로랑스 헌장에서는 "문화유산의 진정성 회복이 공익적 활용보다 우선되어야 하고, 진정성은 어떠한 경우에도 협상의 대상이 될 수 없다."라고 하여 문화유산의 활용보다는 그 자체가 지니는 진정성을 강조하고 있다.

　이와 비슷한 입장에서 1999년 호주에서 제정된 버라 헌장1999의 보존 원칙 제3조를 보면, "가능한 한 최소한으로 필요한 만큼만 변형하는 신중한 접근이 요구된다."라고 하여 활용보다는 보존의 중요성에 방점을 찍고 있다. 물론 이와는 반대로 문화유산을 지속적인 개발의 필수 계획요소로 간주하며 보존보다는 활용과 개선을 강조한 헌장이나 선언들도 다수 존재한다. 이제는 우리나라도 문화유산 보존에 관한 헌장이나 원칙을 수립하여 우리 현실에 맞게끔 제도화할 필요가 있다.

　그렇다면 한양도성은 우리 국민이 보다 가까이에서 만나고 즐길 수 있는 문화유산으로 활용될 수 있을까? 만약 가능하다면, 조선시대부터 서울에서 제일가는 놀이터였던 한양도성을 현대판 문화유산 향유공간으로 바꾸는 방법은 무엇일까?

　한양도성과 같은 유적을 문화관광 자원으로 개발하기 위해서는 단순한 유적정비와 복원의 차원을 넘어 살아있는 문화공간, 역사교육 현장, 문화예술 향유의 장, 휴식공간으로서의 활성화를 위한 다각적인 고민이 필요하다. 구체적인 실행방안으로는 정보·재미·교육적 의미가 담긴 한양도성 관련 프로그램을 개발해야 하고, 한양도성을 지역문화 공동체 및 지역민이 자긍심을 고취할 수 있는 공간으로 바꾸어야 한다.

　덧붙여 최근 붐이 일고 있는 다양한 행사나 축제와 연계하는 방안도 필요

광화문 앞에서 관람객과 소통하는 다양한 전시물들. 역사의 현장에서 과거의 놀이문화를 떠올려 볼 수 있는 장면이다. 이호준 촬영.

하다. 앞서 살펴본 대로 한양도성에서는 계절별 순성놀이와 관등행사, 연날리기 등 다양한 놀이가 이루어졌다. 그렇다면 정도전이 시에서 노래한 것처럼, 4월 초파일에 남산 잠두봉에 올라 숭례문 처마에 달아놓은 등을 바라보며 흥겹게 노닐어 보면 어떨까? 이러한 관등놀이나 연날리기 같은 것은 마음만 먹으면 큰 어려움 없이 해볼 수 있을 것이다. 날씨 좋은 봄이나 가을에는 정부나 지자체 차원의 한양도성 순성행사를 개최하는 것도 의미가 클 것이다. 다만 이러한 행사들이 일회성으로 그치지 않고 지속적으로 유지될 수 있도록 다양한 참여 프로그램과 체험 프로그램을 개발해야 할 것이다. 이러한 방안은 수익창출을 통해 지역경제 활성화에도 기여할 수 있을 것으로 본다.

다만 어떠한 경우에도 문화유산이 가지고 있는 핵심 가치를 망각한 활용은 철저히 제한되어야 할 것이다. 활용주체에 대한 배려와 편의제공을 우선적으로 고려해야 하는 것처럼, 활용의 대상이자 객체인 문화유산에 대해서도 그에 합당한 존중과 예우를 해주어야 한다. 문화유산의 보존과 활용에 대한 올바른 인식과 보편적 원칙에 입각하여, 각각의 상황에 적합한 사례들을 만들어 최상의 조합을 만들어가야 한다. 그럴 때에야 비로소 우리 특성에 걸맞은 바람직한 문화유산 활용의 전범을 창출할 수 있을 것이며, 문화유산 또한 지속가능한 핵심자원으로 자리매김하여 후대에 길이 전승될 수 있을 것이다.[4]

 백악산에서 출발한 순성이 이제 막 혜화문을 거쳐 낙산 말단의 흥인지문으로 향한다. 떨어지는 햇살 너머로 현대판 순성놀이를 즐기는 사람들의 발걸음이 앞서거니 뒤서거니 흥겹게 달려간다. 이제 저만치 보물 제1호 흥인지문이 고개를 내민다. 보석 같은 야경을 간직한 곳. 지금 흥인지문으로 간다.

---

1 국립민속박물관, 2007, 《조선대세시기Ⅲ - 경도잡지·열양세시기·동국세시기》.
2 허경진, 2012, 〈문학에 나타난 서울 한양도성의 이미지〉, 《서울 한양도성(서울성곽) 유네스코 세계유산 잠정목록 등재를 위한 학술연구》, 서울특별시.
3 구본현, 2012, 〈漢詩文에 나타난 漢陽 城門의 성격과 의미〉, 《서울학연구》 47.
4 졸고, 2014, 〈고고유적 활용방안 연구〉, 《야외고고학》 19, (사)한국문화재조사기관협회.

8장

성벽의 글씨, 책임시공을 말하다

고대 사회의 최대 국책사업, 성곽 쌓기

한양도성을 따라 걷다 보면 크게 두 가지를 얻게 되는데, 하나는 역사와 동행하면서 건강해지는 것이고 다른 하나는 역사가 남긴 독특한 흔적을 발견하는 것이다. 특히 성벽의 돌 모양을 살피며 축조시기를 가늠해 보는 것도 흥미롭고, 곳곳에 숨어 있는 한자들을 발견하는 재미도 쏠쏠하다. 그중에서도 해당 구간의 공사를 책임진 이들과 공사에 참가한 백성들의 출신지 등이 새겨진 각자성석을 찾다 보면, 셜록 홈스 같은 명탐정이 된 것처럼 즐겁기만 하다. 그렇다면 조선 조정이 이런 각자성석을 성벽 곳곳에 새긴 까닭은 뭘까?

한양도성은 조선이 건국 초기에 엄청난 인력을 동원하여 축조한 국가시설이다. 한양도성 축조에서 중요한 점은 동원된 인력 외에도 이른바 '공사 실명제'를 채택하여 구간별 책임자와 감독자의 성명·군명·자호 등을 성벽에 새겨 놓았다는 것이다. 이러한 사실은 조선 조정이 한양도성 축조에 공을 들였다는 것을 뜻한다. 당시 도성축조 상황은 《태조실록》 태조 5년1396 1월 9일 기사에 상세히 기록되어 있다.

한양도성 낙산구간의 각자성석. 이호준 촬영.

경상·전라·강원도, 서북면 안주 이남, 동북면 함주 이남의 백성 11만 8,070여 명을 징발하여 도성을 처음 쌓았다. 성터는 미리 재서 자호字號를 분정하였다. 백악의 동쪽 천天자에서 시작하여 백악의 서쪽 조弔자에서 그치게 하였다. 서산 석령까지 합해 계획한 땅의 척수가 5만 9,500척이다. 600척마다 한 자호씩 붙이니 무릇 97자이다. 매 글자는 6호로 나뉘는데 매 두자에 감역판사監役判事와 부판사副判事는 각 1원을 두고, 사使·부사副使·판관判官 등이 12원이다. 각도 주군州郡의 민호의 다소를 헤아려, 천天자부터 일日자에 이르기까지는 동북면, 월月자부터 한寒자에 이르기까지는 강원도, 내來자부터 친珍자에 이르기까지는 경상도, 이李자부터 용龍자에 이르기까지는 전라도, 사師자부터 조弔자에 이르기까지는 서북면이다. 역사 감독관이 밤낮 없이 일을 시키니, 임금이 심히 춥다고 하여 밤의 역사를 금하였다.

여기서 재미있는 것은 당시 도성축조에 열외를 받은 백성들이 있다는 점이다. 자세히 보면 경기도와 충청도, 황해도 주민들이 제외되어 있다. 이들이 제외된 이유는 한양도성 축조 이전에 이미 경복궁·종묘·사직단 건설공사에 동원되었기 때문이다. 당시 궁궐 등의 공사에는 한양과 지리적으로 가까운 지역의 백성들을 동원한 것으로 보인다. 또한 평안도의 안주 이북과 함경도의 함주 이북 사람을 동원하지 않은 것은 그곳이 국경지대라 건국 초기 국경방어에 소홀함이 없도록 배려한 까닭으로 생각된다. 국가의 주요사업을 수행하면서도 백성들 간의 형평성과 국가안위 등을 고려한 합리적인 동원체계라 할 수 있다.

하지만 공사기간을 맞추기 위하여 밤낮으로 재촉하기는 예나 지금이나 마찬가지였나 보다. 특히나 도성축조는 조선 건국을 이끈 지도자들이 궁궐 건축과 더불어 무척이나 신경 써서 추진한 국책사업이었기에, 최종 책임자와 현장 감독자는 물론이고 실무를 맡은 백성들도 자신들의 명운이 걸려 있다고 여기고 전적으로 매달렸을 것이다. 그러니 완공시한을 넘기는 일은 상상도 할 수 없었으리라. 그나마 명령권자인 임금이 나서서 밤에 공사하는 것만큼은 막았다고 하니, 추위에 떨며 밤 공사를 하는 백성들이 짠하게 느껴졌던 모양이다.

한양도성과 같은 성벽 유적은 나라를 지키고 백성을 보호하기 위하여 만들어진 구조물이다. 따라서 국가에서 직접 장소를 물색하고 규모를 정하였으며, 그 규모에 따라 축성구간을 나누고 감독관을 선정한 후 구간별로 백성들을 동원하여 축조하였다. 이러한 까닭에 삼국시대 이래 축성 최고 책임자는 당시 최고 실력자나 그에 준하는 고위관료들이 맡았던 것으로 확인된다.

고구려에서는 연개소문이 직접 천리장성 건설을 추진하였는데, 당시 연개소문은 대막리지라는 최고위 관직에 오른 막강한 권력자였다. 백제 역시 최상층인 좌평과 그 바로 아래의 달솔이, 신라에서도 17관등의 2등 격인 이찬이 축성 및 보수공사를 총괄 지휘하였다. 통일신라시대에도 경성주작전京城周作典과 예작부例作府라는 관청에서 각각 왕경과 왕궁의 시설공사 및 유지보수를 관장하였는데, 두 기관 역시 신라 최고의 귀족인 진골이 책임자로 임명되었다고 한다. 고려시대에는 국가의 토목 및 건축공사를 담당한 선공시繕工寺란 관청에 종2품 내지 정3품의 비교적 높은 관료를 임명하여 조직을 총괄토록 하였다. 조선에서는 공조工曹의 영조사營造司가 궁실, 성지城池, 도성에 딸린 못, 옥우屋宇, 집채, 토목, 공역 등을 담당하였으며, 그 책임자로는 정2품의 판서判書가 임명되었다.[1]

이렇듯 고대 및 중세사회는 성벽을 쌓는 대규모 토목공사를 위해 인력을 강제로 동원해야 했고, 축적된 최고의 기술력을 쏟아 부어야 했다. 한양도성 또한 축성의 시공과정에서부터 완공 후 사후관리에 이르기까지 국가의 모든 역량이 집약된 최대의 국책사업이었다.

삼국시대부터 시작된 책임시공 제도

고대국가는 나라의 운명과 직결된 성벽 축조에 심혈을 기울였으며 엄격하게 관리했다. 한양도성의 축조과정에서 관리감독 제도의 시행증거가 밝혀졌지만, 그보다 1,000년 가까이 거슬러 올라가는 삼국시대부터 이미 성벽 축조에 치밀한 관리감독과 책임시공을 시행하였음을 알 수 있다. 국가적으로 성벽 축조를 얼마나 중시했고 그에 대한 책임을 얼마나 엄격하게 물었는지를 보여주는 귀중한 금석문이 발견되기도 하였는데, 신라의 명활산성비明活山城碑와 남산신성비南山新城碑가 대표적이다.

명활산성비는 진흥왕 12년551에 건립된 것으로 추정되는 신라 최초의 축성비築城碑이다. 1988년 명활산성 터에서 발견된 비석에는 공사 책임자와 실무자의 이름, 성벽축조 담당 거리, 공사기간 등 축성의 책임과 관련된 내용들이 기록되어 있다. 남산신성비는 경주의 남산에 신성新城이라는 성곽을 쌓을 때 축성에 관여한 지방관 및 지방민들과 각자가 분담한 성벽의 길이 등을 기록한 비석으로, 현재까지 10개가 발견되었다.

발견된 남산신성비 10개의 첫머리는 공히 "신해년 2월 26일 남산 신성을 쌓을 때, 법에 따라 쌓은 지 3년 만에 무너지면 죄로 다스릴 것을 널리 알려 서약케 한다 辛亥年二月二十六日 南山新城作節 如法以作後三年崩破者 罪教事 爲聞教令誓事之"라는 문장으로 시작된다. 비문의 첫머리에 기록된 신해년은 진평왕 13년591으로 볼 수 있다. 그 이유는 다름 아닌《삼국사기》〈신라본기〉 진평왕 13년조 기사에 "가을 7월에 남산성을 쌓았는데, 둘레가 2,850보였다."라는 기록이 있기 때문이다.

또한《삼국유사》문호왕법민文虎王法敏조에도 이와 유사한 기사가 나오는 것으로 보아, 591년에 남산신성을 쌓고 이를 기리는 비를 세운 것이 확실해 보인다. 다만 남산신성이 완공된 것이 7월이므로, 비문에 기록된 '2월 26일'은 공사를 시작한 날로 보는 게 타당하다. 결과적으로 남산신성을 쌓는 데는 약 4개월 정도가 걸린 셈이다. 이로써 남산신성비는 성을 다 쌓은 후에 세운 기념비적 성격의 비석이 아니라는 사실이 드러났다. 다시 말해 공사를 시작할 때 공사를 맡은 담당자들이 각자가 분담한 임무를 잘 수행할 것과, 혹여 하자가 생긴다면 처벌을 받겠다고 왕에게 약속한 일종의 맹세문을 기록한 비석이라 할 수 있다.[2]

우리나라는 이처럼 삼국시대부터 토성과 산성을 쌓아 나라의 도읍으로 삼

풍납토성 성벽. 국립문화재연구소 사진 제공.

풍납토성 전경. 오른쪽 언덕이 토성이다. 이호준 촬영.

거나 방어성으로 이용해 왔다. 성을 쌓는 것은 한 나라를 다스리고 지키는 데 없어서는 안 될 필수불가결한 일이었는데, 삼국시대 성의 규모는 한양도성 같은 조선시대의 성에 비해 훨씬 작은 편이다. 그럼에도 불구하고 삼국시대 당시 축성에 얼마나 많은 인력이 동원되었는지를 보여주는 놀라운 연구성과가 최근 풍납토성을 사례로 삼아 발표되었다. 풍납토성은 '하남 위례성'으로 추정되는 백제의 첫 도성이다.

풍납토성을 발굴한 결과, 확인된 성벽의 경사도와 최대 높이 등을 감안하여 성벽을 축조하는 데 투입된 노동력을 산출할 수 있었다. 성벽의 단면적은 대략 201.2제곱미터이며, 이미 유실된 서성벽을 포함한 풍납토성의 총 둘레는 약 3,500미터이다. 이렇게 계산하면 성벽의 체적이 70만 4,200제곱미터 정도가 된다. 이러한 수치를 《통전通典》에 나오는 인부 1인당 1일 작업량에 대입하면, 풍납토성의 경우 성벽에 흙을 쌓는 공정에만 138만 명 이상이 투입된 것으로 산출된다. 이밖에 축성에 필요한 재료를 준비해서 선별하고, 축성 지점까지 운

반해 오는 모든 공정까지를 종합적으로 고려하면 풍납토성의 축조에 동원된 총인원은 이보다 훨씬 많았을 것으로 생각된다.[3]

이렇듯 도성을 비롯한 대규모 성곽을 쌓는 데는 상상 이상으로 어마어마한 인력이 동원되었다. 따라서 효율적인 인력관리는 물론 책임소재를 엄격하게 따지는 제도가 반드시 필요하였을 것이다. 남산신성 등의 사례는 한양도성 축조에서 가장 큰 특징 가운데 하나로 꼽히는 책임시공 체계가 삼국시대부터 시행되었음을 확인시켜 준다.

쇠 송곳을 찔러 한 마디도 들어가지 않도록 단단한 성을 쌓아라

고대 성곽의 축조사례 가운데 책임시공과 관련해서 믿기지 않는 살벌한 사례가 있어 소개하고자 한다. 《삼국사기》 개로왕 21년[475] 조의 기사 가운데 고구려의 장수왕이 백제에 첩자로 보낸 도림이라는 승려가 개로왕에게 성곽과 궁실을 수리하고, 왕릉을 고쳐 쌓으라고 간언하는 대목이 있다. 이 얘기에 미혹되어 개로왕이 벌인 무리한 토목공사의 내용을 보자.

나라 사람들을 모두 징발하여 흙을 쪄서 성을 쌓고, 그 안에는 궁실과 누각, 사대 등을 지었는데, 웅장하고 화려하지 않은 것이 없었다. 또 욱리하에서 큰 돌을 가져다가 덧널을 만들어 부왕의 뼈를 묻고 강을 따라 둑을 쌓았는데, 사성의 동쪽에서 숭산의 북쪽에까지 이르렀다. 이 때문에 창고가 텅 비고 백성들이 곤궁해져서 나라의 위태로움은 알을 쌓아 놓은 것보다 심하였다.

이러한 실정이 빌미가 되어 백제는 장수왕의 3만 대군에 한성을 함락당하고 공주로 천도하는 비운을 맞는다. 그런데 여기서 당시 축성기법과 관련된 중요한 내용이 등장하는데, 바로 "흙을 쪄서 성을 쌓았다."라는 이른바 증토축성

단단한 토성 축성기법을 유추해 볼 수 있는 남산 백범광장의 판축기법.
서울역사박물관 사진 제공.

烝土築城 기법이다. 이러한 기법에는 기존의 것과는 다른 기술이 도입된 것으로 보이는데, 중국의 축성기록 가운데 동일한 용어가 등장하고 있어 주목된다.

《진서晉書》〈혁련발발재기赫連勃勃載記〉에 413년 증토축성하여 통만성統萬城을 쌓았다는 기록이 있다. 통만성은 5호 16국의 하나인 대하국大夏國의 도성이다. 대하국은 흉노의 후예가 세운 나라로 407년부터 431년까지 아주 짧게 존속했다. 혁련발발은 선비족의 북위와 쟁패 끝에 일부 세력을 병합하여 나라를 세웠는데, 407년 스스로 천왕天王 대단우大單于라 칭하고 나라이름을 대하大夏라 하였다. 그는 건국 후 몇 년이 지난 413년 질간아리叱干阿利를 책임자로 임명하여 통만성을 건축하도록 하였다.

통만성은 오르도스 모오소毛烏素 사막 동남쪽에 있는 도성으로, 중국 섬서성과 내몽골자치구의 경계지역에 위치해 있다. 현재 이곳은 사막이지만, 대하국이 존재하던 때는 호수와 작은 하천이 흘러 농경과 목축이 가능한 살기 좋은 땅이었다. 통만성의 의미는 '천하를 통일하여 만방에 군림하다'라는 뜻으로, 그 이름에 혁련발발의 야망이 잘 드러나 있다. 대하국은 이 성을 10만 명이 넘는 인력을 동원하여 장기간에 걸쳐 쌓았다고 한다. 장작대장將作大匠의 신분으로 통만성 축조를 직접 지휘한 질간아리는 원래 건축가였는데, 수공업에도 정통했던 모양이다. 하지만 성격이 잔인하고 포악하여 증토축성한 후 성벽에 송곳을 찔러 한 마디一寸, 약 3cm 라도 들어가면 축성자를 죽인 뒤 성벽에 집어넣어 함께 쌓았다고 알려져 있다. 그래서인지 통만성의 흙색은 하얗고 단단했다고 하는데, 이렇게 전설 같은 이야기가 전해지고는 있지만 성벽에서 실제로 인골이 발견되거나 한 것은 아니다.[4]

아니, 성벽에 쇠 송곳을 찔러 3센티미터 정도 들어가면 성을 쌓은 사람을 죽이다니 대체 이를 어찌하면 좋단 말인가? 살아남기 위해 죽을힘을 다해 성벽을 쌓아야 했을 사람들을 생각하니, 책임시공이 아무리 중요하다 해도 너무 가혹하단 생각이 든다. 성을 쌓는 게 너무도 중요했기에, 과하다 싶을

백제인들이 단단하게 쌓은 몽촌토성. 지금은 수많은 사람들의 발걸음으로 더욱 견고하게 다져지고 있다. 이호준 촬영.

정도로 견고함을 추구했던 것이다.

아이러니하게도 대하국은 불과 24년 만에 북위北魏의 침략을 받아 멸망하고 말았다. 혁련발발이 죽자 왕위계승을 둘러싸고 내분이 일어난 데다, 전과戰果를 올리기에 급급한 새 왕의 경솔함 때문에 멸망한 것이다. 그 어떤 무기도 막아낼 만큼 단단한 성벽을 쌓는다 해도, 나라를 이끌어갈 지도자들이 분열하면 속수무책으로 당할 수밖에 없다. 결과적으로 싸움 한 번 제대로 못 해보고 나라를 빼앗기고 말았으니, 수많은 백성들의 목숨 값을 치르고 쌓은 성벽을 생

각하면 허망하기 그지없다. 통만성은 현재 2분의 1 정도가 사막의 모래로 덮여 있고, 성 내부는 폐허 상태로 방치되어 있다. 한때 백성들의 목숨과 맞바꿀 만큼이나 소중하게 여겨졌던 성벽이 지금은 너무도 소홀하게 취급되고 있는 듯하여, 세월의 무상함을 절로 느끼게 된다.

그렇다면 우리나라와 중국의 사서에서 각각 딱 한 번씩만 등장한 증토축성이란 기법은 무엇일까? 대체 어떤 공법이기에 수천 년 동안 수많은 사람들이 엄청나게 많은 성곽들을 쌓았음에도 한 번씩밖에 언급하지 않았을까? 이에 대해 우리나라 학자들은 일반적으로 고대 토성 축조기법에 사용되는 판축기법을 가리킨다고 보는 경우가 많다. 개중에는 성벽 표면에 불을 놓아 강하게 다지는 불다짐 기법으로 보는 학자도 있다.

반면 중국에서는 증토축성의 비밀을 성분 분석에서 찾았다. 통만성 축조에 이용된 흙은 주 성분이 석영·점토·탄산칼슘으로 밝혀졌다. 석영은 모래알갱이고, 탄산칼슘은 석회 성분이 이산화탄소를 흡수할 때 생기는 것이다. 이처럼 모래·점토·석회 세 가지를 혼합한 삼합토三合土에 물을 섞어 만든 흙은 현대의 건축에도 널리 쓰이는 우수한 재료라고 한다. 석회에 물을 부으면 부피가 증가하면서 모래와 흙이 압축되어 긴밀하게 결합하는 원리를 이용한 것이다.[5] 통만성은 이렇게 굳은 삼합토를 이용하여 판축흙을 판자 사이에 넣어 단단하게 다지는 것하였기 때문에, 1,500여 년 이상 그 형태를 잘 유지할 수 있었던 것 같다. 아마도 석회에 물을 부을 때 생기는 열이나 수증기를 보고 사람들이 증토축성이라 한 것으로 추정된다.[6]

앞에서 살펴보았듯이 흉노가 세운 대하국은 소름이 끼칠 정도로 책임시공을 강조했는데, 한양도성을 축성한 조선은 어떤 방식으로 책임시공 제도를 시행했을까? 일례로 《경국대전》에는 해마다 봄과 가을에 공조·한성부·수성금화사修城禁火司, 조선시대 궁성·도성의 수축 및 궁궐·관아·민가의 소방을 맡아보던 관청로 하여금 합동으로 궁성과 도성의 성벽에 대한 현장조사를 실시하여 상부에 보고하도록 했다. 특히 소나 말을 사육하면서 고의적으로 잔디를 훼손하거나 성벽 또는 벽돌 등을 파손한 자는 수성금화사에서 순찰하여 검거하였다.

　이렇듯 성곽을 쌓는 작업은 예로부터 그 중요성만큼이나 책임도 따르는 막중한 사업이었다. 그런데 책임을 지우려면 근거가 필요했으므로, 조선 조정은 한양도성을 쌓을 때 어느 지역의 누가 어떤 구간을 쌓았고 누가 감독하였는지 명확히 기록해 두었다. 앞에서 언급한 것처럼 이러한 내용을 현장의 성벽에 직접 새기도록 하였으니, 가히 혀를 내두를 만하다. 이제 한양도성의 성벽에 새겨진 기록에는 어떤 것들이 있는지 한번 알아보자.

돌에 새겨진 역사, 각자성석

　성벽의 면석에 기호나 글자를 새겨 넣은 것은 동서양을 막론하고 보편적으로 발견된다. 이것을 두고 보통 각자성석刻字城石 또는 성벽각자城壁刻字라고 부른다. 한양도성의 성벽에도 축조구간·지명·간지干支·감역관 등을 새긴 각자들이 잘 남아 있는데, 이는 성벽의 축조 시기와 담당자 등을 파악할 수 있는 중요한 자료이다.

　한양도성의 각자성석에 대한 본격적인 연구는 일제강점기인 1916년에 오다 쇼고小田省吾라는 일본인 연구자에 의해 시작되었다. 이후 개인 연구자들의 노력으로 한양도성의 각자가 추가로 발견되었다. 이에 서울시에서는 지속적으로 전수조사를 실시한 끝에 총 297개의 각자를 보고했다. 성 안쪽 여장에서 46개, 성 바깥쪽 면석에서 238개, 기타 암반 및 붕괴되어 이전된 성돌에서 13개의 각자가 확인된 것이다. 그중 몇 가지를 열거해 보면, 한양도성의 초축에 사용된 것으로 보이는 막돌에 천자문이 새겨져 있는 것, 막돌이나 마름돌에 지역명을 새긴 것, 감역관으로 보이는 관직명을 새긴 것 등이 대표적이다.[7]

　한양도성을 축조할 때는 전국 각 지역의 백성들을 동원하였으며, 구간별로 참여한 장인들의 실명을 성벽에 새기도록 했다. 한양도성을 처음 쌓았던 태조

남산구간 회현자락에서 발견된 각자성석. 서울역사박물관 사진 제공.

연간에는 백악산에서 동쪽으로 나아가며 천자문의 자호 순으로 天천부터 弔조까지 총 97개 대구간으로 나눈 뒤, 동원된 백성을 도별로 책임구간을 정하여 쌓았다. 이때 97개의 대구간을 각각 6개의 소구간으로 나누어 도성을 쌓았다.

세종 연간에는 성벽에다 공사에 참여한 백성들이 소속된 군과 현의 이름을 새겼다. 세종 대에는 성 쌓는 군율을 보다 엄격히 하였는데, 도망친 군사는 초범인 경우 곤장 100대를 치고 또다시 도망치다 잡히면 참형에 처하였다. 또한 성을 쌓은 뒤 돌이 한 개라도 떨어져 내리면, 즉시 그 방면의 감독관으로 하여금 보수하게 하고 그 죄를 물었다.

그 후에도 도성의 고쳐쌓기는 계속되었는데, 성벽 외측 면석에 공사 감독관의 이름을 처음 새긴 때는 광해군 연간이었다. 《광해군일기》 광해군 4년 1612 6월 기사를 보면, 병조는 도성 수리와 관련해서 다음과 같이 아뢴다.

> 도성의 무너진 곳에 낭청郎廳 4명을 파견하여 금화사禁火司의 별좌別坐와 금군禁軍 등을 거느리고 구역을 나누어 역사를 감독하게 하였는데 (중략) 또 체성을 수축하는 곳의 석면에는 선공감繕工監으로 하여금 감축관監築官의 성명을 새기도록 하여 그의

8장 성벽의 글씨, 책임시공을 말하다 125

혜화문에서 낙산공원으로 가는 길에서 만날 수 있는 각자성석.
두 개의 성돌을 이용해 글자를 남겼다. 이호준 촬영.

혜화문에서 낙산공원으로 가는 길에서 만날 수 있는 각자성석.
이호준 촬영.

부지런함과 태만함을 징험할 수 있게 하고 (후략)

　숙종 연간의 성벽에는 주로 무너진 구간을 고쳐쌓은 곳에 그 책임자의 성명을 새긴 각자성석이 많이 발견된다. 성벽을 쌓은 후 여장공사를 실시한 구간에는 禁금, 訓훈, 御어, 守수, 戎융 등 해당 군문의 첫 글자나 이름 가운데 한 글자를 새겼다. 감관監官이라는 직책이 이 시기에 처음으로 등장하는데, 감관의 주 업무는 원래 출납이었다고 한다.《숙종실록》숙종 40년 9월 25일 기사에 "그 초관·교련관의 무리로 감관을 삼을 것인데, 군향의 출납은 저들의 관할할 바가 아니다."라고 한 것을 보면, 숙종 대에는 감관이 공사 책임자 역할을 했던 것으로 보인다.

　기타 각자성석에 새겨진 '감역, 간역 및 석수, 도편수' 등의 다양한 직명과 직책은 그 시대의 주요 관료장교나 전문 기술자들을 가리키는 것들이다.《조선왕조실록》이나《승정원일기》, 각 군문의《등록謄錄》에서 성벽 축조에 동원된 백성들과 축성을 책임졌던 군인 및 장인들에 관한 기록을 보면, 각자성석에 새겨진 인물이나 시기와 대체로 일치하는 것으로 밝혀져 이러한 사실을 입증하고 있다.[8]

　성곽길을 따라가다가 우연히 각자성석을 발견하면 화석을 발견한 것처럼 가슴이 두근거리곤 한다. 그때부터는 하나라도 놓치지 않겠다는 듯 매의 눈으로 뚫어져라 성벽을 들여다본다. 이 모두 우리 역사를 아끼는 마음 때문이리라. 순성에 나선 길손은 흥인지문 옆 끊어진 성벽 자리에 섰다. 소중한 걸음이 하나둘 이어져 끊어진 성벽을 이어나가길 염원하며.

1　손영식, 2009,《한국의 성곽》.
2　이우태, 2014,〈9. 慶州 南山新城碑〉,《韓國金石文集成(6)》, 한국국학진흥원·청명문화재단.
3　국립문화재연구소, 2014,《풍납토성 ⅩⅥ - 성벽의 축조공법 및 연대 규명을 위한 학제간 융합연구》.
4　박한제, 2000,〈五胡 赫連夏國의 都城 統萬城의 選址와 그 構造-胡族國家의 都城造營方式〉,《東洋史學研究》69.
5　박한제, [주4]와 같은 문헌.
6　심광주, 2010,〈漢城百濟의 '烝土築城'에 대한 硏究〉,《鄕土서울》76.
7　신영문, 2016,〈한양도성 축성술의 역사고고학적 연구〉, 국민대학교 대학원 박사학위논문.
8　문인식, 2014,〈한양도성의 각자성석에 대한 종합적 고찰〉, 서울학연구 55, 서울학연구소.

3부

9장__글자 하나로 땅의 기운을 살린 흥인지문

10장__발굴의 희로애락이 깃든 동대문운동장

11장__오간수문, 명당수 청계천에 서다

12장__역사가 들려주는 한양도성의 이력서

흥인지문구간 : 끊어진 성벽 사이에 깃든 보물의 위엄

9장

글자 하나로 땅의 기운을 살린 흥인지문

네 글자 이름을 가지게 된 흥인지문의 비밀

낙산구간 순성 코스의 종착지인 한양도성박물관에서 잠시 숨을 고르다가 탁 트인 평지로 눈길을 주면, 저만치 웅장한 2층 건물이 올려다본다. 천지사방으로 뚫린 도로 한가운데 우뚝 서서 호령하듯 서있는 대문. 성벽을 구부려 몸을 감싼 자태는 당장이라도 솟구쳐오를 듯한 용을 닮았다. 한양도성의 어느 곳에서도 볼 수 없는 이 진귀한 모습의 주인공은 우리나라 보물 제1호 흥인지문 興仁之門이다.

흥인지문은 한양도성의 동쪽에 있는 문으로 동대문 東大門이라고도 불리는데, 원래 이름은 흥인문 興仁門이었다. 흥인문의 '인仁'은 음양오행의 목木에 해당하며, 오방 가운데 동쪽을 가리킨다. 그런데 어느 때부터인지 흥인문을 흥인지문이라고 부르기 시작했는데, 그 시기와 이유는 정확히 기록되어 있지 않다.

다만, 한양도성의 동대문을 흥인지문으로 기록한 최초의 기사로《세조실록》세조 1년 1455 10월조에 "5사 五司는 광화문 앞길에 서는데, 많으면 종루 鐘樓와 흥인지문 興仁之門까지 이릅니다."라는 기록이 등장하는 것으로 보아, 조선의 7대 왕

우리나라 보물 제1호 흥인지문. 이호준 촬영.

이었던 세조 대부터는 확실히 흥인지문이란 이름도 쓰였던 것으로 보인다.

그리고 일반적으로 알려진 바에 따르면, 풍수지리상 흥인문이 자리한 곳과 주변 지대가 도성의 북·서·남에 비해 유난히 낮기 때문에 가라앉은 땅의 기운을 돋우기 위해 '지之'자를 더하여 '흥인지문'이라 부른 것이라 한다.[1] 낙산 일대가 한양도성의 내사산 가운데 가장 기운이 허한 때문이라고 하니, 성문의 이름에 담긴 작명가의 지혜가 놀랍기만 하다.

흥인문의 이름을 바꾸어 지기地氣를 돋우려 한 것 외에도, 조선 조정은 흥인문 앞에 동지東池라는 연못을 파서 흥인지문 일대의 기운을 보충하려 한 듯하다. 이러한 사실은《세조실록》세조 13년 6월 20일 기사의 관상감觀象監에서 올린 상소를 통해 확인할 수 있다.

"경도京都의 곤방坤方[2]이 낮고, 또 수구水口가 폭이 넓은 까닭으로 숭례문崇禮門·흥인문興仁門 두 문 밖에다 못을 파서 물을 저장하였으나, 근자에 일찍이 수축하지 못하여 혹 메워져서 막혀 물이 얕고, 혹은 막혀서 매몰되어 터가 없으니, 원컨대 깊이 파서 저수 貯水하고, 제안 堤岸에 식목을 하여 기맥 氣脈을 기르소서."

홍인지문의 지기를 보완하려는 노력은 선조의 동관왕묘 건립 의지에서도 드러난다. 관우의 신을 모신 관왕묘의 건립은 임진왜란 때 조선을 도우러 온 명나라 군사의 주도로 이루어졌다. 명군은 선조 31년 1598 남관왕묘를 세운 뒤 추가로 관왕묘를 건립할 것을 건의하였다. 그들의 요구를 들어줄 수밖에 없었던 선조는, 새로 건설하는 관왕묘를 숭례문 밖이 아닌 홍인문 밖에 세워야 한다고 주장했다.《선조실록》선조 32년 윤4월 7일 을유 1번째 기사를 보면 동쪽의 허한 기운을 보완하기 위한 선조의 의지가 잘 표명되어 있다.[3]

(전략) 전에 유황상 劉黃裳이 우리나라는 도성 동편이 허한 듯하니 건물을 세우고 못을 깊이 파 지맥 地脈을 진압해야 한다고 하였다. 이 말은 우리나라에서 말한 것과 서로 부합하니, 만약 부득이 설립해야 한다면 동문 밖에 세워야 한다. (후략)

이러한 설명과는 달리, 홍인지문 일대에는 물이 흘렀기에 이러한 결함을 보완하기 위해 동관왕묘를 동대문 앞에 세웠다는 견해도 있다. 홍량호 洪良浩가 지은 이기언 李箕彦의 묘지명 墓誌銘에 따르면, 영조가 유독 홍인문에만 '之'자를 넣은 이유가 궁금했던지 그 자리에 있던 신하들에게 물었다. 그때 승정원 주서였던 이기언 한 사람만이 의견을 제시한다. 당시 이기언은 "동성 東城 밖의 수구 水口가 너무 넓기 때문에 산가 山家의 '현지 玄之'에 나타난 뜻을 취하여 이를 막은 것입니다."라고 아뢰었고, 이에 영조가 고개를 끄덕였다고 한다.

'수구'는 당시 풍수설에서 중시되었던 개념으로, 지리서《택리지 擇里志》를 쓴 이중환 李重煥, 1690~1752은 "무릇 수구가 어그러지고 엉성하며 텅 비어 넓기만 한 곳에는, 비록 좋은 밭 1만 이랑과 넓은 집 1,000칸이 있다 하더라도 다음 세대까지 전해지지 못하고 저절로 흩어져 없어진다."라고 하면서 수구의 중요성을 강조하였다.

　이기언이 말한 대로 수구가 허활虛豁, 너무 넓고 어그러지다하다면, 한양도성과 조선이 조만간 쇠락할 것이므로 반드시 이를 보완해야 했던 것이다. 이를 위해 산가의 방법을 원용한 결과, 《노자老子》의 "현지우현玄之又玄, 중묘지간衆妙之間"이라는 구절처럼, 도를 의미하는 '玄'의 오묘함을 강조하는 동시에 자수를 맞추기 위하여 '之'자를 추가한 것이다. 또한 풍수지리설에서는 물이 흐르는 형태가 '之'나 '궁弓'의 형태여야 '길수吉水'로 치기 때문에, '之'자를 더하여 수구가 비어 넓기만 한 단점을 보완하고자 한 것이다. 자연환경이 부족할 경우, 이를 보완하고 개선하는 비보풍수裨補風水의 방법을 적용한 결과 흥인지문이란 이름을 얻었다는 것이다.[4]

　풍수지리적인 요인에서 보았듯이, 흥인지문 일대는 도성 내에서 지대가 가장 낮아서 성벽을 쌓는 데도 애를 먹었던 듯하다. 한양도성의 축조를 시작했던

흥인지문의 후면. 이초준 촬영.

태조 5년1396 2월 28일의 《태조실록》 기사에는 "동대문東大門에는 지세가 낮으므로 밑에다가 돌을 포개어 올리고 그 뒤에 성을 쌓았으므로, 그 힘이 다른 곳보다 배나 되었다."라고 기록되어 있다. 지세가 그러한 탓에 그 구간의 역사役事를 맡은 안동과 성산부 사람들이 기한 내에 공사를 마치지 못하고 돌아갔다고 하니 실로 난공사였음이 분명하다. 더욱이 동대문 남쪽으로는 청계천이 흐르고 있어 수시로 물이 넘치는 땅이었으니 한양도성의 다른 구간에 비해 지반이 아주 취약했을 것임에 틀림없다. 이러한 약점을 보완하기 위한 독특한 축성 기법에 대해서도 이 책에서 함께 살펴볼 것이다.

한양도성의 유일한 옹성문인 흥인지문

태조 5년1396에 창건된 흥인지문은 문종 원년1451과 단종 원년1453에 일부 보수되었고, 그 후 400여 년이 지난 고종 5년1868에 개축되었다. 1958년 보수공사 당시 발견된 상량문에는 흥인지문의 문루가 매우 낮아 문지를 8척약 242㎝ 돋우고 그 위에 새로 홍예를 쌓고 중건하였다는 내용이 있다. 또한 훈련도감에서 공사를 담당하였으며, 고종 5년1868 10월 2일에 착공하여 고종 6년1869 2월 20일에 정초定礎한 뒤 3월 11일에 상량하였다는 내용도 함께 적혀 있다.

현재의 흥인지문은 정면 5칸에 측면 2칸 규모의 중층 건물이다. 지붕은 앞면에서 볼 때 사다리꼴 모양을 한 상하 겹처마의 우진각지붕으로 조선 후기 다포계多包系 건물의 전형적인 형식을 갖추고 있다. 도성의 8문 가운데 흥인지문과 숭례문, 광희문의 홍예 천장에는 용이 그려져 있고, 창의문 및 혜화문에는 봉황이 그려져 있으며, 숙정문은 그림 없이 석축으로만 이루어져 있다. 서쪽의 대문과 소문인 돈의문과 소의문의 천장에도 용이나 봉황이 그려져 있었을 텐데, 실물이 남아 있지 않고 관련 기록도 찾을 수가 없어 알 수 없는 상황이다.

흥인지문 주변은 지대가 낮아 적의 공격에 취약한 지역이기에, 바깥쪽으로 반원 모양의 옹성甕城을 쌓았다. 일반적으로 옹성은 성벽의 취약한 부분을 보강하기 위하여 쌓은 시설로서, 성문 바깥쪽에 구축된다. 성을 방어하는 데 가장 취약한 부분이 성문이므로 이를 보호하기 위하여 이름처럼 항아리 모양으로 덧대어 쌓은 것이다. 성문으로 진입하는 적을 측면이나 후면에서 공격할 수 있도록 한 구조이니, 옹성 안에 갇힌 적은 '독 안에 든 쥐' 꼴이 될 것이다.

《태조실록》 태조 6년1397 4월 28일 기사에 "흥인문興仁門에 거둥하여 옹성甕城을 보고, 성을 순행하여 동소문東小門에 이르러 돌아왔다."라고 기록된 것으로 보아 흥인지문은 처음 지어졌을 때부터 옹성 구조를 띠었던 것을 알 수 있다.

쇠로 만든 항아리처럼 튼튼하게 둘러싼 성으로, 방어준비나 단결 상태가 아주 단단한 것을 비유적으로 표현한 '철옹성'이란 말이 있다. 철옹성에 대한 유래는 의견이 분분하다. 우리말 어원을 다룬 책에는 평안남도와 함경남도의 경계에 위치한 철옹산의 깎아지른 듯한 벼랑에 무쇠로 만든 독처럼 견고하게 쌓은 성에서 유래했다고 하는가 하면,5 고려시대 평안북도 영변에 북방의 적을 막기 위해 쌓은 성이라는 설도 있다.

그런데 재미있는 것은 실제로 우리나라에 철옹성이 존재한다는 것이다. 전라남도 화순에 가면 도기념물로 지정되어 있는 철옹산성을 만나볼 수 있다. 해발 527미터 가량 되는 옹성산의 능선과 자연 절벽을 이용하여 5킬로미터가 넘는 천혜의 성벽을 구축한 산성이 바로 그것이다. 철옹성이 어디서 어떻게 나온 말인지는 모르지만, 지금은 난공불락의 요새 같은 견고한 성을 가리키는 말로 쓰이고 있음은 다 아는 사실이다. 확실치는 않지만, 철옹성이라는 말은 당연히 옹성에서 파생되었을 것이란 점은 쉽게 짐작이 간다.

흥인지문의 옹성은 문루에서 지휘하는 데 지장이 없고 전방주시가 용이하도록 중앙부로 갈수록 점차 낮아지게 축성하였다. 적을 공격하기에도 효과적으로 설계한 것이라 할 수 있다. 그런데 흥인지문에는 옹성뿐만 아니라 한양도성의 다른 성문에 없는 게 한 가지 더 있다. 성벽 일부분을 바깥쪽으로 튀어나오게 쌓은 치성雉城도 흥인지문 일대에만 존재했다. 흥인지문이 상대적으로

옹성이 있어서 더욱 견고하게 보이는 흥인지문.
이호준 촬영.

 방어에 취약했기 때문에 옹성과 치성 같은 장치를 마련한 것인데, 이 장치들이 상당히 위력적이었음을 보여주는 사례가 있다.
 임진왜란 때 파죽지세로 한양의 코앞까지 밀고 온 왜군이 흥인지문 앞에 이르렀을 때, 성문이 열려있고 방어하는 군사들의 모습이 보이지 않자 함정인가 싶어 입성을 주저하였다는 일화가 있다. 이것만 봐도 흥인지문의 옹성이나 치성이 전략적으로 얼마나 유리한 구조였는지 짐작이 간다. 흥인지문은 임진왜란과 병자호란 등의 전란을 거치면서 원래의 모습을 많이 잃어버렸다. 하지만 병자호란 때 청나라와 맺은 조약 가운데 "성벽은 수리하거나 신축하는 것을 허락하지 않는다."라는 항목 때문에 성벽과 더불어 오랜 기간 보수가 이루어지지 못했던 것으로 보인다.
 흥인지문은 숭례문과 마찬가지로 1907년 수립된 도시계획에 의해 성문의 양 측면 성벽이 철거되어 도로 가운데 고립된 신세가 되었다. 당시 통감부는 숭례문과 흥인지문이 주변 통행에 불편을 준다는 이유로 성벽은 물론 성문까지도 철거하려고 하였다. 그런데 아이러니하게도 숭례문이 임진왜란 당시 가토 기요마사加藤淸正, 1562~1611가 이끄는 왜군이 한양으로 입성한 문이라는 이유로 보존될 수 있었다는 한 언론 보도가 있었다. 2000년대 초반 서울대 국사학과에서 일제강점기 조선총독부의 성곽 인식과 식민지 정책을 연구한 오타 히데하루太田秀春, 일본 도호쿠대 東北大 특별연구원가 《한국사론》 49집 2003에 발표한

논문을 소개한 내용이 그것이다.[6]

오타 연구원에 의하면, 당시 재한 일본인 중 유력자였던 《한성신보漢城新報》 사장 겸 일본거류민단장이었던 나카이 키타로우 中井喜太郎가 숭례문의 철거를 주장했던 조선군사령관 하세가와 요시미치 長谷川好道에게 이렇게 말했다고 한다.

"(남대문은) 가토 기요마사가 빠져나간 문입니다. (임진왜란) 당시의 건축물은 남대문 이외에 두세 가지밖에 없습니다. 파괴하는 것은 아깝지 않습니까?"

하세가와가 나카이의 건의를 받아들인 결과 숭례문은 철거될 위기에서 벗어났으며, 좌우 도로만 확장하는 것으로 마무리되었다고 한다. 그에 따르면, 당시 흥인지문이 보존된 것도 비슷한 이유 때문인데, 임진왜란 때 가토 기요마사와 함께 한양 공략의 선봉을 담당한 고니시 유키나가 小西行長가 흥인지문으로 입성해 도성을 함락시켰다는 역사적 유래에서 비롯되었다고 한다.[7]

이런 이야기를 접해서인지, 우리 곁에서 꿋꿋이 버텨주고 있는 한양도성의 성문들이 대견스러운 한편 안쓰럽고 서글프기까지 하다. 게다가 불의의 화재로 큰 수난을 겪은 국보 숭례문을 생각하면, 보물 흥인지문만큼은 오래도록 그 모습을 유지했으면 좋겠다. 지금도 남아 있는 옹성처럼 말이다. 그러나 흥인지문 또한 상황이 녹록치 않다. 원래 지대가 낮고 물이 많아 지반이 취약한 데다, 지하철 1호선과 4호선이 밤낮으로 지나고 있기 때문이다. 또한 인근에 대규모 쇼핑센터와 호텔들이 우후죽순으로 들어서고 있어서, 앞으로 흥인지문이 얼마나 견뎌줄지 걱정이 앞선다. 정부에서 주기적으로 흥인지문에 대한 안전진단과 모니터링을 실시하고 있지만, 이에 대한 확실한 대책을 수립했으면 하는 바람이다.

동대문시장과 주변 상권의 변화

흥인지문을 떠올리면 빼놓을 수 없는 게 바로 주변에 발달한 시장이다. 서울에 본격적으로 시장市場이 형성된 것은 조선시대부터인데,《주례》의 예법에

청계천의 광교. 2003년 대광통교
가 있던 자리에 복원되었다.
이호준 촬영.

는 앞쪽에 조정을 두고 시장은 조정의 뒤에 두도록 하였다. 이른바 전조후시前
朝後市의 원칙이다. 그러나 조선시대에는 경복궁의 바로 뒤에 백악산이 자리 잡
고 있었기 때문에, 시장은 육조 관아의 앞에 둘 수밖에 없었다.

조선 초기 태종 대에는 시전市廛이라는 국영시장이 종로에 들어서면서 오
늘날 번화한 종로의 시초가 되었다. 조선 후기에 들어서는 흥인지문과 숭례문
근처에 칠패七牌 및 이현梨峴, 배나무 고개이라는 사설시장이 설립되어, 시전과 함
께 서울을 대표하는 시장으로 떠오른다.

이현시장의 이름은 흥인지문 부근의 고개인 '배오개'를 한자로 바꾼 데서
비롯되었는데, 고개 남쪽에 위치한 종로4가 및 예지동 일대에 형성된 서울 동
쪽의 핵심시장이었다. 1899년 서대문에서 청량리 사이에 전차노선이 개통되
면서 종로 거리가 새로이 정비되었고, 이현시장 또한 전차선로 남쪽을 중심으
로 재편되어 번영을 누렸다. 그러나 1905년 일제가 화폐정리를 단행하자 전국
의 시장 상인들은 막대한 피해를 입게 된다. 이에 맞대응하기 위해 일부 자본
가들이 이현시장의 중심지였던 예지동 일대에 '광장주식회사'를 설립하는데,
시장의 이름은 이때부터 동대문시장으로 바뀐 것으로 보인다.

1960년대에 들어 동대문시장은 '광장시장'이라는 새로운 이름을 갖게
된다. 광장시장이란 이름은 이 시장이 청계천에 놓여있던 광교廣橋와 장교長橋
사이에 있었기에, 두 다리의 앞 글자를 하나씩 따서 만들어진 것으로 보인다.

평화시장과 DDP. 이호준 촬영.

또한 동대문시장의 상권이 종로5가와 종로6가 쪽으로 확장된 것도 시장의 이름이 바뀌는 데 일정 부분 영향을 미친 것 같다. 종로5·6가의 시장은 광복과 한국전쟁을 거치면서 월남민·피난민·이농민들이 모여들어 대규모 무허가 시장을 형성한 데서 비롯되었는데, 점차 공식적인 시장으로 자리 잡게 되었다.[8]

1970년에는 종로6가의 옛 전차 차고부지에 지하 1층에 지상 10층의 동대문종합시장이 개장되어, 흥인지문 일대의 시장이 예지동 일대의 광장시장 등과 더불어 상권이 더욱 확장되었다. 그러나 이 무렵 동대문시장의 역사에서 빼놓을 수 없는 가슴 아픈 사건이 발생하기도 하는데 바로 청년 전태일의 분신 사건이다.

당시에 산업화는 곧 농촌인구의 도시집중을 의미했다. 서울은 무작정 상경하는 사람들로 초만원이었는데, 특히 오갈 데 없는 젊은 노동자들에게는 무한 동경의 대상이었다. 그러나 특별한 기술을 지니지 않은 소년 소녀들을 받아주는 곳은 청계천 정도였다. 그 무렵 청계천의 평화시장·통일상가·동화시장·신평화시장 등에만 1,000여 개의 영세 봉제공장이 있었는데, 거기서만 2~3만 명 규모의 노동력을 필요로 하였다. 1960년대 말 이후 섬유봉제 산업이 급격히 성장하면서 그 중심지로 떠오르던 곳이 평화시장이었으나, 열악한 작업환경이나 부실한 처우 등은 심각한 수준이었다.

이즈음 '아름다운 청년'이란 이름으로 더 유명한 평화시장 노동자 전태일은 동대문 일대의 봉제공장에서 벌어지고 있는 노동탄압을 알리기 위해 극단적인 선택을 하고 만다. 1970년 11월 13일 자신의 몸에 불을 붙이고 "근로기준법을 준수하라", "우리는 기계가 아니다"라는 처절한 외침과 함께 불꽃으로 타올랐다. 전태일이란 노동자는 이렇게 힘없이 사라졌지만, 그 이후 평화시장은 전국적인 노동운동의 시발점이 되었다. 평화시장에는 아직도 그의 동상과 동판이 남아 힘들게 하루를 살아가는 숱한 노동자들을 지켜보고 있다. 한국전쟁 직후 월남한 상인들이 청계천 부근에서 장사를 시작하며 평화통일을 간절히 바라는 마음에서 평화시장이란 이름이 나왔다고 하는데, 한 청년의 숭고한 희생이 진정한 평화의 시장을 만드는 밑거름이 되기를 바란다.

1980년대 흥인지문 일대는 광장·동평화·제일평화·흥인·덕운·신평화·광희시장 등이 자리한 전국 최대 규모의 의류 도소매 시장으로 성장하였다. 1990년대 들어서는 심야에도 개장을 하면서 전국 각지에서 몰려든 관광버스들로 장사진을 이루는 진풍경을 연출하고 있다. 특히 88서울올림픽 이후 동대문시장의 의류수출이 활기를 띠면서, 러시아 등 동구권과 이란·이라크 등지에서 온 중동상인들을 비롯해 중국 및 일본상인들까지 대거 몰려들어 한류의 중심지로 부각되고 있다. 1990년 후반에는 밀리오레와 두산타워 등 초대형 쇼핑몰들이 들어서면서, 재래시장의 이미지가 강했던 이 일대 쇼핑문화의 트렌드를 바꾸어 놓았다. 평화시장의 아픈 기억을 뛰어넘어 이제는 세계 어디에 내놓아도 손색없는 의류시장이자 명소가 되었다. 남대문시장과 더불어 한양도성이 낳은 대표적 브랜드라 할 수 있다.

흥인지문에서 광희문까지 역사는 이어진다

흥인지문 남쪽의 광희문光熙門은 한양도성의 동남쪽에 위치한 사소문四小門

가운데 하나인 남소문南小門으로, 태조 5년1396에 도성을 쌓으면서 홍예와 문루 건축으로 세워진 것으로 보인다. 그러나 광희문의 구조를 짐작할 만한 초기 기록이 거의 없어 그 모습을 추정하는 데 어려움이 있다. 《조선왕조실록》을 보면, 숙종 37년1711에 금위영에서 수구문광희문의 별칭을 다시 설치하면서 문루를 조성하려 하였으나 미뤄진 것으로 기록되어 있다. 《숙종실록》 숙종 45년1719 1월 25일 기사를 보면, 예조판서禮曹判書 민진후閔鎭厚는 광희문 누각을 설치한 후 액호를 거는 것이 좋겠다고 주장한다.

광희문 전경. 이호준 촬영.

"국초國初에는 도성都城을 다 쌓은 후 각 문各門에 모두 누각樓閣을 지었는데, 이름이 '수구문水口門'이라는 구호舊號가 있었으니, 바로 광희문光熙門입니다. 그러니 각 해당 군문該當軍門에 분부하여 그 액호額號를 써서 걸게 하고, 서소문西小門 앞에는 누각樓閣을 설치한 후 또한 액호를 걸게 하는 것이 좋을 듯합니다."

이렇게 볼 때 광희문의 문루는 18세기 초에 이르러서야 완성되어 '광희문'이란 이름표가 붙은 듯하다. 그 후 일제강점기인 1928년 조선총독부가 광희문 문루를 혜화문 문루와 함께 철거함으로써, 광희문은 아랫부분인 석축 홍예만 남게 되었다. 하지만 광복 후 30년이 지난 1975년에 이르러 광희문은 문루가 복원되어 번듯한 사소문의 하나로 되살아났다.

도성 안에서 바라본 광희문 주변 성벽. 이호준 촬영.   훼손된 광희문 인근 성벽. 신희권 촬영.

    광희문은 태조 대부터 속칭 수구문水口門이라고도 불렸는데, 문 가까이에 개천수구開川水口가 있어서 남산 동북 기슭의 물이 이 부근을 통과하기 때문에 그런 이름이 붙었다. 또한 시신이 나가는 문이라는 뜻으로 시구문屍軀門이라고도 하였다. 한양에는 동쪽과 서쪽에 공동묘지가 있었는데 사람이 죽으면 그 시신을 이 문으로 내온 뒤 신당동·왕십리·금호동 쪽으로 가져다가 매장하였다. 광희문 바깥에는 다리가 있었고 그 옆에는 '영영 건너가는 다리'라는 뜻의 영도교永渡橋라는 비석이 있었는데, 이는 광희문으로 나간 시신이 다시 살아 돌아올 수 없음을 비유적으로 표현한 듯하다.

    광복 이후에도 원래의 모습을 회복하지 못하고 방치되다시피 했던 광희문은, 1960년대에 주변도로를 확장한다는 이유로 북측 성벽마저 잘려나가는 불행을 겪었다. 《동아일보》 1962년 10월 10일자 기사에는 광희문을 비롯해 주변 성벽 및 가옥들이 헐리고 그 자리에 도로가 들어선다는 소식이 전한다.

    당시 광희문 일대는 서울 시내에서 가장 낙후된 빈민 밀집지였다. 광희문을 통해 시신들이 빠져나가는 데다 청계천을 통해 각종 쓰레기와 오물까지 흘러왔을 테니 악취가 진동하였을 것이다. 게다가 이 일대는 남대문시장과 더불어 서울에서 가장 큰 동대문시장이 자리하고 있었으니, 시정잡배들의 시비 또한 끊이지 않았을 것이다. 화려한 도시의 이면에는 이런 뒷골목이 존재하기 마련인데, 한양에서는 광희문 주변이 바로 대표적인 뒷골목이었다.

광희문 일대에 도로를 확장하고 인근의 민가 수백 채를 철거한 배경도 이러한 환경을 개선하고자 하는 데 있었을 것이다. 1966년에는 광희문 북쪽의 도성을 일부 철거하여 도로를 확장하였고, 1975년 광희문을 복원할 때는 도로 중간에 있던 홍예를 해체하여 남쪽으로 15미터 옮기고 문루도 복원하였다. 그 뒤에도 주위 200여 평을 녹지로 만드는 등 광희문 주변의 성벽 정화사업은 최근까지도 이어지고 있다.

홍인지문으로부터 광희문에 이르는 구간은 표고 40미터 이하의 나지막한 평지인데, 상업시설 및 대규모 공공건물로 인해 성벽의 흔적이 사라진 상태이다. 광희동을 지나 장충동과 신당동 지역으로 나아가면서 서서히 구릉지가 시작되는데, 이 구간의 일부에서 한양도성 성벽의 흔적들이 발견된다. 대부분 단독주택이 들어서 있는 집 뒷마당에 성벽이 방치되어 있거나, 주택의 축대로 사용되고 있다. 그런데도 아직까지 이 구간의 성벽에 대한 별다른 보호조치가 마련되어 있지 않아서 보는 이들로 하여금 안타까움을 자아내고 있다. 이 성벽들이 개인소유가 아닌 국민 모두의 품으로 돌아오는 그날을 기다려 본다.

---

1 김영상, 1996, 《서울 六白年 ④ - 낙산기슭·청계천변》.
2 팔방(八方)의 하나로 정남(正南)과 정서(正西)의 한가운데를 중심으로 45도 안의 범위에 드는 방위를 뜻하는데, 한양에서는 낙산구간과 홍인지문 일대로 보면 될 듯하다.
3 장지연, 2009, 〈권력관계의 변화에 따른 東郊 壇廟의 의미 변화 - 근대 先農壇과 東關王廟를 중심으로〉, 《서울학연구》 36.
4 구본현, 2012, 〈漢詩文에 나타난 漢陽 城門의 성격과 의미〉, 《서울학연구》 47.
5 이재운·박숙희, 2008, 《우리말 1000가지》.
6 《연합뉴스》 김태식 기자 블로그(http://blog.yonhapnews.co.kr/ts1406, 2005. 11. 8.).
7 太田秀春, 2003, 〈近代 韓日兩國의 城郭認識과 日本의 朝鮮 植民地政策〉, 《韓國史論》 49.
8 서울특별시사편찬위원회, 2007, 《서울의 시장》.

10장
발굴의 희로애락이 깃든
동대문운동장

야구장에 우주선이 내려앉은 사연

　세월의 때를 잔뜩 머금은 흥인지문과는 달리 그 주변은 하루가 다르게 화려한 모습으로 바뀌어가고 있다. 북쪽의 낙산 방향을 제외하면, 온통 매력적인 불빛으로 가득하다. 흥인지문이 내려다보는 골목시장과 높다란 쇼핑몰의 벽면에는 보행자들을 잡아끄는 온갖 광고들이 번쩍인다. 하나라도 놓칠세라 360도로 시선을 돌리다보면 생뚱맞게 서 있는 두 개의 조명탑과 마주치게 된다. 동대문시장이라는 무대에 주인공으로 나선 쇼핑객들을 밤새 비춰주기라도 할 것처럼 눈을 크게 뜬 이 조명탑은, 역사의 뒤안길로 사라진 동대문운동장을 기억하기 위해 간신히 살려놓은 것이다.
　야구를 좋아하거나 주변에 야구에 빠져든 사람이 있다면, 한 번쯤 야구장에 가본 적이 있을 것이다. 드넓은 다이아몬드 구장에 깔린 잔디를 보며 목청껏 응원을 하노라면 어느새 스트레스가 확 풀리는데, 이런 짜릿함은 경험해 본 사람들만이 누리는 특권이다. 프로야구 시즌이면 서울 잠실야구장을 비롯해 전국의 야구장 주변은 야구광들로 넘쳐나는데, 2016년에는 서울 고척동에 국

낙산구간에서 달려온 한양도성 너머로 흥인지문과 DDP가 보인다. 이호준 촬영.

내 최초로 돔구장까지 들어섰다. 그런데 이렇게 인기 있는 우리나라 프로야구의 최초 개막전 무대가 동대문야구장이라는 사실을 아는 사람은 많지 않을 것이다. 2008년 베이징올림픽에서 금메달까지 딴 한국 야구의 메카가 동대문야구장이었던 것이다.

우리나라 최초의 축구장과 야구장이 있던 동대문운동장이 자취를 감추고, 그 자리에 서울에서 둘째가라면 서운해 할 대규모 쇼핑몰과 공원이 들어섰다. 2014년 완공된 동대문디자인플라자가 그것이다. 일명 DDP라고도 불리는 이 명소는 6만 2,692제곱미터의 부지에 지하 3층~지상 4층에 이르는 총면적 8만 6,574제곱미터짜리 건축물이다. 5,000억에 가까운 막대한 예산이 투입된 이 복합 문화공간에는 알림터·배움터·살림터·디자인장터·동대문역사문화공원 등 5개 시설에 15개 공간이 자리 잡고 있다. 설계는 이란 출신의 세계적 여류건축가이며 디자이너인 자하 하디드 Zaha Hadid 가 담당했는데, '불시착한 우주선'을 형상화했다고 한다. 서울시는 완공 당시 "세계 최대 3차원 비정형 랜드마크

10장 발굴의 희로애락이 깃든 동대문운동장

불시착한 우주선을 닮은 DDP. 이호준 촬영.   서울의 새로운 명소로 떠오른 DDP의 야경. 이호준 촬영.

건축물인 DDP가 디자인·창조산업의 발신지가 되도록 할 것"이라고 밝혔다.

DDP는 세계적인 건축가가 설계한 훌륭한 작품이라는 견해가 있다. 하지만 이 일대에 600년 넘게 자리한 한양도성이 있음을 감안할 때, 이 건물은 한양도성에 불시착한 생뚱맞은 우주선이 되어버린 느낌이다. 특히 낙산구간의 남쪽 마지막 자락, 현재 한양도성박물관이 자리한 언덕에서 흥인지문 방향으로 내려다보면 이 말이 무슨 얘긴지 바로 공감이 갈 것이다.

서울시에서 동대문운동장 공원화 사업을 추진하면서 이 일대에 대한 대대적인 변화가 시작되었다. 그리고 그 변화의 처음은 문화재 발굴조사의 몫이었다. 이 일대는 한양도성 성벽이 지나가는 위치일 뿐 아니라, 훈련원 등 조선시대의 중요한 유적이 묻혀 있는 곳이기도 하였다. 그래서 동대문운동장을 개발하기 전에 2008년부터 2010년까지 발굴조사를 실시하였다. 그 결과 한양도성 성벽의 일부와 멸실된 것으로 알려진 이간수문 및 치성이 확인되었다. 남아 있는 성벽의 길이는 이간수문을 포함해 123미터이고, 최대 높이는 4.1미터나 되었다. 치성이 있었던 곳에서 광희문으로 이어진 구간은 동대문운동장을 만들 때 바닥까지 파내고 공사를 하는 바람에 완전히 멸실된 것으로 드러났고, 그 반대 방향인 흥인지문 쪽으로는 그나마 성벽 일부가 남아 있는 상태였다.

도성 안쪽에서는 성벽과 인접하여 건물지 수십 개소, 비상시에 물을 저장하기 위한 연못지 집수시설 2개소, 우물 4기, 옛 도랑유구 등이 드러났다.[1]

이 건물지들은 문헌과 고지도에 등장하는 염초청 焰硝廳과, 훈련도감의 분영인 하도감 下都監이 자리했던 터이다. 염초청은 대포나 총포 등 무기에 사용되는 화약을 제조하던 기관이다. 하도감은 수도를 방위하고 왕의 시위와 지방군의 훈련 및 치안을 담당한 주요기관으로, 규모는 390칸에 조총고·궁전고·화약고 등 창고시설이 있었으며 공장 工匠, 기술자 등이 무기와 화약을 제조하던 곳이다. 그랬던 것이 임오군란과 갑신정변을 거치면서 폐기되어 일제에 의해 '훈련원 공원'으로 조성되었다. 이처럼 한양도성과 관련된 주요기관의 존재가 밝혀짐에 따라, 보존상태가 양호한 건물지 6기를 비롯해 집수시설·우물 등은 동대문역사관의 야외 유적공원으로 이전·복원하여 방문객들로 하여금 현장에서 관람토록 하고 있다.

흥인지문구간의 성벽 축조방법

발굴조사 결과 이 지역에서는 3가지 축성기법이 확인되었는데, 성벽의 축조방법은 평지구간과 구릉 및 산 능선부 구간이 서로 다르게 나타났다. 저지대에 해당하는 이간수문에서 치성까지의 구간은 내외 협축식으로 축조되었고, 치성이 설치된 성벽부터 광희문 쪽으로 점차 고지대로 올라가는 성벽구간은 편축식 구조를 띠고 있다. 다분히 전문적인 부분이지만 성벽 축조방법은 한양도성을 이해하는 데 필수적인 내용이니, 핵심적인 부분을 중심으로 정리해 보자.

성벽은 축조방법에 따라 협축 夾築과 편축 片築, 그리고 편축의 일종인 내탁 內托으로 나눌 수 있다. 쉽게 설명하자면 협축 성벽은 기저부부터 안쪽과 바깥쪽의 성벽을 거의 같은 높이로 양쪽 다 쌓아올린 것이다. 따라서 성벽이 안팎으로 깎아지른 듯 높이 올라간다. 이에 비해 편축 성벽은 원래의 지형을 계단

동대문운동장 발굴 전경. 중원문화재연구원 사진 제공.   발굴된 동대문운동장 주변 성벽의 기초 보강 흔적. 중원문화재연구원 사진 제공.

상이나 'ㄴ'자 형태로 파내어 기저부를 조성한 뒤, 내벽에 비해 상대적으로 기저부가 낮은 외벽부터 성벽을 쌓아 올라가다 내벽 기저부와 동일한 높이부터 협축으로 쌓는 것이다. 따라서 바깥쪽 성벽은 상당히 높은 반면에 안쪽은 상대적으로 낮은 성벽이라고 보면 된다. 대체로 성벽을 쌓는 지형이 바깥쪽은 가파르고 안쪽은 완만하기 때문에 삼국시대 대부분의 석축 산성은 편축법을 택하고 있다. 내탁은 바로 이러한 지형적 특성을 이용하여 바깥쪽에만 성벽을 쌓고 안쪽은 별도의 성벽을 쌓기보다는 원래의 지형에 기대어 외벽 뒤쪽에 깬돌이나 흙을 채워 보강하는 방법이라 할 수 있다.

이제 본격적으로 동대문운동장 구간의 성벽축조 방법을 살펴보자. 이간수문 남쪽 내외 협축 구간의 축조방법을 보면, 외벽은 기저부를 마련한 후 방형의 기단석을 놓았으며, 기단석 위에 15~20센티미터 들여서 성벽을 수직으로 쌓아 올렸다. 치성의 남쪽 구간은 숙종 연간에 개축된 편축 성벽인데, 바닥을 고른 후 경사면의 기울기에 맞추어 장대석을 놓고 정방형의 석재를 수평으로 쌓아올렸다. 평지를 제외한 구릉 및 산 능선부 구간은 전부 내탁 축조하였다. 최근 발굴조사에서 주목되는 점은 내탁부의 뒤채움 구간에서 판축 방식으로 흙을 다진 층이 확인된 점인데, 이런 형태는 흥인지문구간 외에도 남산 회현자락과 인왕산구간의 송월동근린공원 부지에서도 발견되었다.

한양도성은 성벽축조 방법도 다양하지만, 지형과 시설물에 따라 다양한 기초공법을 채택하였다. 특히나 평지 또는 저지대를 통과하는 성벽구간의 기초는 불량지반에 해당되어, 기초를 강화하기 위하여 여러 가지 공법을 혼용한 것으로 확인되었다. 대표적으로 이간수문과 오간수문 등의 주요시설물 하부에서는 연약한 지반을 보강하기 위하여 시설한 말뚝기초와 잡석기초가 발견되었다. 흥인지문 일대가 습지 또는 저지대였기 때문에, 지지력이 약한 지반을 보강하면서 상부구조물의 지반 침하를 방지할 목적으로 말뚝기초를 하고 그 위에 잡석기초를 한 것으로 보인다. 이간수문 주변의 성벽 하부에도 이러한 말뚝기초를 설치하였다. 말목은 지름 10센티미터 내의 원통형이며, 10센티미터 간격으로 빼곡히 박았다. 깊이는 최대 1.5미터로 자연 바닥층까지 내려갔다. 말뚝기초 위로는 잡석과 황갈색 사질점토를 이용하여 잡석기초를 하였다.[2]

동대문에 뜬 쌍무지개, 이간수문

이간수문二間水門은 물이 흘러가는 통로가 2개인 수문인데, 그 통로들은 모두 무지개 모양을 하고 있다. 오간수문 남쪽에 위치하는 이 수문은, 남산 일원에서 남소문동천으로 모여든 물을 한양도성 밖으로 유출시키는 역할을 하였다. 일제강점기에 동대문운동장이 건립되면서 상부 성벽은 파괴되고 그 하부는 땅속에 매몰되었다가 2008년 발굴조사에서 양호한 상태로 발견되었다.

발굴 결과 말뚝으로 기초를 하고 상부에 잡석지정을 한 다음 바닥석을 놓고 축조한 것으로 밝혀졌다. 남소문동천이 통과하는 통수부는 2칸으로 남칸과 북칸으로 나뉘며, 각 칸의 좌우 기초부 위에 지대석을 놓고 상부에 홍예기석을 2단으로 올린 뒤 그 위에 9매의 홍예석을 아치형으로 돌려쌓았다. 남칸과 북칸의 간벽에 해당하는 홍예석 사이에는 청정무사蜻蜓武砂를 끼워 보강하였는데,

그 위에 있었던 부형무사缶形武砂 등은 남아 있지 않았으나 새로 복원하였다.

이간수문의 안쪽과 바깥쪽에는 각각 날개 모양의 석축시설이 있는데, 이것은 하천을 따라 흐르는 물을 유도하기 위한 시설물이다. 수문의 길이는 8미터 정도 되는데, 바닥에는 기단석 열에 맞춰 1미터 이상의 평평한 돌이 정연하게 깔려있다. 수문 중단부에는 목책 또는 철책의 흔적이 남아 있으며, 홍예석에는 철책이나 목책과 관련된 결구 홈이 있다. 바닥석이 깔린 것으로 볼 때, 이간수문은 2차례 이상의 폐기과정이 있었던 것으로 보인다.

사실 이런 설명만으로는 이 문의 생김새가 머릿속에 쉽게 그려지지 않는다. 하지만 발굴현장에서 수백 년 만에 모습을 드러낸 이간수문의 모습을 직접 보았다면, 누구라도 '우리나라에 이런 아름다운 수문이 있었구나!'라고 하며 감동했을 것이다. 비록 아치 형태로 되어 있던 윗부분이 남아 있지는 않았지만, 이 수문이 원래 어떤 구조였는지는 충분히 짐작할 수 있었다. 어쩌면 윗부분이 사라지고 없었기 때문에 우리에게 주는 감동이 더 큰지도 모르겠다.

이 석조구조의 수문은 가운데의 물가름돌을 중심으로 물이 양쪽으로 흐르

발굴된 이간수문. 중원문화재연구원 사진 제공.

복원된 이간수문(일부)과 치성.
이호준 촬영.

복원된 이간수문.
신희권 촬영.

도록 설계되어 있었다. 발굴 당시에 수문의 돌들이 무너져 내리지 않도록 쇠기둥을 받쳐 두었는데, 이런 것이야말로 진짜 고대유적이구나 하는 느낌을 받았다. 그런데 발굴이 끝나고 이간수문을 다시 만났을 때는 이것이 전에 봤던 그 수문이 맞나 하는 의심이 들 정도로 낯설게 변해 있었다. 이 일대가 공원으로 조성되면서 상부를 새로운 석재로 복원하고 다른 건물들과 나름 조화롭게 보이도록 연결시켜 놓긴 하였다. 하지만 '역사문화공원'이라는 이름을 내걸고 있다는 점에서 이런 식의 복원은 무척이나 아쉬움을 준다. 문화유산 보존·관리의 핵심이 원형유지라는 것은 이 분야에 종사하는 사람이라면 누구나 아는 원론적인 얘기다. 비록 발굴되었을 때 완전한 상태는 아니었지만, 그 자체로 훌륭한 문화자원이 될 수 있을 것이라는 기대가 컸기에 복원된 상태가 주는 허탈함이 더 크게 다가온다. 이런 허탈함 내지 배신감은 이어서 살펴볼 치성의 복원에서 극치를 이룬다. 이간수문이나 치성 유적의 복원에서 드러난 한계와 문제점을 거울삼아 문화유산 복원에 대한 인식을 근본적으로 전환할 수 있기를 간절히 바란다.

흥인지문, 치성으로 특별함을 말하다

한양도성에서 유일하게 치성 1개소가 발굴된 곳이 바로 동대문운동장 부지 발굴현장이다. 치성雉城 혹은 치雉는 적의 접근을 조기에 관측하고, 성벽으로 접근하는 적을 정면과 양 측면에서 공격하여 격퇴할 수 있도록 성벽의 일부를 돌출시켜 내쌓은 구조물이다. 일직선으로 뻗은 성벽에서는 성벽 아래에 근접한 적을 감시하거나 공격하기에 어려움이 있으므로, 성벽으로 가까이 접근하는 적을 측면에서 공격하기 위해 설치한 시설이다. 주로 평지 또는 경사가 완만한 지형의 성벽이나 성문 주위, 능선과 성벽이 만나는 곳에 치를 설치한다. 이러한 목적으로 설치된 치는 형태와 구조에 따라 곡성曲城·성두城頭·적대敵臺 등 다양하게 분류되지만 포괄적인 의미에서는 모두 유사한 시설이라고 볼 수 있다.

《조선왕조실록》에서 치성을 가리키는 용어를 살펴보면, 시기적으로 조금씩 다르게 사용되었음을 알 수 있다. 세종 대부터 성종 대까지의 명칭은 적대敵臺로 나오는 반면, 숙종 및 영조 대에는 치성으로 표기되어 있다. 그리고 정조 대에는 치성과 적대가 같은 기사에 나란히 등장하는 것으로 보아, 두 가지 용어가 각각 다른 것을 가리켰던 것으로 보인다. 이렇게 볼 때, 조선시대에 치를 가리키는 이름이 시기에 따라 바뀌어 왔음을 볼 수 있다.

한편 현대에 와서 치성은 보통 체성부와 직선상을 이루는 곳에 방형 및 장방형으로 설치된 것으로 간주된다. 또한 곡성은 체성부가 굽어 굴곡이 있는 곳에 설치된 것이나 반원형으로 축조된 것을 가리키며, 치성 위에 간단한 건조물을 설치한 것은 적대로 분류한다. 성우城隅라고도 하는 성두는 성곽의 네 모퉁이에 설치된 것으로, 평지에 세워진 방형의 성에 주로 설치되었다. 이처럼 근래에는 치의 형태나 입지, 부가된 시설물에 따라 그 이름을 조금씩 다르게 부르고 있다.

조선시대에 치성의 중요성을 언급한 기록으로는 유성룡의 축성론築城論이 대표적이다.

발굴된 흥인지문의 치성.
중원문화재연구원 사진 제공.

"성이되 치가 없으면 비록 한 사람이 타 하나씩을 지킨다 하더라도 타 사이에 방패를 세워서 밖에서 들어오는 화살과 돌을 막기 때문에, 적이 성 밑으로 붙는 것을 발견하여 막아내지 못한다. 《기효신서紀效新書》에는 50타마다 치 하나씩을 설치하는데 밖으로 2~3장丈쯤 나가게 한다. 치는 50타씩 서로 떨어져 있으므로 하나의 치는 각각 25타의 지면을 차지함 좌우를 보아 가며 발사發射하기에 편리하고, 적이 성 밑으로 붙어 올 수 없게 되었다. 임진년에 내가 안주安州에 있을 때에 계책 한 가지를 생각해 냈는데, 일단 성 밖에다 지형에 따라 치의 제도대로 따로 철凸자 모양의 성을 쌓고 그 가운데는 비워서 사람이 들어갈 만하게 만든다. 그러고 나서 3면으로 구멍을 뚫어놓고 가운데 대포를 배치해 두며 위에는 적루敵樓를 세우는데 기계器械를 비치하여 관측하기에 편리하도록 함 두 누의 거리가 600~700보 또는 1,000보쯤 되게 한다. 대포 속에 철환을 넣어 양쪽에서 서로 발사하면 쇠와 돌이라 할지라도 부서지지 않는 것이 없다. 이렇게 되면 다른 첩에는 비록 지키는 병졸이 없더라도 다만 수십 명으로 포루砲樓를 지키기만 하면 적이 100만 명이라도 감히 접근하지 못할 것이다."[3]

50타 간격으로 치를 둠으로써 성 밑에 접근한 적을 퇴치하고, 치의 형태로 포루를 만들어 대포로 협공하면 아무리 많은 수의 적이라도 쉽게 물리칠 수 있음을 강조한 것이다. 유성룡에 이어 정약용도 자신의 문집인 《여유당집與猶堂

集》에서 치성의 효용성을 정리했다. 여기서 그는 치성을 통해 성벽에 근접한 적을 효율적으로 물리칠 수 있으며, 쇠뇌를 이용하여 치성과 치성 사이에 포위된 적을 협공할 수 있다고 했다.

이러한 치성은 성곽에 축조된 대표적인 방어시설로서, 옹성문지·해자·여장과 더불어 성곽의 부대시설에서 세트로 축조되었다. 세종 15년1433에 치성 축조 규식規式을 적용한 뒤부터는 방대형 치성이 축조되었지만, 정방형과 장방형의 치성도 계속해서 축조되었다. 15세기 이후 16세기를 거치면서 치성의 평면 형태는 정방형과 장방형이 주류를 이루었고, 방대형은 쇠퇴하거나 소멸한다. 즉 정방형이나 장방형 치성의 전통은 조선시대 전기부터 후기에 이르기까지 이어졌다.

한양도성에서 치성이 설치된 곳은 흥인지문에서 광희문 사이 구간이었는데, 이는 도성에서 가장 낮은 지역으로 방어하기에 불리한 곳이었다. 영조 대 도성 수축공사 기록을 보면, 흥인지문에서 광희문까지의 구간은 지대가 낮아서 방어에 취약하므로 치성 5개를 만들도록 했다. 그러나 일제강점기 지적도에는 흥인지문과 광희문 사이에 4개의 치성이 있었던 것으로 나타난다. 이렇게 볼 때, 조선 후기에서 일제강점기 사이의 어느 시점에 치성 1개소가 멸실되었을 가능성이 있다. 그 뒤 2008년 동대문역사문화공원 부지 발굴조사 과정에서 이간수문의 남쪽에 위치했던 치성의 하부 기초시설 1개소가 발견되었다.

영조 29년1753 기사에는 "한 개의 치장雉墻 사이는 130보步를 기준으로 하라."라고 되어 있는데, 지적도상에서 추정되는 치들의 간격 역시 약 150미터로 확인되었다. 발굴조사에서 드러난 치성은 지형상 저지대에서 고지대로 오르기 시작하는 지점에 만들어졌으며, 윗부분은 거의 남아 있지 않았고 남쪽 기단석 일부만 발견되었다. 당시 치성의 석축을 기단석에서 20센티미터 정도 들여서 쌓았는데, 치성의 규모는 남북 10.2미터에 동서 8.3미터 정도 된다.

한양도성의 치성을 눈으로 직접 확인하고 싶다면 동대문역사문화공원으로 가면 된다. 그런데 한 가지 주의할 것은, 발굴조사에서 드러난 치성은 여간

한양도성 발굴과 함께 서울의 새로운 명소가 된 동대문역사문화공원. 이호준 촬영.

해서는 찾을 수 없다는 것이다. 발굴된 상태에서 흙을 덮은 이후 그 위에 새로운 성벽과 치성을 복원해 놓았기 때문이다. 성벽이 워낙 새하얀 돌로 깨끗하게 복원된 데다, 세월의 흔적이 묻어있던 원래의 성돌은 손에 꼽을 정도로 미미하게 끼여 들어가 있다. 이 때문에 이것이 한양도성의 성벽을 복원한 것인지 아니면 공원에 만들어진 산책로인지 알기 어렵다.

열심히 발굴해서 좋은 유적을 찾아놓은들 무슨 소용이 있으랴. 복원하는 사람이 조선시대의 성돌과 현대의 화강암이나 별반 차이가 없다고 여긴다면 말이다. 그렇게 되면 아무리 소중한 성돌이라 해도 한낱 평범한 돌덩이로 전락하고 만다. 그런데 고대에는 성돌 쓰는 것 하나까지도 상세히 규범화하여 한 치의 오차도 없는 도성을 만들고자 하였으니, 오늘날의 기술자들이 본받아야 할 부분이 아닌가 싶다.

---

1 서울시·중원문화재연구원, 2011, 《동대문운동장 유적》.
2 졸고, 2015, 〈한양도성 축조기법 연구 – 백제 성곽과의 비교를 중심으로–〉, 《百濟文化》 53, 公州大學校 百濟文化硏究所.
3 《만기요람(萬機要覽)》 군정편(軍政篇) 4. 관방(關防) 부관방총론(附關防總論)

11장

오간수문, 명당수 청계천에 서다

오간수문, 청계천의 물을 책임지다

　빌딩숲이 우거진 광화문과 종로를 거닐다 보면 복잡한 모든 생각을 떨쳐버리고 홀로 쉬고 싶을 때가 있다. 그럴 땐 청계천에서 흐르는 물과 오래된 다리들을 벗 삼아 걸어도 좋다. 무더운 여름이면 청계천 석축에 걸터앉아 발을 담근 채 커피 한잔의 여유를 즐기는 사람들로 북적이는 곳. 다리 밑 그늘에서 흘러가는 물줄기를 바라보는 것만으로도 몸과 마음이 평안을 얻는 곳. 조선시대에 명당수로 이름을 날렸던 청계천은 숱한 이야기와 사연을 간직한 채 지금도 서울 한복판을 흐르고 있다.

　도성 내부의 하천을 관리하는 일은 성곽을 견고하게 유지하는 데 큰 영향을 미쳤기에, 조선 조정은 도성과 청계천·남소문동천이 만나는 곳에 오간수문五間水門과 이간수문二間水門을 설치했다. 여기서 오간 또는 이간이라고 하는 것은 수문의 개수를 말하는 것이다. 2003년 청계천 복원 당시 발굴조사를 통해서 오간수문 유적이 드러났고, 이간수문 유적은 2008년 동대문디자인플라자DDP 건립부지 내 발굴조사 과정에서 발견되었다.

오간수문은 《조선왕조실록》을 비롯한 한양도성 축성기록과 《준천사실濬川事實》과 같은 청계천 준천에 관한 기록에 많이 등장한다. 오간수교라고도 하는 오간수문은 원래 다리가 아니라 성벽 아래에 설치된 수문水門이었다. 다만 성벽을 지키거나 수문을 관리하기 위하여 수문 앞에 긴 돌을 놓아 다리의 기능을 병행하도록 한 것이다. 즉 오간수문은 한양도성의 성벽인 동시에 청계천의 수문으로서, 방어와 배수의 기능을 동시에 담당했다.

그러나 오간수문이 처음부터 다섯 칸으로 축조된 것은 아니었다. 태조 5년 1396 2월 기사를 보면, 도성 축성과 함께 "수구水口에는 높은 사다리雲梯·운제를 쌓고 양쪽에다 석성을 쌓았는데, 높이가 16척에 길이가 1,050척이요"라고 하면서 수문을 언급한 내용이 처음으로 나온다. 그해 7월 3일 기사에는, "밤에 폭풍우가 일어 도성都城 수구水口의 옹성甕城 한 칸이 무너졌다."라는 기록이 있다. 또 이틀 뒤인 7월 5일 기사에는, "크게 바람이 불고 비가 와서 도성都城 수구水口의 옹성甕城 한 칸이 또 무너졌다."라는 기록이 등장한다. 이렇게 볼 때 동대문 일대에 최소 두 칸 이상의 수문이 있었던 것 같다. 9월 24일 기사에도, "운제雲梯도 빗물로 인하여 무너진 곳이 있으므로 다시 쌓고, 또 운제 1소所를 두어서 수세水勢를 나누게 하고"라고 기록된 것으로 보아, 수문을 추가로 조성한 것을 알 수 있다. 이때 추가로 조성한 수문이 바로 이간수문인 듯하다.

《세종실록》 세종 3년 1421 7월 3일 계해 세 번째 기사를 보면, 판한성부사 정진鄭津 등이 치수에 관해 상소하자 임금이 농한기農閑期까지 기다렸다가 시행하도록 하였다. 상소의 첫 번째 조목은 다음과 같다.

"두 곳의 수문水門은 좌우의 옹성甕城이 좁아서, 도성都城 안의 여러 곳의 물이 합쳐 흘러서 막히게 됩니다. 그러므로 동부東部의 창선방彰善坊이 재해를 입은 것이 더욱 심하였습니다. 원컨대 유사有司로 하여금 적당한 곳을 가려서 별도로 수문 하나를 더 만들어 수도水道를 통하게 하면, 물이 넘치는 것이 감해질 것입니다."

청계천 물길. 이호준 촬영.

《세종실록》세종 4년 1422 1월 16일 갑술 세 번째 기사에는, 도성수축도감에서 한양도성에 수문을 더 만들게 해달라고 장계를 올린 내용이 나온다.

"도성의 수문水門이 수효가 적으므로, 전 해의 장맛비에 냇물이 불어 넘쳐서 냇가의 인가人家가 간혹 물에 잠긴 것도 있었습니다. 전에 있던 북쪽의 수문 세 칸間에 한 칸을 더 만들고, 남쪽 수문 두 칸에 한 칸을 더 만들게 하소서."

이 기록들로 보건대, 세종 대 이전에는 세 칸의 수문과 두 칸의 수문이 축조되어 있었음을 알 수 있고, 세종 4년 1422에는 각 수문에 한 칸씩을 추가로 설치하려 하였음을 알 수 있다. 그런데 성종 대에 조선 각 도의 지리 및 풍속 등을 적은 책인《동국여지승람東國輿地勝覽》에는 "개천은 백악·인왕·목멱의 모든 골짜기 물이 합쳐져 동쪽으로 흘러 도성 가운데를 가로질러 삼수구三水口를 빠져

일제강점기의 흥인지문. 오간수교를 건너 광희문을 오가던 전차가 보인다.
본 저작물은 국립민속박물관에서 공공누리 제 1유형으로 개방한 '東大門 엽서'를 이용하였으며, 해당 저작물은 국립민속박물관의 http://www.nfm.go.kr/Data/colSd_new.jsp에서 무료로 다운받으실 수 있습니다.

나가 중량포 中梁浦 로 들어간다."라고 기록되어 있다. 이렇게 볼 때 성종 대까지도 세 칸짜리 수문이 그대로 유지되었던 것 같다. 아마도 그 이후 어느 시점에 세 칸 수문에만 두 칸이 더 만들어져 오간수문이 되고, 이간수문은 증축되지 않은 것으로 추정된다.

그 뒤 오간수문이 수난을 당하게 된 시점은 세월이 한참 흐른 1907년이었다. 그해에 중추원 참의 유맹 劉猛 토목국장은 청계천의 물이 원활하게 소통하고 토사가 쉽게 흘러 내려가도록 한다는 취지로 수문을 뜯어버렸다. 또 1908년 3월에는 이미 훼손되어 방치된 성벽을 처리하고 거리의 교통을 원활하게 한다는 명분으로, 흥인지문 부근 성벽과 오간수문의 성벽을 전부 헐어버린 뒤 그 자리에 근대식 콘크리트 다리를 놓았다. 이로써 오간수문의 원형이 완전히 사라져버렸는데, 이때부터 사람들은 오간수문이라는 이름 대신 오간수교 五間水橋 라고 부르게 되었다.

일제강점기에 오간수문은 경성 시내를 달리던 전차의 주요 통로였다. 1921년 6월 흥인지문에서 광희문 사이에 전차노선이 신설되면서 오간수교 위에 전차가 달릴 수 있는 철교가 놓이게 되었다. 더욱이 오간수교 바로 옆, 즉 지금의 동대문종합시장 자리에 전차 차고가 자리하고 있어서 오간수교는 다른 어떤 곳보다도 전차의 왕래가 많았다.

그러다가 1926년 6월 오간수교는 한 번 더 확장된다. 대한제국의 마지막 황제인 순종의 장례 행렬이 장지인 유릉裕陵, 경기도 남양주시 금곡동으로 갈 때 이 오간수교를 건너게 되었기 때문이다. 따라서 장례 행렬이 건널 수 있도록 두 칸 반약 4.5m이던 다리를 네 칸 반약 8.2m으로 두 배 가까이 확장하였다. 그 뒤 일제강점기를 끝내고 광복을 이뤄냈지만, 오간수문은 청계천 복개공사로 인해 원래의 모습을 다시는 드러내지 못했다. 1970년대의 일이었다.

그러다가 2003년 청계천 복원공사를 위한 지표조사, 시·발굴조사를 통해 오간수문의 다리받침과 홍예 기단부, 다섯 칸의 수문지가 확인되었다. 그 결과 2005년에 오간수문은 청계천 유적에 포함되어 사적 제461호로 지정되었다. 현재 청계천은 현대식 하천으로 복원되었으나, 오간수문은 원래의 모습으로 복원되지 못한 채 그 형상만이 지상에 표현되어 있는 상태이다.

도심 하천으로 재등장한 청계천

도시로서의 한양의 입지와 지리적 특징을 들라 하면 가장 먼저 떠올릴 수 있는 것이 바로 도성을 둘러싼 네 개의 산과 도성 한가운데를 가로지르는 하천, 즉 청계천이 아닐까 싶다. 청계천은 평상시에는 도심 내 생활하천으로 도성민들의 삶과 함께 무심하게 흘러가는 듯하지만, 여름철만 되면 사나운 수마水魔가 되어 도성민들의 생명을 위협하기 일쑤였다. 청계천 주변에는 특히나 시전행랑市廛行廊과 민가가 밀집해 있었기 때문에, 큰비가 와서 물이 넘치면 상

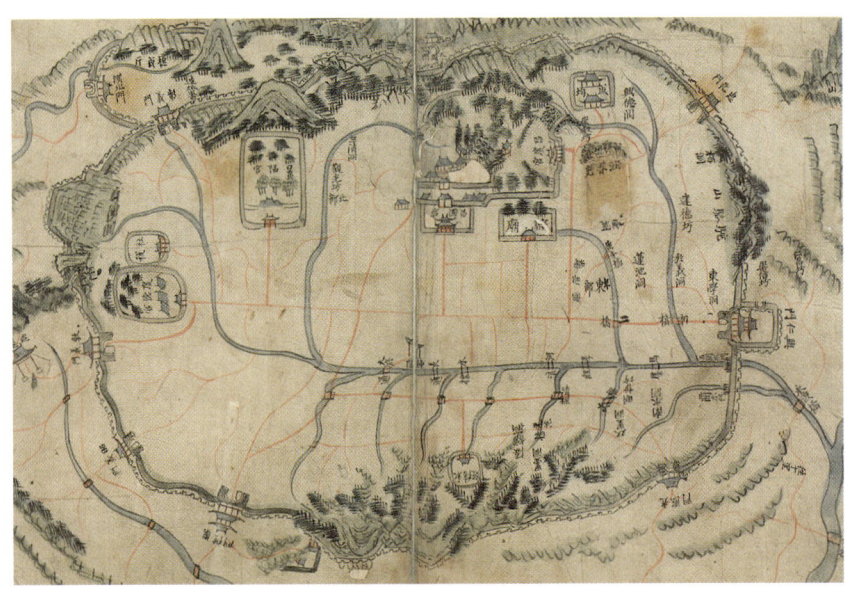

《해동제국지도(海東諸國地圖)》〉《왕성도(王城圖)》의 한양도성. 왼쪽 모서리를 보면 한양도성이 북한산성과 이어지는 부분에 홍지문의 다른 이름인 한북문(漢北門)이 보인다. 서울대 규장각한국학연구원 소장.

점과 가옥이 침수되고 개천을 건너는 다리가 유실되는 일이 허다하였다. 이에 한양 정도 후부터 청계천의 물길을 잡는 것은 국가적으로 대단히 중요한 사업이었다.

조선 초기에 청계천을 본격적으로 정비한 왕은 태종이었다. 태종은 청계천의 바닥을 준설하는 한편 개천도감開渠都監이라는 관청을 설치하여 하천 양안을 돌로 쌓는 공사를 벌였다. 개천開川이라는 말은 '내를 파내다'라는 의미로, 자연 상태의 하천을 정비하는 토목공사의 이름이었다. 서울시설공단 홈페이지에 따르면 당시 개천공사를 가리키던 말이 청계천의 고유명사로 이어졌다고 한다.[1]

태종 10년1410 8월에 한양에 큰비가 와서 다리가 떠내려가고 사람이 물에 빠져 죽는 등 피해가 발생했다. 이에 태종은 옛 정릉貞陵의 무덤 돌을 사용하여 광통교廣通橋를 석교石橋로 만드는 작업을 감행하였다. 정릉은 태조 이성계의 계비繼妃 신덕왕후 강씨의 무덤으로, 원래는 서울시 중구 정동에 위치해 있었다. 그렇다면 태종이 광통교를 돌다리로 만들면서 신덕왕후 강씨의 무덤인 정릉의 석재를 가져다 쓴 까닭은 뭘까? 이는 태조의 셋째아들인 태종 이방원과 신덕왕후 강씨 사이의 뿌리 깊은 원한 때문이었다.

태조 1년1392에 신덕왕후 강씨는 정도전 등의 도움으로 이방원을 물리치고 자신의 소생인 방석을 세자로 옹립하였다. 그러나 태조 5년1396 3월에 강씨가 세상을 떠나자, 태조 7년1398 8월에 이방원은 제1차 왕자의 난을 일으켜 강씨의 소생인 방석과 방번, 정도전 등을 제거하였다. 계비 강씨를 무척 총애하였던 태조는 강씨가 죽자 가까운 중부 취현방聚賢坊, 지금의 중구 정동 일대 북쪽 언덕에 능을 조성하고 정릉이라 하였다. 태조는 이 능을 조성할 때 특별히 제주목사 여의손呂義孫으로 하여금 일류 석공을 동원하여 당대 최고 수준의 석물을 조성하도록 하였으며, 완성된 이후에도 여러 차례 행차하여 강씨에 대한 그리움을 표시하였다.

그 뒤 태종 8년1408에 태조 이성계가 세상을 떠나자, 이듬해1409에 태종은 옛 제왕의 능묘가 모두 도성 밖에 있는데 정릉만 도성 안에 있는 것은 맞지 않다고 하여 정릉을 지금의 성북동으로 옮기게 하였다. 그리고 1410년 큰비가 내려 흙다리인 광통교가 유실되자, 이 정릉의 옛터에 남아 있던 돌을 사용하여 석교를 만든 것이다. 태종은 신덕왕후 강씨의 무덤 돌로 다리를 만들어 사람들이 그것을 밟고 지나가도록 함으로써 강씨에게 맺힌 분한 마음을 토로했다고 한다. 지금도 청계천의 광통교 아래 남북 양측 교대에는 정릉의 부재로 사용되었던 신장석神將石과 구름·당초 문양이 새겨진 무덤돌이 그대로 남아 있어 당시의 역사를 떠올리게 한다.

청계천은 조선시대 내내 큰 변화 없이 유지되어 왔지만, 조선 후기에 도성의 인구가 급증하면서 영조 대에 대대적인 준설과 제방 보강공사가 이루어졌다. 일제강점기에는 백운동천을 비롯한 상류구간이 복개되어 하수도가 되었고, 광복과 한국전쟁을 거치면서 청계천의 오염이 심해지자 광통교 상류를

광통교의 재료로 사용된 정릉 석물. 이호준 촬영.

시작으로 신답철교까지 복개되었다. 이로써 조선시대 도성민들의 젖줄과도 같던 청계천은 자동차 바퀴 밑을 흐르는 하수도로 변하고 말았다. 그랬던 청계천이 2003년부터 시작한 '청계천 복원사업'으로 인해 서울의 심장부를 관통하는 하천공원으로 다시 태어나게 되었다.

역사가 그려낸 오간수문

조선시대의 그림이나 근대의 사진은 종종 지금은 사라진 우리 역사, 특히 문화재와 같은 소중한 유산의 원래 모습을 유추하는 데 큰 도움을 주기도 한다. 여기서는 청계천의 역사 속에 담겨진 오간수문의 흔적을 추적하여 오간수문이 어떠한 모습으로 존재했는지를 살펴볼 것이다.

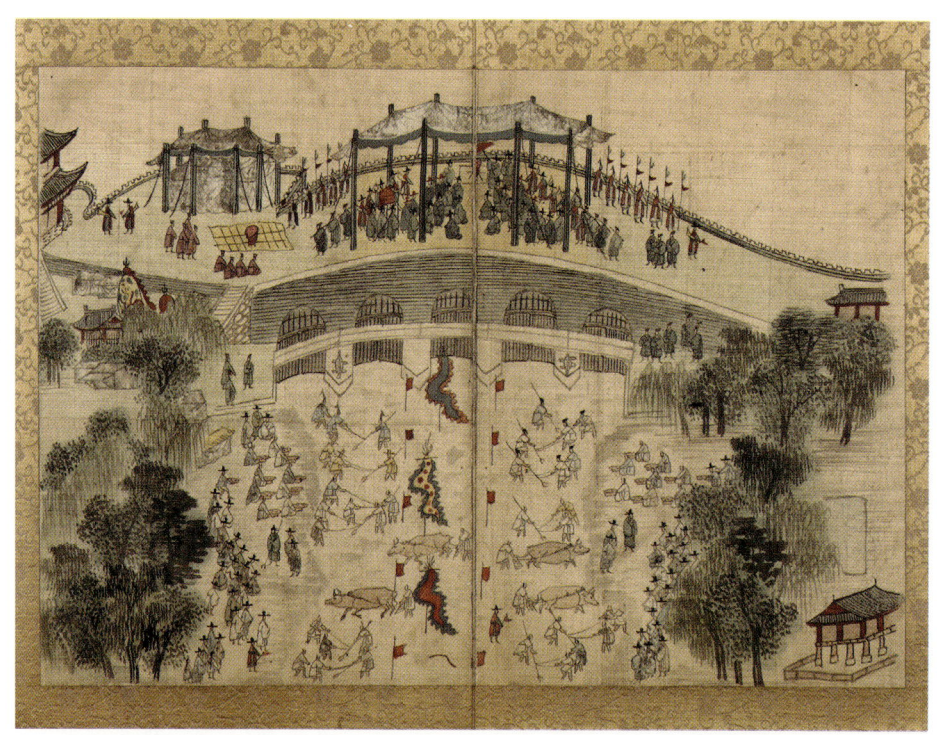

〈수문상친림관역도(水門上親臨觀役圖)〉. 본 저작물은 문화재청에서 공공누리 제1유형으로 개방한 〈수문상친림관역도〉를 이용하였으며, 해당 저작물은 문화재청 관련 홈페이지(http://www.cha.go.kr/korea/heritage/search/Directory_Image.jsp?VdkVgwKey=21,00770000,21&imgfname=2327343.jpg&dirname=tangible_cult_prop&photoname=어전준천제명첩_수문상친림관역도&photoid=2327343)에서 무료로 다운받으실 수 있습니다.

대표적으로 〈수문상친림관역도水門上親臨觀役圖〉를 보면 성벽 아래 다섯 칸의 수문이 있고, 수문 앞에 기다란 돌을 두 줄로 놓아 사람들의 통행이 가능하도록 다리가 그려져 있다. 이 그림은 영조 36년1760에 있었던 이른바 경진준천庚辰濬川을 기념하여 그린 서화첩인《어전준천제명첩御前濬川題名帖》에 수록된 것으로, 청계천 준설 모습과 오간수문의 형태가 상세히 표현된 중요한 자료이다.

그림에 보이는 오간수문의 모습을 보면 흥인지문 옹성에 바로 붙어서 오간수문과의 사이에 치성雉城이 보이고, 성 안쪽에는 치로 올라갈 수 있는 계단이 표현되어 있다. 오간수문 앞에는 개천 바닥을 열심히 걷어내고 있는 인부들의 모습이 사실적으로 그려져 있으며, 청계천 양안에 버드나무가 우거진 모습이 인상적이다. 오간수문 홍예 하부에는 교각부 전면에 삼각형의 물가름돌 네 개가 정확히 그려져 있고, 가운데 부분을 제외한 북측 및 남측 교각에 각각 거북형 석수 1기씩이 정교하게 표현되어 있다. 돌다리 끝 지점에는 남측 및 북측에 모두 'ㄴ'자 형태의 교대橋臺가 그려져 있다. 홍예 안쪽에는 촘촘한 창살로 굳게 닫힌 철문도 잘 보인다.

영조 22년1746 경에 그려진 겸재 정선의 〈동문조도東門祖道〉에도 오간수문의 모습이 일부 드러나 있다. 그림 맨 아래쪽에 흥인지문과 한양도성의 성벽이 있는데, 흥인지문 오른쪽 옆으로 보이는 반원형 구조물이 바로 오간수문이다. 〈수문상친림관역도〉처럼 오간수문을 자세히 그리고 있지는 않지만, 오간수문을 둘러싼 흥인지문 주변의 낙산과 동묘 등 지형지물이 상세히 표현되어 있어 참고할 만하다.

근대에 들어 외국인의 눈에 비친 서울의 모습을 담은 《꼬레아 에 꼬레아니》[2]와 일제강점기에 제작된 《조선고적도보》에 수록된 사진들도 오간수문의 형태를 고증하는 데 요긴한 자료이다. 두 사진 모두 오간수문의 안쪽에서 홍예와 기초석들이 잘 보이도록 촬영되어 있다. 오간수문 너머 군데군데 단절된 성벽의 여장도 확인할 수 있다. 근총안과 원총안만 선명하게 보일 뿐 잡풀이 우거진 쇠락한 모습에서 구한말 조국의 모습을 연상케 한다.

사진에는 오간수문 홍예부의 성벽이 여섯 단의 장대석으로 축조되어 있다. 《꼬레아 에 꼬레아니》에 게재된 사진을 보면, 수문 앞 다리 위로 지나가는 행인의 모습에서 대략 행인 키의 두 배 남짓한 성벽의 높이를 짐작할 수 있다. 다섯 칸의 홍예는 중앙에 한 개와 양 옆으로 세 개씩 총 7매의 석재로 아치를 이루고 있다. 특이하게도 중앙의 세 칸은 반원형에 가깝게 높은 반면, 양 옆은 그보다 한 단 정도 낮은 납작한 타원형을 띠고 있다. 교각부는 삼각형의 물가름돌이 위치하고, 남쪽과 북쪽의 물가름돌 위에는 〈수문상친림관역도〉와 마찬가지로 거북형 석수가 각각 한 기씩 올라가 있다.

《조선고적도보》에서 확인할 수 있는 오간수문

불과 100여 년 전까지만 해도 오간수문이 이렇게 웅장한 모습으로 남아 있었다니 놀랍기만 하다. 하지만 그토록 아름답던 오간수문을 헐고 그 위를 복개해 버렸으니 안타깝기 그지없다. 만약 지금까지 그 모습을 유지하고 있었다면, 청계천을 찾는 수많은 시민들이 반드시 들르는 명소가 되었을 것이다.

근래에 청계천 복원사업으로 기초석과 거북 석수 등이 발굴되어 오간수문의 정취를 느낄 수 있으리라는 기대감을 주었다. 하지만 기대가 크면 실망도 큰 것일까. 그마저도 복원과정에서 덮어버린 것인지 원래의 흔적을 전혀 볼 수 없게 되어버려 아쉽기만 하다.

발굴로 드러난 오간수문의 신비

2003년 시작된 청계천 복원공사에 앞서 청계천 일대의 문화재에 대한 정밀 지표조사와 발굴조사가 실시되었다. 그 결과 청계천에 놓였던 다리의 기초와 호안 석축, 하천 퇴적물에 포함된 각종 생활유물들이 발굴되었는데, 그중에서 가장 주목 받은 유적은 청계천 하류의 오간수문이었다.

오간수문지에서는 남북 32미터에 동서 30미터의 범위에서 양측 교대와 날개부, 4개의 홍예 기초부, 칸의 수문지 등이 발굴되었다. 수문은 지름 10센티미터에 길이 100~150센티미터 정도의 말목으로 조밀하게 지정하고 잡석다짐한 후에 박석을 깔고 홍예 기초와 같은 상부구조 또는 수문부 바닥석을 놓아서 축조한 것으로 밝혀졌다. 홍예 기초부는 두께 80센티미터 정도의 장대석으로 세로쌓기를 하였으며, 부분적으로 가로쌓기를 하여 기초를 튼튼하게 고정시켰다.[3]

유물은 홍예 기초부 주변에서 석수거북 2점과 수문부에서 철문 등이 확인되었다. 특히 수문부 바닥석 틈에서 상평통보를 포함하여 조선시대 동전 600여 개가 꾸러미로 출토되었다. 발굴자의 말에 따르면, "상평통보는 수문을 통해 몰래 도성을 드나드는 것을 막기 위해 만든 쇠창살 아래 흙더미에서 한 꾸러미에 묶인 것처럼 나왔다."라고 한다. 또한 "출토 상태를 볼 때 물에 쓸려온 것 같지는 않고 누군가 오간수문의 '개구멍'으로 도성을 드나들다가 잃어버린 것으로 보인다."라는 말도 덧붙였다.

오간수문은 너비가 5척약 1.5m이나 되었으며, 각 수문마다 쇠창살로 만든 철문이 설치되어 있었다. 이것은 물이 잘 빠져나가도록 함과 동시에 외부에서 이 수문을 통해 사람들이 함부로 드나들지 못하도록 하기 위함이었다. 그럼에도

발굴된 오간수문 기초.
중앙문화재연구원 사진 제공.

복원된 청계천 오간수문. 신희권 촬영.

불구하고 명종 대에 의적義賊으로 알려진 임꺽정이 이 오간수문을 통하여 달아났다는 이야기가 전하는 것으로 보아, 오간수문은 외부인들이 도성을 몰래 드나들 때 이용하던 주요 통로였던 모양이다.

　오간수문을 포함한 청계천 유적을 조사할 당시, 필자는 문화재청에서 서울 지역의 매장문화재 보호관리 업무를 담당하고 있었다. 그래서 오간수문의 발굴현장도 직접 가볼 수 있었다. 당시는 아직 청계천 복개도로를 철거하기 전이었기 때문에 오간수문의 발굴은 복개도로 밑에서 진행하고 있었다. 현장은 두말할 여지없이 악취로 가득했고, 통풍이 되지 않아 눈이 매울 정도로 매캐한 공기가 가득 차 있었다. 이토록 열악한 환경에서 이루어진 발굴이었지만 성과만큼은 최고였다. 기대하지도 않았던 오간수문의 기초가 거의 손상되지 않고 발굴된 것이다.

　발굴된 상태를 놓고 어떻게 처리할지 논란이 일었다. 청계천 복원사업의 시행자 입장에서는 손쉽고 편하게 일을 진행해야만 정해진 기간에 맞추어 사업을 마칠 수 있을 것이다. 그런데 이런 유적이 도중에 발견되면 그야말로 골치 아픈 상황이 된다. 다행히 서울시에서는 발굴된 오간수문을 일반인들에게 최대한 보여주는 방향으로 복원·활용하겠다는 방침을 세웠고, 그러한 계획을 조건으로 이 구간의 사업을 허가한 것으로 기억한다.

'백문이 불여일견'이라고 발굴된 오간수문의 모습을 그대로 보여주기만 하면, 위에서처럼 장황하게 발굴결과를 설명하지 않아도 누구나 쉽게 오간수문의 구조와 기능을 이해할 수 있었을 것이다. 뜻밖에 고무적으로 합의된 결정까지 지켜본 뒤 중국에 유학하고 돌아온 필자는 오간수문의 복원된 모습을 보고 아연실색하지 않을 수 없었다. 조감도에서 보았던 오간수문은 온데간데없고, 오간수교 위에 발굴 당시의 기초 모습을 형상화한 이미지만이 천덕꾸러기처럼 길을 막고 있었다. 대신 오간수문을 복원한 구조물이 다리 동편의 청계천 북쪽 호안에 보란 듯이 놓여 있었다.

현재 오간수문의 원래 자리에는 무심하게 개울물만이 흐르고 있을 뿐이다. 이것이 우리 문화재 복원의 현주소이다. 오간수문에 이어 이간수문까지 잇따라 벌어진 한양도성 흥인지문구간 문화재 복원의 참사는 한동안 반면교사의 대표적 사례로 거론될 것임에 틀림없다. 지금이라도 바로잡을 수 있는 기회가 주어졌으면 하는 바람이 간절하다.

---

1 서울시시설공단 홈페이지(http://www.sisul.or.kr/open_content/cheonggye/intro/history.jsp).
2 주 한성 제3대 이탈리아 영사로 부임한 카를로 로제티(1876~1948)가 1902년 11월부터 1903년 5월까지 7개월간 한성에 머물며 직접 촬영하거나 도판 매입을 통해 수집한 기록으로 총 434매의 도판이 수록되어 있다. 다른 책에서는 보기 힘든 서소문 일대 전경, 종로 전경, 숭례문과 흥인지문, 청계천 오간수문 등 서울의 주요 모습과 당시 서울 시민들의 모습을 생생하게 담고 있다.
3 중앙문화재연구원, 2004, 《서울 청계천 복원구간 내 청계천 유적》.

12장

역사가 들려주는 한양도성의 이력서

동아시아 도성 가이드북, 《주례》〈고공기〉

제품에 설계도와 활용방법을 담은 안내책자가 있듯이, 한양도성을 비롯한 고대 동아시아 도성들을 쌓고 활용하는 데도 《주례周禮》〈고공기考工記〉라는 기본 매뉴얼이 있었다. 《주례》는 《의례儀禮》, 《예기禮記》와 더불어 고대 중국의 예법을 정리한 3책 가운데 하나인데, 주 문공文公이 쓴 것으로 알려져 있었다. 그러나 현재는 전국시대戰國時代 어느 시점에 서주西周 초기의 이상 국가를 모델로 하여 편찬된 것으로 보는 경향이 우세하다.

이 책은 나라를 통치하는 데 필요한 분야를 천관天官·지관地官·춘관春官·하관夏官·추관秋官·동관冬官이라는 6편으로 나눈 뒤, 각각의 분야에서 다루어야 할 내용을 상세하게 정리해 놓았다. 천관에서는 통치 일반을, 지관에서는 교육제도를, 춘관에서는 사회·종교제도를, 하관에서는 군사제도를, 추관에서는 법무를, 동관에서는 인구·영토·농업·토목공사 등을 구체적으로 다루고 있다.

남산을 향해 흐르는 한양도성 인왕산구간 성벽. 이호준 촬영.

이상의 6개 편 가운데 마지막 동관은 〈고공기〉란 이름으로 더 유명한데, 이 동관은 원래 《주례》〈동관〉의 사라진 부분을 한나라 무제 대에 하간헌황 유덕 劉德이 보충한 것으로 알려져 있다. 이 부분은 춘추시대春秋時代 말기 제齊나라의 관서官書인 〈고공기〉에서 그 이름을 따온 것으로 추정되는데, 지금까지의 연구결과에 따르면 선진先秦 시기의 수공업 기술이 기록되어 있었던 것으로 알려져 있다. 이러한 연유로 《주례》의 일부가 된 〈고공기〉는 궁실건축을 비롯해 수레·병기·악기 등의 제작기술을 상세히 언급한 고대 과학기술 문헌이다. 특히 조선 건국에 기여한 정도전鄭道傳은 《조선경국전朝鮮經國典》을 편찬하면서 《주례》의 6관제도六官制度를 기본 모델로 하여 조선 왕조의 통치규범을 제시

《주례》〈고공기〉 좌조우사의 원칙에 따라 임금이 남쪽을 바라보는 방향을 기준으로 왼쪽에 배치된 종묘 정전. 이호준 촬영.

했다. 이렇게 《주례》는 조선은 물론 동아시아 전체의 사상적 기반이 된 유교이념의 교과서 격으로 인식되었다. 그러면 《주례》〈고공기〉에 도성을 쌓고 활용하는 원리가 어떻게 설명되어 있는지 구체적으로 살펴보자.

도성 건설 및 궁궐 축조 원칙과 관련하여 가장 익숙하게 들었음직한 원리는 좌조우사左朝右社와 면조후시面朝後市가 아닐까 싶다. 이러한 원칙이 들어있는 〈고공기〉 구절은 "匠人營國장인영국, 方九里방구리, 旁三門방삼문. 國中九經九緯국중구경구위, 經涂九軌경도구궤, 左祖右社좌조우사, 面朝後市면조후시, 市朝一夫시조일부"이다. 이를 번역하면 "장인이 나라도성를 건설할 때는 사방을 9리로 하고 각 면마다 3문을 둔다. 성 안혹은 성 안의 도로은 9경經과 9위緯로 하고, 경의 도로는 9궤軌, 수레바퀴로 한다. 왼쪽에 종묘, 오른쪽에 사직, 앞에 조정, 뒤에 시장을 둔다. 시장과 조정은 1부夫, 사방 100보로 한다."라는 뜻이다.

여기서 왼쪽에 종묘를 두고 오른쪽에 사직을 둔다는 구절은, 남쪽을 바라보고 있는 임금의 관점에서 왼쪽과 오른쪽을 가리킨다. 그러므로 임금이 경복궁에 앉아 광화문을 바라보는 것을 기준으로 왼편인 동쪽에 종묘가, 오른편인 서쪽에 사직이 위치한다고 보면 된다. 그리고 궁궐과 시장의 위치도 정해 두었는데, 궁궐을 앞에 두고 시장은 궁궐의 뒤쪽에 설치하는 것이 이상적이라고 보았다.

도성 건설 및 궁궐 축조 원칙을 알아본 김에 궁궐 배치 원칙도 함께 살펴보자. 〈고공기〉의 다른 구절에는 궁궐을 외조外朝·치조治朝·연조燕朝의 3조로 나누고, 각각의 남쪽에 고문皋門·치문治門 혹은 응문應門·노문路門이라는 3문을 두도록 하고 있다. 여기서 나온 원리가 바로 3문 3조3門 3朝 원칙이다. 이를 조선 건국 초기에 조영된 경복궁에 대입해 보면, 경복궁의 고문은 광화문, 치문은 근정문, 노문은 향오문이 된다. 따라서 광화문과 근정문 사이 권역이 외조, 근정문과 향오문 사이 권역이 왕이 신하들과 더불어 정치를 행하는 치조, 향오문 북쪽의 강녕전 및 교태전 권역이 왕실가족의 생활공간인 연조가 되는 셈이다. 궁궐 전면에 조정을, 후면에 침전을 배치하는 전조후침前朝後寢의 원칙도 바로 이러한 배치 원칙에서 나온 것이다.

사람의 설계와 자연의 산세가 합작해 만든 한양도성

이제 도성의 형태를 살펴보자. 《주례》〈고공기〉에서는 사방을 9리 약 3.5km 로 하고, 각 변에 3문을 두도록 하였다. 사방이 9리라는 의미는 도성의 형태를 9리 규모의 네모반듯한 방형으로 만들라는 뜻이다. 물론 방형으로 된 도성의 중앙에는 네모반듯한 형태의 궁궐을 두어야 한다. 그리고 각 변에는 도성을 3등분하는 대문을 설치해야 하며 문에 연결되는 도로를 건설하여야 한다. 즉 당시에는 방형으로 된 도성 정중앙에 방형의 궁궐을 세우고, 사방에 3개씩 총 12개의 문을 만들어 도로로 연결하는 것이 가장 이상적인 도성의 형태라고 본 것이다.

그렇다면 한양도성은 어떠한가? 백악산·낙산·목멱산·인왕산이라는 네 개의 산을 연결하여 쌓은 탓에 도성을 방형으로 건설하는 것은 불가능하였다. 사방의 산을 연결하다 보니 전체적으로는 방형에 가까운 형태를 띠고 있었지만, 중국과 달리 자연지형을 그대로 이용한 탓에 다소 불규칙한 모습을 띨 수밖에 없었다. 또한 각 변의 지형적 특징을 반영하여 백성들이 지나다니기 수월하도록 문을 세우다 보니, 자연스레 고갯길 위주로 문이 만들어졌다. 문의 개수 또한 사방에 대문 한 개와 소문 한 개씩 총 여덟 개의 문을 두게 되었는데, 이 역시 중국과는 다른 한양도성만의 특징 가운데 하나이다.

이중환은 《택리지擇里志》에서 한양도성의 산세와 축조방식에 다음과 같은 문제가 있음을 지적하였다.

"외성外城을 쌓으려 하였으나, 성 둘레의 경계를 결정하지 못하고 있었다. 그러던 어느 날 밤에 큰 눈이 내렸는데, 바깥쪽에만 눈이 쌓이고 안쪽에는 눈이 녹아 버렸다. 태조가 이상하게 여겨, 눈을 따라 성터를 정하라고 명하였으니 이것이 바로 지금의 성 모양이다. 비록 산세를 따라 성을 쌓은 것이지만, 정동방과 서남쪽이 낮고 허하다. 또한 성 위에 작은 담을 쌓지 않고, 호壕, 해자도 파지 않았다. 그리하여 임진년과 병자년 두 난리 때에 모두 지켜내지 못하였다."

이처럼 조선 초기에 건설된 한양도성은 건설 당시의 상황에 따라 도성의 형태와 산세 등이 결정되었다. 그러나 도성의 규모를 축소해서 잡다 보니 성의 모습이 반듯하지 않았고, 특히 동쪽 산세는 다른 쪽에 비해 낮아 대칭을 이루지 못하고 비뚤어지게 되었다. 시간이 흘러 도성의 인구가 늘면서 도성의 면적을 넓혀야 한다는 주장이 제기되었지만 실현되지 못했고, 결과적으로 도성의 영역이 성 바깥으로까지 확장되는 결과를 가져왔다.[1]

조선 후기에 이르러 한양의 영역은 내사산의 경계를 넘어 훨씬 넓어지기 시작하였는데, 오늘날에는 내사산 외곽의 외사산外四山, 삼각산·덕양산·관악산·용마산이 감싸 안는 범위 안에서 인구 1,000만에 달하는 거대도시 서울이 되었다. 그런데 사실은 조선 초기 태조 대에서 태종 대에 이르는 한양의 도시입지 선정 결과가 오늘날 서울의 공간적 한계를 결정하였고, 나아가 도시의 기본구조를 형성하는 데까지 큰 영향을 미쳤다고 볼 수 있다. 다시 말하면 오늘날 서울의 도시구조와 그 형태의 밑바탕은 이미 600년 전 조선시대에 결정되었다고 해도

서울시 서대문구 안산에서 바라본 인왕산(중앙)과 백악산(우측).
내사산 가운데 한 자리씩을 차지하는 두 산 뒤로 외사산의 하나인 삼각산이 보인다. 이호준 촬영.

과언이 아니다.²

비록 한양도성의 입지와 형태, 도성의 구조가 중국에서 제시한 이상적인 모습과는 다소 거리가 있지만, 그렇다고 해서 중국적 관념과 이상에서 완전히 탈피한 것이라고도 볼 수 없다. 한양도성은 당시 중국이라는 대국이《주례》라는 책을 통해 표방한 유교이념과 통치원리를 바탕으로 한양이 가진 지형적 특성을 반영하여 최선의 결과물로 탄생시킨 것이다. 즉 이전부터 전해 내려오던 고유의 풍수지리사상과 조선의 건국이념이었던 유교사상이 절묘하게 결합된 독창적 결과물이 바로 한양도성이다.

포기할 수 없는 좌조우사의 원칙

조선 건국 초기에 완성된 경복궁·종묘·사직단의 위치를 보면, 좌조우사의 원칙에 맞게 배치되어 있음을 알 수 있다. 다만 그 위치는 〈고공기〉에서 요구하는 형식과는 거리가 있는데, 우선 경복궁의 위치부터가 그러하다. 경복궁은 서쪽으로 약간 치우쳐 있는 데다 북쪽의 백악산 바로 아래에 자리 잡고 있어서, 한양도성 전체를 놓고 보면 서북쪽 모서리쯤에 위치해 있다. 신생 국가를 대표하는 정궁正宮이지만 한쪽으로 치우친 지점에 자리한 것이다.

궁궐 바깥에서 광화문을 향해 서면, 종묘는 경복궁의 동쪽 구릉인 응봉 자락의 말단 평지에 조성되어 있고 사직단은 경복궁 서쪽의 인왕산 아래에 자리 잡고 있다. 결과적으로 좌조우사의 원칙을 따르면서도 지형적 요소를 고려해 배치한 것으로 볼 수 있다.

좌조우사와 더불어 또 하나의 중요한 도성 건설 원칙 가운데 하나는 면조후시面朝後市 원칙이다. 전조후시前朝後市라고도 하는 이 원칙은 궁궐을 중심으로 행정부서에 해당하는 조정朝廷은 앞쪽에 두고, 상품을 생산하고 교역하는 시장市場은 뒤쪽에 둔다는 것이다. 그러나 당시 좌조우사의 원칙보다는 엄격

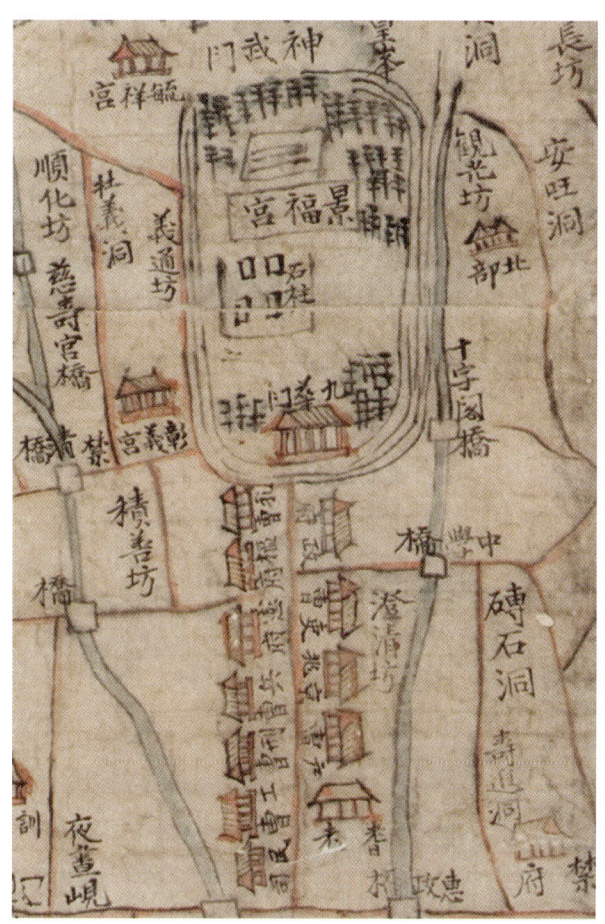

〈한양도〉의 육조거리. 경복궁 앞에 의정부를 비롯해 육조가 차례로 자리 잡고 있다. 서울역사박물관 소장.

하게 지켜지지 못했던 것으로 보인다. 궁궐을 중앙에 배치한다면 모를까, 궁궐이 도성의 북쪽에 위치할 경우에는 시장을 그 북쪽에 둔다는 것이 사실상 불가능하다. 우리나라처럼 배산임수의 위치를 선호하는 경우에는 더욱 그러하다.

조선시대의 경우에도 마찬가지였다. 경복궁 앞 좌우에는 의정부와 육조의 관청을 두었다. 궁궐 앞쪽에 관청을 배치함으로써 면조후시 가운데 '면조'의 원칙을 제대로 지킨 것이다. 그러나 진산인 백악산을 뒤로 하고 산자락 아래에 경복궁을 건설한 탓에, 궁궐의 뒤쪽에 시장을 두는 원칙은 지킬 수가 없었다.

만약 이 원칙대로라면 시장은 백악산 중턱에나 만들어야 할 것이다. 따라서 어쩔 수 없이 경복궁의 뒤쪽이 아니라 관청의 앞길에 해당하는 종로의 양편으로 시전을 두었다. 이러한 점 또한 철저하게 인위적으로 도성 배치를 실현한 중국식 도성제와 달리, 자연 친화적으로 도성을 건설한 우리나라만의 독창성이라 할 수 있다.

사실 중국 땅에서 명멸한 역대 왕조를 통틀어 봐도 《주례》의 〈고공기〉와 같은 도성 조영 원리를 충실히 반영한 경우는 그다지 많지 않다. 시간적으로는 〈고공기〉를 보완·기술한 한나라의 장안성長安城이 도성 조영 원리의 여러 가지 요소를 충족하고 있던 것으로 보인다. 장안성은 방형에 가까운 평면 형태를 띠고 있었고, 도성 안에는 장락궁·미앙궁 등 여러 개의 궁궐이 있었다. 당시의 종묘는 남쪽의 도성 외곽에 위치하였고, 시장은 궁궐 뒤편의 동서 양쪽에 동시東市와 서시西市로 조성되어 왕실에 수공업품을 공급했다. 또한 4면에 각각 3개씩 도합 12개의 문을 전형적으로 배치했는데, 이러한 도성은 장안성이 유일한 것으로 알려져 있다.

한양은 도성 축조 시작부터 〈고공기〉에서 표방한 도성 조영 원리를 충실히 따르고자 하였다. 다만 한양이라는 도시의 지형적 특징과 풍수지리사상 등 조선시대 사람들의 관념이 중국의 그것과는 차이가 있었기 때문에, 〈고공기〉의 원칙을 가급적 준용하되 한국적인 도시로 재탄생시킨 것으로 보는 게 적절하다.

세계유산으로 나아가는 한양도성

역사적으로 도성은 대내외적으로 중요한 역할을 담당했다. 먼저 내부적으로는 왕권의 위엄과 국가 권위를 온 백성에게 보여줌으로써, 사회신분 구조와 통치체제의 안정을 꾀하는 데 기여했다. 또한 대외적으로는 외적의 침입이나 공격을 막아내어 국토를 지키는 구조물로서, 나라의 안정 및 주권을 지키는 상징이었다.

이외에도 도성은 백성들의 삶에 지대한 영향을 미쳤고, 도성 안팎에서 살아가는 사람들이 삶을 영위해 가는 중요한 공간이었다. 특히 성문이 굳게 닫혀 있을 때는 하늘과 같은 임금님과 왕실가족이 살아가는 특별한 곳으로 인식되었고, 열려 있을 때는 온갖 신분의 사람들이 한데 얽혀 살아가는 역동적인 공간으로 기능하였다. 즉 도성의 안과 밖을 엄격하게 구분하는 경계의 의미와 더불어, 생계를 위한 물물교환의 장소이자 만남과 헤어짐이 공존하는 장소였다. 또한 수지맞는 장사를 하고 나서 주모에게 호기를 부리며 걸쭉한 막걸리 한 사발을 들이키던 백성 모두를 위한 소통의 무대가 바로 도성의 성문이었다.

이처럼 한양도성이 가지고 있는 의미가 남다르기에 그 가치를 세계인과 공유하고자 야심차게 2016년 세계유산 등재를 신청하였다. 세계유산으로 등재되기 위해 가장 중요한 것은 신청한 유산이 세계유산이 되기 위한 '탁월한 보편적 가치Outstanding Universal Value'를 충족하고 있는지의 여부이다. 당시 우리가 내세운 한양도성의 가치는 다음과 같다.

첫째, 한양도성은 고구려의 평양성과 고려 개경의 전통을 이어받아 완성된 독창적인 도성으로서, 전통적인 한국식 도성제의 형식을 갖추고 있다. 구조적으로는 평지성과 산성이 결합된 포곡식 성곽이라 할 수 있으며, 도성 내에 궁궐과 종묘·사직, 관청시설과 시장, 민간 주거지를 포함하고 있는 대규모 성곽유산이다.

둘째, 한양도성은 성문의 문루와 성벽의 원형이 잘 남아 있어서 축조 당시의 도성 형식을 확인할 수 있다. 전체 길이가 약 18.6킬로미터로서 세계 여러 나라의 수도에 남아 있는 성곽유산 가운데 규모가 가장 크다. 현재 약 12.8킬로미터의 성벽이 원래의 모습 또는 복원된 상태로 보존되어 있으며, 지상에 드러나 있지 않다 해도 성벽의 기초만큼은 지하에 남아 있다. 또한 한양도성은 조선 왕조의 수도로서 500여 년 동안 도성의 형태와 기능을 유지해 왔는데, 이는

인왕산 정상 부근에서 바라본 서울 전경. 이호준 촬영.

동시대 동아시아에서 가장 오래 지속된 것이다. 그 덕에 여러 왕들에 의해 여러 차례 개축된 다양한 축조형태와 기법이 상세한 수리기록과 함께 실물 유적으로 양호하게 남아 있다.

셋째, 한양도성은 고유한 풍수지리설을 바탕으로 자연지형과 지세를 충분히 고려하여 입지가 결정되었으며, 내사산의 능선을 연결하는 방식으로 축조되었다. 바깥쪽은 돌을 수직에 가깝게 쌓아올리고, 성벽 안쪽에는 흙을 차곡차곡 다져 쌓은 거대한 토목 구조물이다. 그리고 한양도성은 형태적으로나 사람들의 인식 속에 도성의 안과 밖을 구분하는 경계로서, 내사산과 하나가 된 특별한 의미를 가지고 있다. 당시 한양도성이 허물어지지 않도록 내사산의 지형을 잘 보존해 왔으며, 도성 안의 하천시설을 유지하기 위하여 내사산의 수종 등을 지속적으로 관리해 왔다. 이렇듯 한양도성은 자연 지세에 따라 지형을 잘 활용하면서 축조되었기 때문에, 내사산의 굴곡은 물론이고 도성 안팎에 자리한 뛰어난 도시경관을 보여주는 유산이라 할 만하다.

넷째, 초축 당시 전국 각 지역 백성들이 공역을 분담해 전체 성벽을 축조했는데, 구간마다 축조에 참여한 감독관과 장인들의 이름을 새겨 성벽 축조에 대한 책임을 지도록 하였다. 또한 조선에서 대한제국으로 이어진 518년 동안 많은 문인들이 신앙·의례·문예·놀이의 장소였던 한양도성을 찾아 문루건축과 성벽 등을 주제로 문학작품을 썼고, 여러 예술가들이 도성풍경을 대상으로 많은 회화작품을 남기기도 하였다.[3]

하지만 안타깝게도 유네스코 세계문화유산 자문기구인 이코모스 전문가들은 한양도성의 탁월한 보편적 가치가 명확하지 않다는 이유로 세계유산 등재 반려를 권고해 왔고, 우리 정부가 이를 받아들여 스스로 등재 신청을 철회하고 새롭게 보완작업을 벌이고 있다. 그러나 세계유산 등재 여부와 무관하게, 한양도성은 그 가치를 알아보는 모두에게 사랑받게 될 것이라 확신한다.

---

1 장지연, 2012, 〈풍수 및 입지관을 통해 본 서울 한양도성〉, 《서울 한양도성(서울성곽) 유네스코 세계유산 잠정목록 등재를 위한 학술연구》, 서울특별시.
2 이상구, 2012, 〈서울 한양도성의 지형과 도성구조〉, 《서울 한양도성(서울성곽) 유네스코 세계유산 잠정목록 등재를 위한 학술연구》, 서울특별시.
3 서울특별시, 2012, 《서울 한양도성(서울성곽) 유네스코 세계유산 잠정목록 등재를 위한 학술연구》.
   이상해, 2013, 〈서울 한양도성의 세계유산적 가치〉, 《역사도시와 도시성곽》, 제1차 한양도성 국제학술회의, 서울특별시.

4부

13장__조선의 통신을 지휘하던 남산 봉수대

14장__남주작 남산의 뒤바뀐 운명

15장__남산이 품었던 남소문과 성저십리

16장__유적의 두 얼굴, 보존과 활용

남산구간 : 가슴 아픈 우리 역사의 무대

13장
조선의 통신을 지휘하던
남산 봉수대

서울의 상징이 된 한양도성의 남쪽 명승지

요즘은 사랑의 자물쇠를 채우려는 연인들과 외국 관광객들의 필수 여행코스가 된 남산이지만, 1980년대까지만 해도 남산은 서울을 찾은 시골사람들이 너도나도 들러 추억을 남기던 곳이었다. 이곳에는 서울 어느 곳에 있어도 눈에 들어오는 N서울타워 남산타워가 있는데, 이 때문에 사람들은 이 타워를 서울의 랜드마크 Landmark, 지역을 대표하는 곳라 부른다.

남산을 만나려면 한양도성을 벗 삼아 구불구불한 길을 걸어오를 수도 있고 셔틀버스를 타고 시원하게 달려갈 수도 있다. 여기에 케이블카를 타고 바람을 가르며 날아오르는 방법도 있으니, 계절에 따라 마음 내키는 대로 선택하면 된다. 남산 정상에 우뚝 선 N서울타워에 오르면 또 다른 선물이 기다리고 있는데, 사방으로 열린 서울 시내의 시원한 모습은 볼 때마다 눈부시다. 손만 뻗으면 닿을 듯한 백악산과 경복궁이 앞으로 나란히 하고, 고층빌딩들이 청소년처럼 쑥쑥 자란다.

필자가 어릴 때만 해도 노을에 물든 인천 앞바다도 훤히 보일 정도로 공기

낙산 정상에서 바라본 남산과 N서울타워. 이호준 촬영.

가 맑았다. 여의도 63빌딩과 N서울타워를 번갈아 바라보며, 누가 더 키가 큰지 눈대중으로 재어보며 놀던 아련한 추억이 있다. 지금은 뿌연 스모그와 미세먼지 때문에 남산에 올라도 서해바다를 만나기가 만만치 않다. 이 때문일까? 요즘은 하루가 다르게 영역을 확장하는 빌딩숲을 바라보며 커피 한 잔의 여유를 즐기는 게 유일한 낙이 되어버렸다.

지금은 N서울타워로 더 잘 알려진 남산이지만, 조선시대에 남산은 한양도성의 진산인 백악산의 안산案山이자 남쪽에 자리한 주작朱雀으로 내사산 가운데 하나였다. 남산은 동서 길이가 2.7킬로미터에 남북 길이가 2.1킬로미터이며, 행정구역으로는 서울시 중구와 용산구에 걸쳐 있다. 해발 고도 265미터의 남산은 서울 중심부에 위치하며, 정상에는 서울의 상징이 된 N서울타워가 있다. 100만 세제곱미터가 넘는 남산 전체가 공원으로 조성되어, 지금도 서울 시민의 대표적인 휴식처로 사랑 받고 있다.

남산은 두 개의 높다란 봉우리가 이루는 동서 방향의 주능선과, 이 주능선

남산에서 바라본 근대의 서울 중심가. 조선시대에도 이곳은 최고의 전망명소였을 것이다. 본 저작물은 국립민속박물관에서 공공누리 제1유형으로 개방한 '사진엽서[기증자 : 다카하시 요시미(高橋昌未)]'를 이용하였으며, 해당 저작물은 국립민속박물관의 http://www.nfm.go.kr/Data/colSd_new.jsp에서 무료로 다운받으실 수 있습니다.

에서 남북 방향으로 뻗어 내린 네 개의 가지능선으로 이루어져 있다. 북쪽으로는 동봉東峯의 가지능선이 동국대학교 방면으로 달려가고, 서봉西峯의 가지능선은 남쪽의 용산 일대로 뻗어나간다. 동쪽은 반얀트리호텔에서 신당동 방면의 야트막한 구릉으로 이어지고, 서쪽으로는 잠두봉이 우뚝 솟았다가 숭례문 주변에서 평지를 이룬다. 남산 정상에 오르면 북쪽으로 서울 시가지가 한눈에 들어오고, 동·서·남 세 방향으로는 경기도 양주·광주·시흥·김포 일대의 산과 평야가 눈 아래 들어오기 때문에 군사적 요충지이자 뛰어난 경관을 자랑하는 곳으로 유명하다.[1]

한양도성을 둘러싼 내사산이 대부분 경사가 급할 뿐만 아니라 석산石山인데 비해, 남산은 산림이 울창하고 등반길이 가파르지 않아 예로부터 시민들의 유람처가 되어 왔다. 주능선이 동서 방향으로 잘 발달되어 있기 때문에 남산의 계곡은 남북 방향으로 발달하였다. 특히 한양도성 안쪽으로 흐르는 계곡들은 경치가 아름다워 좋은 구경거리가 되었다. 덕분에 남산의 풍광을 노래한 많은 명사·문인들의 시와 글이 전한다.

세종 대의 문인 교은郊隱 정이오鄭以吾는 〈남산팔영南山八詠〉을 통해 남산에서 바라보는 한양의 풍경과 관등놀이 등 세시풍속을 노래하였다. 또한 성종 대의 문호인 사가정四佳亭 서거정과 사숙재私淑齋 강희맹도 한양도성에서 계절별로 자연과 벗 삼아 벌어졌던 열 가지 풍경을 노래한 〈한도십영漢都十詠〉에서 '남산에서 꽃구경하기목멱상화木覓賞花'를 빼놓지 않았다. 이처럼 남산은 한양도성에서 손꼽히는 자연경관이자 도성민들과 긴밀하게 연결된 삶의 공간이었다.[2]

나라의 중요한 제사터였던 남산

1394년 조선왕조는 한양으로 천도하면서 진산인 백악산 남쪽에 있는 산을 남산南山이라 부르게 되었는데, 그때부터 이 산의 이름은 남산으로 굳어지게 되었다. 천년 고도 경주의 남쪽에 위치한 산도 남산이라고 부르는 것을 보면 쉽게 이해가 될 것이다. 한양에 도읍을 정할 때, 남산은 풍수지리상 궁궐의 남쪽에 있는 이상적인 안산이었다. 조봉祖峯인 삼각산은 물론이고 진산인 백악산까지 모두 백색 화강암으로 이루어진 바위산인 데 반해, 남산은 봉우리가 뾰족하지 않고 나무로 뒤덮여 있어서 부드럽고 아늑한 느낌을 준다. 남산의 이 부드러운 지세는 한양이 다른 쟁쟁한 후보자들을 물리치고 조선의 도읍이 되는 데 큰 영향을 미친 것으로 보인다.

남산의 이름은 이외에도 여러 가지가 있는데, 나라의 평안을 빌기 위한 목멱신사木覓神祠, 국사당가 있어서 그 이름을 딴 목멱산木覓山이 대표적이다. 개성에 있던 도읍을 끌어왔다고 해서 붙은 인경산引京山이라는 이름도 있고, 경사스런 일들을 영원토록 이끌어오길 바라는 염원을 담은 인경산引慶山이란 이름

남산 정상 부근의 목멱신사(국사당)가 있던 자리.
이호준 촬영.

도 전한다. 또 변방의 봉화신호가 도달하는 가장 남쪽의 산이라고 해서 종남산終南山이라 불리기도 했고, 남쪽을 뜻하는 순우리말 '마'에서 따온 '마뫼'라는 이름도 있었다.

남산은 한양도성에서 백악산과 더불어 가장 중요한 의례공간이었다. 태조 4년1395 12월 국가에서는 한양의 북산인 백악산신白嶽山神을 진국백鎭國伯으로 삼고, 안산인 남산을 목멱대왕木覓大王으로 삼아 제사를 받들게 하였다. 이에 따라 남산에서는 기우제·기은제祈恩祭·별기은제別祈恩祭 등의 의례가 행해졌다.

남산 꼭대기에는 목멱신사가 있어서 해마다 봄과 가을로 초제醮祭가 이루어졌다. 목멱신사는 나라에서 제사지내는 사당이라 하여 일명 국사당國師堂이라고도 하였다. 국사당은 원래 지금의 남산팔각정이 있는 곳에 서남향으로 지어져 한강을 바라보도록 하였다고 한다. 하지만 1925년 일제가 남산에 조선신궁을 지으면서 서대문구 현저동 산1번지 인왕산 자락으로 이전시켰다. 남산 국사당에는 고려 말기에 친원파를 숙청하며 나라의 중흥을 모색했던 공민왕을 비롯해, 정도전과 조선의 진산을 놓고 한판 대결을 벌였던 무학대사가 모셔져 있었다. 또한 의상·나옹·지공 같은 신라와 고려 때 고승들의 상은 물론이

남산에 있다가 일제에 의해 인왕산으로 옮겨진 국사당. 이호준 촬영.

고, 맹인 및 여자아이의 상도 모셨다고 한다. 조선 조정은 민간의 제사를 금했지만, 국사당을 찾는 백성들의 기도가 끊이질 않아 조정에서도 막지 못했다고 한다.[3]

이렇듯 한양이 조선의 도읍이 되면서, 남산은 뛰어난 경관으로 인해 도성민들의 놀이터가 되었다. 또한 조정에서는 남산에 국사당을 지은 것은 물론이고, 통신을 위해 봉수대烽燧臺도 세웠다. 서울의 진산인 삼각산의 대표 사찰 가운데 하나인 승가사僧伽寺에서 바라본 가장 아름다운 여덟 풍광을 승가팔경僧伽八景이라 하는데, 그중 하나가 남산에서 피어오르는 봉화의 모습을 보는 것이었다. 전쟁으로부터 국가를 보호하기 위한 시설마저도 절경으로 바라본 조상들의 여유가 특별하게 다가온다.

삼국시대의 전통을 계승한 남산의 봉화

봉수烽燧는 횃불과 연기를 이용하여 급한 소식을 전하던 통신수단을 말한다. 우리 역사에서 봉수에 대한 기록은 삼국시대부터 등장하는데,《삼국유사》〈가락국기〉에 잘 나타난다.

> 홀연히 바다 서남쪽에서 붉은 빛의 돛을 달고 붉은 기를 휘날리며 북쪽을 향하여 오는 배가 있었다. 유천留天 등이 먼저 망산도望山島에서 횃불을 드니 앞을 다투어 하륙下陸하였다.

여기서 유천 등이 들어올린 횃불이 바로 봉화로 보인다. 또한《삼국사기》〈백제본기〉온조왕 10년조에 등장하는 봉현烽峴이란 지명과, 고이왕 33년조에 나오는 신라의 봉산성烽山城이란 지명 등도 봉수와 충분히 연관 지을 수 있다. 이러한 기록으로 미루어 보건대 우리나라 봉수제도의 연원은 삼국시대까지 거슬러 올라간다고 생각한다.

그러나 본격적인 봉수 사용의 증거는 고려시대부터 나온다. 고려 18대 황제 의종은 재위 3년1149에 봉수의 거화炬火 수를 규정하였고, 봉수군을 배치하여 그들에게 평전平田 1결씩을 주어 봉수업무만 전담할 수 있도록 생활대책을 마련해 주었다고 한다. 이렇게 볼 때 이 시점부터 봉수제에 대한 확실한 체계가 수립되었음을 알 수 있다. 그 뒤 원나라의 침입으로 봉수제도가 사실상 무너졌다가, 충정왕 3년1351에 중앙 봉수의 역할을 하는 봉수소烽燧所를 설치하는 등 재정비가 이루어졌다.

조선시대는 봉수제도가 가장 잘 갖추어진 시기이다. 조선 초기 태종 대부터 봉수제도가 시행되었는데, 세종 대에 이르러 시설·관장·요원 등 모든 분야에 걸쳐 봉수망을 유기적으로 정비하였다. 그 뒤 성종 대에《경국대전》이 완성되면서 봉수제도 또한 완성된 것으로 볼 수 있다. 이후 임진왜란과 병자호란이라는 국가적 위기를 연거푸 겪으며 그 명맥을 겨우 이어가다가, 1895년 갑오개혁의 와중에 마침내 폐지되고 만다.

봉수는 먼 곳까지 바라볼 수 있는 산의 정상에 설치하여, 밤에는 횃불烽을 올리고 낮에는 연기燧를 피워 신호를 주고받는 방식으로 운영되었다. 조선시대의 봉수는 그 역할에 따라 전국의 봉수가 집결하는 서울 남산의 경봉수京烽燧, 해륙·변경에 위치하여 연대煙臺라고 불린 연변봉수沿邊烽燧, 경봉수와 연변봉수를 연결하는 것으로 수가 가장 많은 내지봉수內地烽燧로 구분되었다.

《경국대전》에 의하면 봉수의 전달은 정세의 완급에 따라 달라졌는데, 이전에 육지와 해상을 구분하여 달리 신호하였던 것을 하나의 기준으로 통합했다고 한다. 즉 평상시에는 한 홰를 들어 무사한 것을 알리고, 왜적이 해상에 나타나거나 북방의 적이 국경에 나타나면 두 홰, 왜적이 해안에 접근에 오거나 변경 가까이에 오면 세 홰, 왜적과 교전이 벌어지거나 북쪽의 적이 국경을 범하면 네 홰, 왜적이 뭍에 상륙하거나 국경에 침범한 적과 전투를 하게 되면 다섯 홰를 들어서 긴박한 상황을 알렸다. 때때로 구름·안개·비바람이 심하여 연기나 불로 신호하는 것이 불가능할 경우에는 총포나 나팔소리로 근방의 주민과 군인에게 급보를 알려서 봉수군烽燧軍이 다음 봉수대까지 직접 달려가서 보고하도록 하였다.[4]

전국의 봉수들을 거느린 남산 봉수대

남산 봉수대는 전국의 봉수가 도달하게 되는 중앙 봉수대로서 전국 각지의 경보를 병조兵曹에 종합 보고하는 중요한 역할을 담당하던 곳이다. 세종은 재위 5년1423 2월 병조의 주청을 받아들여 한성부로 하여금 목멱산에 봉수를 설치할 것을 명했다. 이것이 바로 한양도성 최초의 봉수인데, 남산의 옛 이름을 따서 목멱산 봉수대라 하기도 하고 서울에 있다고 하여 경봉수대라 부르기도

남산 봉수대. 신희권 촬영.

하였다.

《조선왕조실록》에는 세종 대에 설치한 경봉수의 지명과 내력에 대해 자세히 기록되어 있다. 명철방明哲坊 동원령洞源嶺에 있는 제1봉화는 양주 아차산 봉화와 대응해 함길도 및 강원도에서 오게 하였다. 또한 성명방誠明坊 동원령에 있는 제2봉화는 광주 천천穿川의 봉화와 대응해 경상도에서 오고, 훈도방薰陶坊의 동원령에 있는 제3봉화는 무악산 동쪽 봉우리의 봉화와 대응해 평안도에서 오게 된다. 명례방明禮坊의 동원령에 있는 제4봉화는 무악산 서쪽 봉우리의 봉화와 대응해 평안도와 황해도의 바닷길로 오고, 호현방好賢坊의 동원령에 있는 제5봉화는 양천 개화봉의 봉화와 대응해 충청도와 전라도의 바닷길로 오게 된다.

목멱산에 설치한 봉수는 동쪽에서 서쪽으로 제1봉에서 제5봉까지 모두 5개소가 있었는데, 지금의 서울시 중구 남산 산록에 위치한 남대문5가·회현동·예장동·장충동 등에 해당하는 곳이다. 지리적으로는 남산 동록의 동국대

남산 봉수대에서 바라본 서울도심. 이호준 촬영.

학교와 국립극장 뒤편에서 서쪽의 남산 케이블카가 설치된 잠두봉에 이르는 남산 줄기에 설치되었다고 볼 수 있다.[5]

남산 봉수대를 관장하는 부서는 병조의 무비사武備司였는데, 봉수대에는 봉수군과 감고監考를 두었다. 봉수군으로는 봉수대 근처에 거주하는 군사 4명과 오장 2명을 배속시켰다. 하지만 임진왜란과 병자호란 등의 국난에서 남산 봉수대가 제 기능을 발휘하지 못하면서, 선조는 재위 30년인 1597년에 봉수대의 대체수단으로 파발제를 도입했다. 이 때문에 봉수의 효용성이 크게 반감되었지만 근대 통신망이 갖춰진 1895년까지는 명맥을 이어갔다.

봉수가 통신수단으로서의 역할을 마치고 은퇴하긴 했지만, 남산 봉수대에는 1930년대까지 5개의 봉수지가 남아 있었다고 전한다. 하지만 이마저도 한국전쟁을 거치며 파괴되었다.[6]

중앙 봉수대가 사라져버린 아쉬움을 달래기 위해 서울시는 1992년 〈남산 제 모습 가꾸기 기본계획〉을 세워 5개 봉수지의 위치를 추정한 뒤 1993년 한양 정도 600년을 기념하여 제3봉수대를 복원했다. 남산 봉수대는 기록이 제대로 남아 있지 않아 정확한 위치를 확인할 수 없었지만, 서울시는 시 문화재위원 등 전문가의 자문과 〈청구도靑丘圖〉 등 관련 자료를 종합하여 봉수대를 복원했다.

제3봉수대는 다섯 곳의 봉수 추정지점 중에서 가운데에 위치하며 해발고도가 가장 높은 곳에 자리 잡고 있어서, 그곳에 서면 서울 전경이 한눈에 들어온다. 서울시는 남산 팔각정 서북쪽에 자리한 32평의 부지에 제3봉수대를 조성하면서, 높이 3.2미터에 지름 1.85미터짜리 봉화대 5개를 설치하였다. 제3봉수대 주변에는 길이 28미터에 높이 1.35미터의 담장을 세웠고, 길이 31.6미터에 높이 2.2~7.5미터의 석축으로 감쌌다. 제3봉수대를 복원한 서울시는 같은 해 9월에 원래 봉수대가 있던 곳을 기리기 위해 '목멱산 봉수대 터'라는 이름을 붙이고 서울시 기념물 제14호로 지정하였다.

서울시는 제3봉수대를 복원한 후 나머지 봉수대의 정확한 위치를 확인하기 위해 2007년 서울역사박물관에서 이 일대에 대한 지표조사를 실시했다. 2008년에는 지표조사를 바탕으로 봉수대 추정지점에 대한 발굴조사를 진행하였는데, 발굴조사의 목적은 사라진 중앙 봉수대의 실체를 고증하고 남산유적 정비의 기초자료를 확보하는 데 있었다. 또한 향후 관광자원과 교육 자료로 활용하기 위한 학술자료 축적에 목적이 있었다.

발굴조사 결과 그 일대가 대부분 심각하게 훼손된 가운데 제2봉수대 추정지점에서는 선사시대 및 삼국시대 유물이 출토되어, 남산에 조선시대 이전의 유구가 남아 있을 가능성이 높아졌다. 한편 제4봉수대 추정지점에서는 2개의 건물지가 확인되었는데, 이 건물지는 봉수대와 관련된 건물이 아니라 한양도성과 관련된 병사들이 초소로 사용했던 성랑城廊으로 파악된다. 건물지 내부에서는 금위영禁衛營의 줄임말인 금영禁營이라고 새겨진 명문기와를 비롯해 많은 양의 기와가 출토되었다. 이는 금위영이 돈의문에서 광희문까지의 구간을 수비했다는 〈도성삼군문분계지도〉의 내용을 입증하며, 한양도성 남산구간의 시설물 보수에 금위영이 직접 관여하였음을 보여준다.[7] 비록 봉수대의 흔적을 찾지는 못했지만, 한양도성 남산구간을 어디서 어떻게 건설하게 되었는지를 확인할 수 있는 중요한 단서를 확보한 셈이다.

    수도 서울의 중심에 앉아 철마다 화려한 모습을 보여주는 남산은, 서울시민들에게 오랫동안 진한 추억을 선물해 왔다. 어릴 때는 친구들과 어깨동무하며 찾았고, 자라서는 연인의 손을 잡고 거닐었던 추억의 장소가 바로 남산이다. 그렇게 자주 올랐던 남산이지만, 등산로 옆에서 묵묵히 제자리를 지키고 있던 한양도성에게는 별다른 관심을 주지 않았던 우리들. 소나무 향기 가득한 그 길을 떠올리니 문득 남산 산책길이 너무도 그립다.

---

1 서울역사박물관, 2009, 《남산 봉수대지 발굴조사 보고서》.
2 최기수, 2014, 〈남산의 경관(景觀) 및 공원변천〉, 《남산 회현자락 한양도성의 유산가치》, 제5차 한양도성 학술회의.
3 이용범, 2012, 〈서울 한양도성과 서울 사람들의 삶 : 한양도성 관련 민속을 중심으로〉, 《서울 한양도성(서울성곽) 유네스코 세계유산 잠정목록 등재를 위한 학술연구》, 서울특별시.
4 나각순, 2012, 〈서울 한양도성의 기능과 방위체제〉, 《서울 한양도성(서울성곽) 유네스코 세계유산 잠정목록 등재를 위한 학술연구》, 서울특별시.
5 김영관, 2004, 〈조선시대 서울 지역의 봉수대 설치와 운영〉, 《白山學報》 69.
6 서울역사박물관, 2005, 《서울특별시 문화유적 지표조사 종합보고서》 제Ⅱ권.
7 서울역사박물관, [주1]과 같은 문헌.

14장

남주작 남산의
뒤바뀐 운명

기구한 운명이여, 그대 이름은 남산

　조선 조정은 국가와 왕실의 번영을 염원하며 남산을 주작朱雀으로 삼아 중시했지만, 남산의 북쪽 자락에는 하급관리와 몰락한 양반들이 주로 살았다. 북촌의 고관대작들이 살던 동네와는 반대방향에 위치해 있는 데다 상대적으로 낮은 계급의 사람들이 거주했기 때문인지, 이 지역은 남촌이라 불리었다. 일제강점기에 일본인들은 이곳에 자기네 거주지를 건설해 경성 진출과 식민지 지배의 교두보로 삼았다. 그렇다면 구한말로 돌아가 남산에 일본인들이 자리 잡게 된 사연을 살펴보자.

　구한말에 조선 대한제국은 외국 사신들이 한양에 머물 수 있도록 공관을 제공하였는데, 주요 손님들은 청나라와 일본에서 온 사신들이었다. 당시 청나라 사신들은 서울시 중구 삼성생명 빌딩 뒤에 있었던 태평관과, 서대문구 현저동 독립문 자리에 있었던 모화관에 머물렀다. 일본 사신들은 유구국琉球國 · 버마 등 남방국가 사신들과 함께 남산 북쪽 자락에 있었던 동평관에 묵었는데, 그곳은 중구 인현동 2가 192번지 부근에 자리해 있었다. 당시 조선이 외교적으로 가장

남산 잠두봉에서 내려다본 서울 전경. 남산자락은 조선과 대한제국 시기 동안 일본인들의 외교 거점이었다.
이호준 촬영.

중시했던 나라가 청나라였기 때문에, 태평관과 모화관은 궁궐 가까이에 있었다. 반면에 일본 공관은 청나라 공관보다 궁궐에서 상대적으로 멀리 떨어져 있었는데, 이렇게 볼 때 당시 일본은 청나라보다 못한 대우를 받았던 것 같다.

서울의 옛 지도에는 남산 북쪽 기슭에 '왜관동倭館洞'이라는 지명이 나온다. 임진왜란이 일어나기 이전에 일본 사신들이 묵던 동평관東平館이 있었던 탓에, 이 동네에 왜관동이라는 이름이 붙은 것이다. 그 후 임진왜란이 일어나자 왜병은 이곳에 진을 치기도 했다. 이 때문이었을까? 조선 조정은 전쟁이 끝나자마자 일본 사신의 동평관 출입을 전면 금지시켰다. 총칼을 앞세운 일본군이 자기네 사신이 머물던 곳을 교두보로 삼아 무고한 조선 백성들을 도륙하였으니, 조선 조정으로서는 묵과할 수 없었으리라. 그래도 왜관동이란 이름은 1880년대까지 그대로 남아 있었다.

1876년 조일수호조규 강화도조약가 체결된 후, 서울에 일본공사관이 설치되자 일본인들은 다시 남산으로 모여들었다. 청계천 북쪽은 일본인들이 비집

일본이 일본공사관 자리에 세운 통감부. 일제는 대한제국을 강제 병합한 1910년부터 신청사를 지은 1926년까지 이 건물을 조선총독부 청사로 사용했다. 본 저작물은 국립민속박물관에서 공공누리 제1유형으로 개방한 '京城朝鮮總督府 엽서'를 이용하였으며, 해당 저작물은 국립민속박물관의 http://www.nfm.go.kr/Data/colSd_new.jsp에서 무료로 다운받으실 수 있습니다.

고 들어갈 자리가 마땅치 않았지만, 남산 북쪽 기슭에는 빈터가 많이 남아 있었다. 왜냐하면 그 위치에서는 궁궐을 훤히 내려다볼 수 있었기에 조선 조정이 민가가 들어서는 것을 엄격히 규제한 데다, 눈이나 비가 오면 질퍽거려 생활하기가 불편했기 때문이다. 이러한 상황을 교묘히 이용한 일본인들은 조선 조정을 압박하여 이 일대에 일본인들의 집단 거류지를 형성했으며, 일본이 청일전쟁에서 승리한 1895년 이후에는 일본인들의 남산 거주가 본격화되었다.[1]

이때부터 일제는 남산에 공원을 조성하는 등 자국의 입맛에 맞게 남산 개발을 진행한다. 1898년 남산 중턱에 경성신사 京城神社를 세우고, 1906년에는 일본공사관 자리에 통감부를 세웠는데 이것은 1910년에 조선총독부로 바뀐다. 일본이 대한제국을 강제 병합한 1910년 당시 한성에 거주하는 일본인들은 4만 명을 넘어섰다. 그런데 당시 절대 다수가 남산을 중심으로 한 북쪽 기슭과 남쪽의 용산 일대에 거주하고 있었다고 한다.

일제는 대한제국을 강제병합한 지 불과 한 달밖에 지나지 않은 시점에 한성부의 이름을 경성부京城府로 바꾸고 경기도에 편입시켰다. 제국의 수도였던 한성부가 지방의 군·면 조직으로 격이 떨어진 것이다. 1914년에는 경성부의 범위를 대폭 줄이고, 1936년에는 동네 이름마저도 일본식으로 바꾸어 버렸다. 대한제국 침략의 선봉이었던 하세가와의 이름을 딴 하세가와쵸長谷川町 등과 일본의 상징과도 같은 히노데쵸日出町 · 야마토쵸大和町, 그리고 일본인 거리가 최고라는 의미의 혼마치本町 같은 이름이 대표적이다. 당시 우리 선조들은 일제강점기 동안 일제가 일방적으로 정한 이름을 강요당했으며, 1945년에 광복을 하고서야 잃어버렸던 우리의 이름을 되찾을 수 있었다.

조선총독부는 1912년 경성시구개수京城市區改修 사업을 통해 서울의 전통적인 도로망을 정비하고 행정구역을 개편하였다. 그런데 일제가 추진한 도로 개수사업은 주로 청계천 남쪽에 집중된 것이었다. 일본인들이 대거 모여 살았던 오늘날의 남대문로와 을지로 및 충무로 일대의 도로가 가장 먼저 포장되었고, 인도도 따로 만들어졌다. 1927년 11월 16일자《조선일보》기사는 깨끗하게 정비된 혼마치 일대와 함께 여전히 낙후된 채로 남아 있던 북촌 일대의 대조적인 모습을 보도했다.[2]

일제가 당시 일본인들의 본거지였던 남산 일대는 적극적으로 개발하면서, 대한제국의 지도자들이 주로 거주하던 북촌 일대는 퇴락한 채로 남겨둔 까닭은 뭘까? 남산 일대를 개발하여 일본인들의 정착을 돕고 그들로 하여금 부를 축적하게 함으로써, 식민지 지배를 강화하려 했던 것은 아닐까?

일제의 놀이터가 된 남산공원

일제가 남산 일대를 차지하는 과정은 일제강점기 이전부터 시작되었다. 일본인들은 남산 회현자락의 동쪽을 왜성대倭城臺 · 왜장대倭將臺 등으로 부르며

일제강점기에 남산공원에서 바라본 경성(서울) 도심. 본 저작물은 국립민속박물관에서 공공누리 제 1유형으로 개방한 '京城 南山公園' 엽서'를 이용하였으며, 해당 저작물은 국립민속박물관 http://www.nfm.go.kr/Data/colSd_new.jsp에서 무료로 다운받으실 수 있습니다.

자신들의 공원처럼 여겼다. 그들은 임진왜란 당시에 일본군이 그곳에 주둔했기 때문에, 그런 이름으로 불리게 되었다고 주장하였다. 하지만 사실 이곳은 조선시대 군졸들이 '무예를 닦는 곳'이란 뜻의 '예장藝場'이란 이름이 '왜장'으로 바뀌어 불리게 된 것이라 한다.[3] 발음에 얽힌 진실을 알고 나니, 일제의 주장이 얼마나 터무니없는지를 새삼 깨닫게 된다.

　1894년 동학농민군이 봉기하자, 일제는 이를 구실로 남산에 군대를 주둔시켰다. 여기에 그치지 않고 궁궐을 마주한 곳에 포대砲臺를 설치하여 마치 궁궐을 포격하기라도 할 것처럼 조선 조정을 위협하였다. 이어서 고종 29년1892에는 일본 거류민들이 정착하도록 남산 북쪽 기슭에 황대신궁皇大神宮을 건립하려 했다. 이 일에 앞장선 이는 당시 일본공사로 와 있던 가토 마스오加藤增雄였는데, 그는 남산 북쪽 일대를 공원으로 조성하려고 조선 조정과 교섭하여 땅을 영구 임대하였다. 건양 2년1897 3월, 가토의 전략에 따라 남산에 왜성대공원倭城臺公園, 남산공원이 완공되자, 일본 거류민회는 이 공원을 600여 그루의 벚꽃으로 장식했으며, 음악당을 비롯한 다양한 시설도 조성했다.

그 후 1905년 일제의 강요로 을사늑약이 체결되면서 왜성대공원에는 통감부統監府가 들어섰다. 당시 통감부는 늘어나는 일본 거류민을 위해 남산 회현자락 서쪽에 공원을 조성하였는데, 한양공원漢陽公園으로 불린 이 공원은 1908년 봄에 착공되어 1910년 5월 29일에 완공되었다. 남산 케이블카를 타는 곳에서 백범광장을 향해 올라가다 보면, 고종황제의 친필이라 전해지는 '한양공원' 표석이 있다.

동학농민군이 봉기한 1894년부터 한일강제병합이 있었던 1910년에 이르기까지, 일제는 교묘하고도 폭력적인 방법을 동원해 남산 자락에 일본인들을 위한 공원과 시설을 건립하였다. 1916년에는 장충단과 한양도성 바깥쪽에 이르는 대삼림大森林공원을 계획하여 남산 전체를 일본인을 위한 공원으로 조성하려 하였다. 또한 1918년에는 식민지 정책을 본격화하여 국사당이 있던 자리

일제가 자국민들을 위해 조성한 경성남산공원(京城南山公園). 본 저작물은 국립민속박물관에서 공공누리 제1유형으로 개방한 '京城南山公園 엽서'를 이용하였으며, 해당 저작물은 국립민속박물관, http://www.nfm.go.kr/Data/colSd_new.jsp에서 무료로 다운받으실 수 있습니다.

에 조선신궁朝鮮神宮을 건립하기 시작했다. 일제는 조선신궁을 세우면서 남산 정상의 국사당을 인왕산 서쪽으로 이전했으며, 신궁 진입로와 참배로를 만드는 과정에서 위압적인 규모의 계단과 드넓은 광장을 조성했다. 그 결과 조선신궁이 완공된 1925년에는 한양도성 남산구간이 상당 부분 훼손되었으며, 내사산의 하나로 조선 왕실을 지키던 남산 일대의 지형 또한 크게 훼손되었다.

조선신궁의 건립과 함께 조선을 영구 식민지화하려는 일제의 의도는 더욱 노골적으로 드러났다. 광무 4년1900 고종황제는 을미사변 때 목숨을 잃은 장병들에게 제사를 지내도록 남산에 장충단을 건립했는데, 일제는 장충단을 포함한 남산 일대를 공원으로 바꿔버렸다. 심지어 1932년에는 이 공원에다 이토 히로부미를 기리는 사당인 박문사博文寺를 짓기까지 했다. 충격적인 것은, 이 과정에서 일제가 조선의 정궁이었던 경복궁의 석재를 박문사의 재료로 사용했고 궁궐의 정문이었던 홍화문興化門, 경희궁의 정문을 뜯어다가 박문사 정문으로 세운 것이다. 궁궐이 이 정도로 침탈되었으니, 한양도성 남산구간 또한 온전할 리가 없었다. 한양도성에게 제 모습을 찾아준 뒤에는, 장충단도 원래대로 복원할 수 있었으면 좋겠다.

식민통치의 정점, 조선신궁

1910년 대한제국의 국권을 강제로 빼앗은 일제는 다른 점령지에서 그랬던 것처럼 식민통치의 상징인 신사神社를 세웠다. 그것도 서울의 심장이자 허파와도 같은 남산에 조선신궁을 건립한 것이다. 일제가 신사를 세운 목적은 우리나라 사람들로 하여금 일본인과 같은 신을 모시도록 함으로써 동족의식을 심기 위한 것이었다. 당시 일제는 조선신궁에서 자국의 개국신인 아마테라스 오미가미天照大神와 대한제국을 식민지로 떨어뜨린 메이지明治 일왕에게 제사를 지냈다.

조선총독부는 1915년경 조선신궁 부지를 왜성대공원 방면으로 선정하였으나 예산부족 등으로 신궁 건립이 지지부진하자, 그 위치를 한양공원 쪽으로 변경한 것으로 보인다. 그러나 이러한 선택은 도리어 절묘한 신의 한 수가 되었다. 남산 회현자락은 서울의 어느 지역에서도 잘 보이는 곳이었으니, 조선신궁 자리로는 이보다 더 좋을 수가 없었다. 그 결과 조선신궁은 남산 회현자락에 자리 잡게 되었고, 이로 인해 그 자리에 있던 한양도성 남산구간의 일부가 훼철되고 말았다.

1925년 말 완공된 조선신궁은 서북향의 장방형으로, 경내는 3단의 공간과 3개의 광장으로 이루어졌다. 상단에는 신전神殿, 중단에는 배전拜殿, 하단에는 제기고祭器庫 등의 건물 15동이 들어서 있었다. 중광장과 하광장 사이에는 긴 돌계단이 있었는데, 돌계단은 384단으로 길이가 약 232미터에 너비가 14.5미터 정도였으며, 계단 좌우에는 문무관文武官과 등롱燈籠 14기가 있었다. 이 돌계단 및 기타 부속물에 사용된 막대한 양의 석재는 홍인지문 밖 창신동 채석장에서 채취한 것으로 알려져 있다. 여기서 주목할 만한 게 하나 있다. 조선신궁의 시작점이라고 할 수 있는 하광장에서 북쪽으로 선을 그어 보면, 일제가 경복궁에 세운 조선총독부 청사와 딱 만난다는 점이다.[4]

조선신궁과 조선총독부를 일직선이 되게끔 같은 축에 배열하였다는 것만 보아도, 일제가 조선신궁을 얼마나 치밀하고 악랄한 계획 하에 설계하였는지 금세 알 수 있다. 그런데 이보다 더 섬뜩한 일이 있었다. 1927년 일제는 조선박람회장 입구로 사용하기 위해 경복궁의 정문인 광화문을 건춘문建春門 북편으로 옮겼는데, 그렇게 강제로 옮겨진 광화문은 1968년에야 이건되기 전의 위치로 되돌아오게 된다. 그런데 당시만 해도 남아 있던 조선총독부 건물 앞쪽의 광화문을 복원한 결과, 이상하게도 경복궁의 축에서 동남향으로 5.8도 틀어진 위치에 자리를 잡았던 것으로 알려졌다. 최근의 발굴조사 결과, 당시 복원된 광화문은 경복궁의 기본축에서 동남향으로 3.75도 틀어졌던 것으로 밝혀졌다. 5.8도이건 3.75도이건 간에 광화문의 위치가 일제강점기를 거치며 틀어지게

일제가 남산에 지은 조선신궁. 본 저작물은 국립민속박물관에서 공공누리 제1유형으로 개방한 '조선신궁 엽서'를 이용하였으며, 해당 저작물은 국립민속박물관의 http://www.nfm.go.kr/Data/colSd_new.jsp에서 무료로 다운받으실 수 있습니다.

조선신궁터 발굴. 서울역사박물관 사진 제공.

된 것은 일제의 의도적인 왜곡 때문인 것으로 보인다. 이렇게 광화문을 헐고 조선총독부와 남산의 조선신궁을 마주보게 하면, 우리나라의 민족정기를 확실히 끊어버리고 영원히 식민지로 삼을 수 있다고 생각했을지도 모르겠다. 만약 발굴조사를 실시하지 않았다면, 우리는 일제가 왜곡한 축에 따라 광화문을 복원하고는 뿌듯해 했을 것임에 틀림없다. 상상만 해도 치가 떨리는 대목이다.

조선신궁은 일제가 우리 민족을 강제로 신민으로 삼은 뒤 맹목적 충성을 강요한 이데올로기적 공간이었다. 일제는 해마다 이루어지는 대·중·소 제례는 물론이고, 일본 왕실이나 조선총독부의 중요한 행사가 있을 때에도 제사를 지냈다. 또한 어린 학생들을 동원하여 강제로 조선신궁을 참배하게 했고, 신도로서의 덕목을 가르치는 교과서를 나누어 주기도 하였다.

한편 조선신궁을 이야기할 때는 일제가 1939년 조선신궁 진입부에 세운 황국신민서사지주皇國臣民誓詞支柱도 빼놓을 수 없다. 알다시피 조선총독부는 1937년 "우리는 황국신민이며 천황폐하에게 충의를 다하겠다."라는 내용의 황국신민서사를 반포하여 조선인들의 충성맹세를 이끌어냈는데, 이 지주는 바

로 그때 만들어진 기념물이다.[5]

이윽고 광복이 되자 남산에 있던 조선신궁과 일제의 사찰들이 대거 철거되었다. 조선신궁 자리에는 이승만 대통령의 동상이 건립되었으며, 이후 안중근 의사와 김구 선생의 동상도 건립되었다. 조선신궁 자리에 독립운동가들의 동상이 잇따라 들어서면서, 일제 식민통치의 정점이었던 곳이 역사적 장소로 거듭나게 된 것이다. 이름만 들어도 알 수 있는 사람들의 동상은 물론이고 어린이회관현 서울교육정보연구원을 비롯하여 도서관·식물원·분수대 등이 들어서서, 남산은 서울에서도 가장 앞서가는 복합문화공간으로 자리 잡게 되었다.

내로라하는 동상들의 경합장이 된 남산공원

1950년대 후반에 남산을 상징하는 것은 거대한 이승만 대통령의 동상이었다. 이 동상은 1956년 이 대통령의 80회 생일을 경축하기 위하여 만들어진 것인데, 본체 23척약 7미터과 기단 58척약 17.6미터으로 전체 25미터에 달하는 초대형 동상이었다. 당시로서는 세계 최대 규모의 동상이었다고 한다. 1955년 10월 3일 개천절에 기공식이 열린 뒤 10개월에 걸쳐 공사가 진행되었는데, 여기에는 7만여 명의 인원과 당시 화폐가치로 2억이 넘게 들어갔으니 실로 엄청난 공사라 하지 않을 수 없다.

이기붕을 위원장으로 한 동상 건립 제막식은 1956년 광복절 및 제3·4대 정부통령 취임을 경축하며 성대하게 치러졌다. 그러나 이렇게 호화롭게 세워진 동상은 불과 4년만인 1960년 4월 19일 혁명이 일어나, 자유와 민주를 갈망하는 시민들에 의해 철거되고 말았다.

그런데 최근 남산에 이승만 동상이 다시 나타났다. 2011년 한국자유총연맹 회원들이 기금을 모아 자유총연맹광장에 이승만 대통령 동상을 건립하였다. 비록 예전만큼 서울 시내를 한 눈에 내려다보는 명당에 자리한 것은 아니지만,

안중근 의사 동상. 신희권 촬영.　　김구 선생 동상. 이호준 촬영.　　이시영 선생 동상. 이호준 촬영.

그래도 남산 자락을 벗어나지 않은 곳에 51년 만에 다시 세워진 것이다. 이 동상은 이화장, 배재고 교정, 국회 본관 중앙홀, 청남대 광장에 세워진 동상에 이어 다섯 번째 이승만 동상이 되는 셈이다.

　이승만 동상에 이어 남산에 세워진 동상은 안중근 동상이다. 당초 박문사가 있던 장충단에 세워질 예정이었지만, 우여곡절 끝에 1959년 당시 숭의여고 앞 경성신사 터에 세워지게 되었다. 그 동상은 1967년 현재의 위치로 옮겨졌으나, 안중근 의사를 촬영한 새로운 사진이 1973년 일본에서 입수되면서 새로 동상을 만들기로 하였다. 기존의 동상이 여순감옥 수감 당시의 모습이어서 수척해 보였던 탓인지, 민족의 영웅답게 씩씩한 모습으로 바꾼다는 것이었다. 이때 새로 만들어진 동상도 시간이 지나면서 부식되고 균열이 생기자, 2010년 10월 26일 새로운 안중근기념관이 개관되면서 현재의 동상으로 다시 교체하였다. 이 모습은 안중근 의사가 하얼빈 의거 직후 가슴에 품고 있던 태극기를 꺼내

펼치는 것을 형상화한 것이다.[6]

이승만 동상, 안중근 동상과 함께 남산에서 빼놓을 수 없는 동상이 바로 백범 김구 선생의 동상이다. 사실 남산 일대에 가장 먼저 세우려 했던 것은 바로 백범의 동상이었다. 1949년 6월 예기치 않게 서거한 백범을 기리기 위해 조선신궁 본전 앞에 동상을 세우려 한 것이었는데, 이 계획은 끝내 수포로 돌아가고 말았다. 그의 동상은 그가 세상을 떠난 지 20년이 지난 1969년에야 남산에 자리 잡게 되었는데, 백범의 동상이 들어선 곳은 그때부터 백범광장이라 불리고 있다.

이외에도 남산공원에는 이황·정약용··이시영 등 기라성 같은 인물들의 동상이 있다. 그 주인공들은 앞에서 살펴본 인물들과 비교해도 손색없는 명망가들이다. 대체 남산이 무엇이기에 이런 사람들의 동상이 경쟁적으로 세워진 것일까? 조선시대 이래 서울시민들에게 가장 사랑받아온 휴식처였고, 어디에서 보아도 잘 보이는 곳이었기 때문이 아니었을까? 남산을 떠올리면 일제 식민통치의 아픈 기억이 여전하지만, 그래도 서울시민들은 남산을 언제 찾아가도 푸근히 맞아주는 고향 같은 곳으로 여기는 모양이다.

---

1 서울특별시사편찬위원회, 2009, 《시민을 위한 서울역사 2000년》.
2 서울특별시사편찬위원회, 2010, 《시민을 위한 서울역사 2000년》.
3 김대호, 2014, 〈20세기 남산 회현자락의 변형, 시각적 지배와 기억의 전쟁, 남산 회현자락 한양도성의 유산가치〉, 서울특별시.
4 김대호, [주3]과 같은 문헌.
5 김대호, [주3]과 같은 문헌.
6 김대호, [주3]과 같은 문헌.

15장

남산이 품었던
남소문과 성저십리

굵고 짧게 살다간 남소문

　서울과 지방을 오가는 고속버스나 KTX를 타고 달려가다 보면, 산을 뚫어 만든 터널이나 강 위에 놓인 다리를 건너가기도 한다. 뿐만 아니라 남산에도 세 개의 터널이 있어서 강북과 강남을 한달음에 오고갈 수 있도록 해놓았다. 이런 21세기 대한민국과 마찬가지로, 조선시대에도 사람과 거마車馬의 원활한 소통은 주요 관심사이자 현안이었던 것 같다. 조선 조정은 교통 편의를 위해 한양도성에 새로 문을 설치했는데, 그 주인공은 바로 남소문南小門이었다.

　원래 남소문은 한양도성 초축과 개축 당시에는 만들어지지 않았던 문으로서, 세조 대에 추가로 설치한 문이다. 당시 한강나루를 통하여 북쪽으로 들어가려면 광희문을 통과해야 했는데 거리가 멀고 불편하였다. 그래서 한강나루를 곧바로 통과하여 도성 밖으로 나갈 수 있는 문을 새로 설치하자는 건의가 있었다. 세조는 남산 동쪽에 한강나루로 바로 통할 수 있는 문을 설치하는 것이 옳다고 생각하여 세조 3년 1457에 남소문을 설치하였다.

　남소문은 현재의 장충단공원에서 한남동으로 넘어가는 버티고개에 세워

장충체육관 인근에 자리한 남산구간 초입의 끊어진 성벽. 이호준 촬영.

졌다. 따지고 보면 광희문이 흥인지문과 숭례문 사이에 있는 남소문이라고 할 수 있으나, 이 문 이외에 남소문이 또 하나 있었던 것이다.

  이처럼 절실하게 필요해 뒤늦게 만들어졌지만, 남소문은 설치된 지 12년 만인 예종 1년1469에 임원준任元濬과 권감權瑊 등의 건의에 의하여 폐문된 것으로 보인다. 음양학적인 면에서 좋지 않고 실용적인 면에서도 수레가 통과하지 못하는 등 유용성이 없다는 것이 주된 이유였다.《예종실록》예종 1년 9월 19일 기해 1번째 기사에 당시의 상황이 상세히 기록되어 있다.

  경연經筵에 나아가니, 지경연사知經筵事 임원준任元濬이《예기禮記》를 강講하였다. 임원준 및 도승지都承旨 권감權瑊에게 남아 있도록 명하여, 남소문南小門을 막는 것의 편부便否를 물으니, 임원준이 대답하기를, "도읍을 정하던 당초에 어찌 경영經營할 때에 잘 헤아리지 않고서 이 문을 설치하지 않았겠습니까? 지금은 비록 이 문을 설치하였으나, 찻길이 통하지 않아서 큰 이익이 없고, 또 음양가陰陽家가 손방巽方을 매우 꺼리므로 처음에 이 문을 설치할 때에 불편不便하다고 말하는 자가 있었는데, 과연 뒤에 의경세자懿敬世子께서 훙서薨逝하셨으니, 음양가의 설은 비록 믿을 것이 못되나, 이 문은 막는 것이 좋겠습니다." 하고, 권감도 아뢰기를, "막는 것이 온편합

사라진 남소문과 N서울타워 사이에 자리한 태조 대의 한양도성. 신희권 촬영.

남산 순환도로로 인해 끊어진 성벽 구간. 신희권 촬영.

니다. 만약에 그대로 둔다면, 문을 굳게 잠그는 것이 마땅합니다." 하니, 임금이 말하기를, "막자면 인력이 얼마나 드는가?" 하니, 권감이 아뢰기를, "공력이 많이 들지는 않습니다." 하니, 막도록 명하였다.

그러나 그 후 명종·숙종 대에 다시 남소문을 개통하자는 의견이 있었다. 숙종 대에 영의정을 지낸 허적許積은 백성들의 불편함을 덜기 위해 남소문을 다시 열자고 하였고, 김석주金錫冑는 음양사상의 논리에 따라 남소문을 개방해야 한다고 숙종에게 건의했다. 그는 남소문을 닫는 바람에 소양의 기운이 도성 안에 들어오지 못하여 음기가 강해졌으며, 이로 인해 왕실에 공주만 많고 왕자가 태어나지 않는다는 논리를 폈다.[1]

이러한 주장에도 불구하고 남소문은 끝내 다시 열리지 못했다. 이처럼 남소문은 도성의 성문으로 기능하지는 못했지만, 오랫동안 남아 있다가 일제강점기에 철거되고 말았다. 남소문이 있었던 것으로 추정되는 곳에는 현재 장충로가 나있다. 도로를 내면서 원래의 지형을 밀어버렸기 때문에, 남소문 관련 유구는 모두 멸실되었을 것으로 보인다. 안타깝지만 앞으로도 남소문의 흔적을 찾기는 어려울 것이다.

도적떼가 날려버린 남산의 소나무 숲

한양도성을 둘러싸고 있는 내사산은 도성의 지기地氣를 보호해 준다는 측면에서 대단히 중요한 의미가 있다. 이에 조선 조정에서는 내사산의 산림을 유지하고 관리하는 데 상당한 노력을 기울였다. 당시 도성민들은 추운 겨울을 나기 위해 내사산의 나무를 베어다 땔감으로 쓰곤 하였는데, 조정에서는 이러한 무단 벌목을 막기 위해 군인들을 동원하여 감시하였다. 뿐만 아니라 도성의 지기를 손상시키는 행위를 금지하였는데, 내사산에 백성들의 묘를 쓰지 못하게 한 것은 물론이고 고갯마루를 걸어 다니는 것조차 흙이 깎여 나간다는 이유로 제한하였을 정도였다.

남산 하면 떠오르는 것 가운데 하나가 바로 그 유명한 소나무 숲이다. 대한민국 국민이라면 누구나 알고 있는 "남산 위에 저 소나무"는 철갑을 두르고 있는 것처럼 울창해 보였음에 틀림없다. 이처럼 조선 조정은 남산을 비롯한 내사산에 빽빽하게 나무를 심어 지기를 보호하였다. 그런데 어떻게 된 일인지 내사산의 나무를 베게 했던 일도 전한다. 고갯길의 도적떼를 소탕하기 위해 궁여지책으로 벌목하게 한 것인데, 바로 남산 버티고개의 사례가 대표적이다. 버티고개는 유난히 좁고 험한 데다 한강진을 오가는 장사치들이 많았기에, 이 부근에는 그들을 노리는 도적떼가 많았던 모양이다. 《조선왕조실록》에는 도적떼가 출몰하여 무고한 인명을 살상하자, 그들을 체포하여 참형하였다는 기사가 심심치 않게 등장한다.

예종 1년1469에도 버티고개 남소문에 도적떼가 침입하여 군사를 죽이고 수문 선전관宣傳官을 쫓아내는 등 도성 내외를 소란하게 하여, 그 후 남소문을 폐쇄했다는 기록이 있다. 성종 10년1479에 버티고개 일대에 도적떼가 번성하자, 조선 조정은 그 주변에 소나무 숲이 무성하여 도적떼가 숨기 때문이라 보고 한성부로 하여금 그 일대의 소나무를 베게 한 일도 있었다. 이와 같이 조선 조정은 도적을 막고 산짐승의 피해를 줄이기 위해 지나치게 울창한 고개 주변의 수

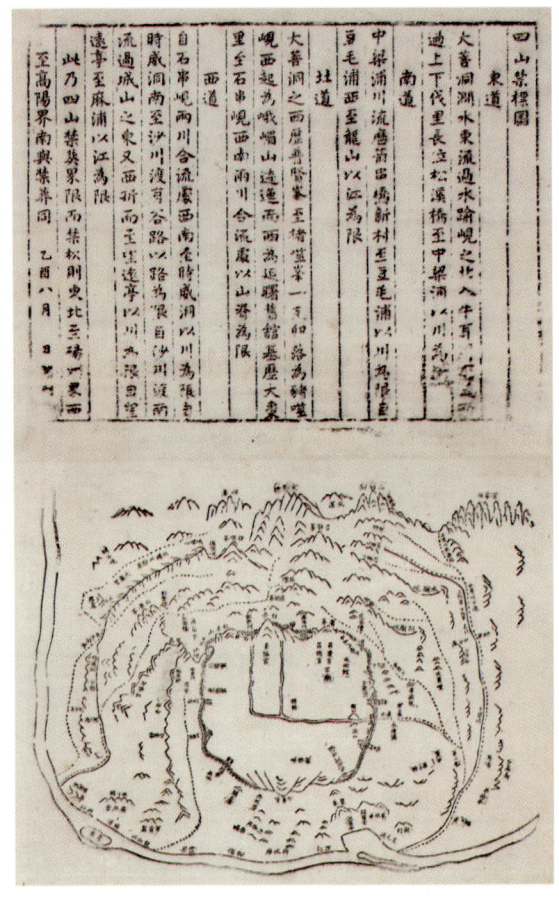

내사산에서 하지 말아야 할 행위를 규정한 〈사산금표도〉.
성신여자대학교 박물관 소장.

목을 베어버렸던 것 같다. 풍수지리에 따라 일정 부분의 숲은 보호하였으나, 백성들에게 위협이 될 경우 벌채와 같은 방법으로 숲을 관리하였던 것이다.[2]

조선시대에는 특별히 산림을 감시하는 관료를 임명하여 산림이 훼손되는 것을 막았다고 한다. 특히 세종 대에는 산직山直이라는 산지기를 두어 강무장講武場에서 수렵을 금지하고, 소나무를 베어내지 못하도록 하였다. 산직은 관직은 아니었지만, 조선 조정은 산 밑에 사는 주민 가운데 산직을 정하여 내사산을 엄격하게 관리했던 것으로 보인다. 이들의 주된 임무는 벌채·채석·경작 등을 막아 지맥을 손상시키지 못하도록 감시하는 것이었다.

그 뒤 산직만으로는 내사산을 관리하기가 어렵게 되자, 세종 31년1448에는 사산재식감역관四山栽植監役官이라는 관직을 두어 본격적으로 내사산의 관리를 맡겼다. 이들은 채석을 막아 내사산의 지맥과 지기를 지키려 했으며, 심지어 내사산으로는 더러운 물건을 가지고 들어오지도 못하게 하였다. 또한 사산금표를 두어 내사산에서 하지 말아야 할 행위를 규정하였다.

성종 5년1474부터 영조 30년1754까지는 내사산 지킴이로 무관 종9품직이었던 사산감역관四山監役官을 두었다. 이들은 공조·낭청·장원서·오부 등과 함께 백성들이 내사산에서 채석이나 땅을 파지 못하도록 하는 것은 물론이고, 집을 짓고 농작물을 재배하지 못하도록 감시하였다. 하지만 280년간 이어진 사산감역관 제도는 영조 30년에 폐지되고, 4군영 소속의 무관인 사산참군四山參軍들이 1910년까지 산림을 관리하였다.[3]

한양의 외곽 성저십리, 금싸라기 땅이 되다

조선시대 한성부의 관할구역은 도성 안과 성저십리城底十里까지였다. 성저십리는 한양도성으로부터 사방 10리4km에 이르는 지역으로, 도성 안과 함께 오늘날 서울시에 해당하는 한성부의 실질적인 행정공간이자 역사공간이다. 그래서 이곳에는 나라의 제사시설·창고·나루·역참을 비롯하여 의료후생시설·상업시설과 형벌집행시설, 별장 등 도성민의 생활을 직간접적으로 지원하는 시설들이 자리 잡았다. 한마디로 성저십리는 나라의 기반시설이 집중된 도성 속 배후공간이었다.

성저십리의 범위는 한양도성 성벽으로부터 동쪽으로는 중랑천에 이르고 남쪽으로는 한강까지 뻗어나간다. 서쪽과 북쪽도 만만치 않은데, 서쪽으로는 양화나루와 응암동에서 난지도로 흐르는 불광천까지 뻗어나가고 북쪽으로는 삼각산까지 이른다. 지금의 용산·마포·불광동·북한산·우이천·미아리·중랑천까지 포괄하는 넓은 지역이었던 것 같다. 사산금표가 적용되어 성묘와 벌

조선시대에 성저십리의 경계지점이었던 양화나루가 있던 곳. 옆에는 절두산 순교성지가 자리해 있다.
이호준 촬영.

목 등이 금지되었던 성저십리는, 1895년 갑오개혁으로 행정구역이 개편될 때까지 유지되었다. 그래서인지 지방 사람들은 성저십리까지도 서울이라고 부르며 도읍으로 간주했다.

그러나 성저십리의 인구는 4대문 안의 도성 지역에 비해 훨씬 적었다. 세종 10년에 한성부에서 상언한 내용이 인상적이다.

> "병오년丙午年의 판적版籍을 지금에 와서야 비로소 이루었는데, 경성 5부의 호수는 1만 6,921호이고 인구는 10만 3,328구이며 관령이 46입니다. 또한 성저십리城底十里에는 호수가 1,601호이고 인구는 6,044구이며 관령이 15인데, 그 편안히 기르고 모여 사는 것이 가히 번성했다 할 만합니다."[4]

이 기록을 보면 당시 성저십리의 호수는 한양 전체 호수의 10분의 1도 채 되지 않았으며, 거주하는 인구의 비율은 상대적으로 더 낮았다. 비록 적은 인구지만 성저십리의 주민들은 주로 채소 등을 재배하며 도성에서 필요한 싱싱한 먹거리를 제공하는 역할을 하였다. 그 뒤 임진왜란과 병자호란을 거치며 한양의 인구가 급증하면서 성저십리의 인구 또한 증가하는데, 이 지역에 다수의 주민이 자리 잡은 것은 조선을 식민지로 삼은 일제가 경성부를 확장하면서부터라고 볼 수 있다. 이와 관련된 내용은 앞서 살펴본 이화벽화마을 편에서도 상세하게 언급했다.

조선시대 이전에는 도성 주변에 성저십리와 같은 외곽 구역을 정한 사례가 없다. 고려의 제도를 살펴보면, 도읍인 개경 주위에는 조선시대 한양의 성저십리와 비슷한 사교四郊, 동·서·남·북교가 있었다. 하지만 조선은 도성 주변을 사교로 표현한 동시에 성저십리라는 또 다른 구역을 설정하였기 때문에, 고려의 사교와 조선의 성저십리는 같다고 보기 어렵다. 조선의 성저십리가 언제부터 생겼는지는 정확히 알 수 없지만, 《조선왕조실록》에 따르면 태종 14년[1414] 6월 기사에 성저십리라는 용어가 처음으로 나타난다. 이렇게 볼 때 최소한 1414년 6월에는 조선에 성저십리가 설정되었음을 알 수 있다.[5]

한일강제병합으로 조선을 식민지로 삼은 일제는 대한제국의 수도를 경성부로 격하하고 경기도에 포함시켰다. 또한 경성부의 행정조직도 개편하였는데, 이에 따라 도성 안쪽은 5부 36방으로 정리되었고 도성 바깥은 8개의 면으로 나누어졌다. 1914년이 되자 조선총독부는 성저십리의 대부분을 경기도 고양군에 편입시키는 등 경성부의 관할구역을 대폭 축소했다. 이어 1936년에는 일제가 최종 결정한 경성부 행정구역 확정안에 따라, 용산 동부를 비롯해 마포 일부와 여의도, 성북구와 서대문구 일부 등이 경성부에 다시 포함되었다.

그 뒤 광복을 맞이한 우리 정부는 1946년 경성부라는 명칭을 서울시로 바꾸고 경기도에서 독립시켰다. 또한 1949년에는 서울시를 서울특별시로 전환하였고 성저십리 대부분을 서울시로 다시 편입하였다. 그때부터 성저십리는 서울의 핵심공간으로 자리 잡게 되었으며, 오늘날까지 도심과 인접한 집단 거주지로 각광 받고 있다.

성저십리의 위상과 관련하여 소개할 만한 매장문화재 정책으로는 서울시가 전국에서 처음으로 도입한 '지표조사 공영제'라는 제도가 있다. 이는 지자체가 중심이 되어 2010년부터 2년간 4대문으로 둘러싸인 한양도성의 내부 지역을 정밀 지표조사한 뒤, 시민들로 하여금 어느 곳에 어떠한 문화재가 있는지를 상세히 알 수 있도록 한 것이다. 이어서 2012년부터 2014년 초까지 4대문 밖의 성저십리에 해당하는 관할구역을 조사하여 430여 건의 문화유적을 보고한 바 있다. 현재는 성저십리 외곽 지역에 대한 지표조사가 이루어지고 있는데, 2022년까지 서울시 전역에 대한 지표조사를 완료할 예정이다.

한양도성 남산구간 발굴, 원형 복원의 실마리를 제공하다

한양도성 남산구간의 동쪽 진입부라고 할 수 있는 동호로에서 중부수도사업소까지의 구간은 성벽이 비교적 잘 남아 있는 구간이다. 남산 정상으로 오르며 살펴보다 보면, 1970년대에 여장에 대한 복원공사까지 이루어져 온전한 형태를 유지하고 있는 곳이 많다. 그러나 아쉽게도 여장 복원은 원형에 대한 충분한 고증 없이 이루어진 것으로 보인다. 반얀트리호텔 구간은 발굴을 통해 지

동호로와 남소문 사이에 자리한 성벽. 신희권 촬영.

동호로와 남소문 사이의 성벽 단절 구간. 신희권 촬영.

반얀트리 호텔 부근의 성벽 멸실 구간. 신희권 촬영.   반얀트리호텔 주차장에 패턴으로 표현된 한양도성. 신희권 촬영.

하에서 성벽이 발견되었으나, 현재 주차장으로 사용되고 있어 성벽이 보이지는 않는다. 국립극장 앞 장충단길로 인해 성벽이 잠시 끊어지는데, 이 구간을 지나면 한양도성 남산구간이 본격적으로 시작된다. 여기서부터 미군부대인 캠프모스Camp Morse까지는 성벽이 잘 남아 있으며, 캠프모스에서 N서울타워 사이 구간도 도로로 인해 일부 단절된 곳을 제외하면 성벽이 잘 보존되어 있는 편이다.

2007년에 이루어진 남산구간 발굴조사는, 1964년 반공센터인 자유센터 구 타워호텔 일대를 건립하면서 훼손된 한양도성의 흔적을 찾기 위한 것이었다. 타워호텔을 인수한 ㈜어반오아시스가 이 일대를 리모델링하여 반얀트리호텔을 짓기로 결정함에 따라, 그에 앞서 이 호텔 부지에 성곽 기저부 흔적이 남아 있는지를 확인하기 위한 조사였다. 발굴 당시 성벽의 대부분이 유실된 상태였고, 서쪽의 장충단길 건너편에서 남산 정상부로 이어지는 성벽만 남아 있었다.

자유센터를 건립할 당시 해당 지역의 산 능선을 깎아내면서, 남아 있던 도성의 일부가 해체되어 축대의 석축으로 사용되었다. 실제로 자유센터 축대의 성돌에서는 초축 공사 때 각자된 경주시慶州始, 강자육백척崗字六白尺과 같은 성돌을 확인할 수 있다. 발굴 결과, 테니스장과 주차장 부지에서 한양도성의 성벽 일부가 드러났다. 심하게 교란되어 성벽의 전모를 파악할 수는 없었지만, 성벽이 지나가는 방향을 알 수 있는 기반층이 드러났으며, 벽돌편과 기와편 등의 유물도 수습되었다.

구 타워호텔 부지의 축조 방법을 살펴보면 다음과 같은 특징을 확인할 수 있다. 산 정상부의 8~9부 능선쯤에 성벽을 쌓았는데, 풍화암반층을 평평하게 만든 후 지대석을 놓고 안쪽을 할석으로 채웠다. 바깥쪽 성벽 역시 기초만 남아 있었는데, 지대석 바깥쪽으로 약 4미터 너비까지 흙을 평평하게 판축한 지층이 확인되었다. 조선 조정은 군사들이 성벽 순찰을 효과적으로 수행하도록 성벽 바깥에 평지를 조성하여 일정 공간을 확보한 것으로 보이는데,《조선왕조실록》에는 이를 순심巡審길로 기록하고 있다. 아마도 이를 통해 성벽을 쉽게 유지·보수하려는 목적도 있었을 것이다.[6]

이밖에 서울시 중부수도사업소가 한국자유총연맹에 수돗물을 공급하기 위해 성벽 인접부에 대한 굴착이 필요했기 때문에, 2003년에 이 일대에 대한 발굴조사가 이루어졌다. 조사지점은 한양도성 광희문에서 남소문 사이의 성벽 복원이 끝난 지점에서 남서쪽으로 연결되는 곳으로, 구 타워호텔 테니스장 바로 옆에 해당하는 곳이다. 이곳은 광희문 쪽에서 신라호텔과 자유센터 동쪽의 능선을 따라 구축된 도성이 서쪽으로 굽어지면서 구 타워호텔 옆의 남소문 쪽으로 꺾여 돌아가는 지점에 해당한다.

조사지점에서 남소문까지의 구간은 일제강점기에 파괴된 것으로 알려진 곳이고, 1960년대에는 자유센터와 타워호텔 등이 잇따라 건설되면서 일부 남아 있던 한양도성의 성벽마저도 자취를 감추게 되었다.[7] 그나마 발굴조사를 통하여 복원이 이루어지지 않은 이 일대의 성벽 흔적과 축조 방식을 확인할 수 있었던 것을 위안으로 삼을 수 있다.

표고 70~260미터의 산악지역인 한양도성 남산구간에는 초입 부분을 제외하고 대부분 민간 체육시설이나 산책로 등이 조성되어 있다. 산책로를 따라 운동시설 및 낮은 펜스·옹벽·석축·계단 등이 산재해 있다. 그러나 남산구간 대부분이 자연녹지와 공원으로 지정된 덕분에, 다른 구간에 비해 성벽과 주변의 자연지형이 잘 보전되어 있는 편이다. 다만 앞서 살펴보았듯이 남산 서쪽 숭례문 방향의 초입 구간은 일제강점기에 세워진 조선신궁은 물론이고, 이후 조성된 아동광장과 백범광장으로 인해 원래의 지형이 크게 훼손되었다. 최근에 이 남산 회현자락 일대에 대한 대대적인 정비사업이 시행되었고, 그 과정에서 이미 멸실된 것으로 여겨졌던 한양도성의 흔적들이 잇따라 발견되면서 세간의 주목을 받고 있다.

돌아보면 한양도성 남산구간은 참으로 파란만장한 시간을 보냈던 것 같다. 일제강점기에는 식민통치의 정점을 보여주는 조선신궁이 들어서기도 했고, 광복 후에는 초대 대통령과 애국지사들의 동상이 앞 다투어 세워졌던 곳이니 말이다. 역사의 아픔을 극복한 현장에서, 새롭게 발굴된 한양도성은 남산의 첫 모습을 초연하게 보여주고 있다. 역사를 품은 남산의 진면목과 어떻게 소통할 것인가는 이제 우리 세대의 몫이다.

---

1 구본현, 2012, 〈漢詩文에 나타난 漢陽 城門의 성격과 의미〉, 《서울학연구》 47.
2 오충현, 2012, 〈서울성곽 주변 식생과 생태〉, 《서울 한양도성(서울성곽) 유네스코 세계유산 잠정목록 등재를 위한 학술연구》, 서울특별시.
3 오충현, [주2]와 같은 문헌.
4 《증보문헌비고(增補文獻備考)》 32책 권 161 〈호구고(戶口考)〉
5 김웅호, 2012, 〈조선 초 도성의 축조와 수도 경계 기능〉, 《서울학연구》 47.
6 한울문화재연구원, 2010, 《서울 타워호텔 서울성곽 유적》.
7 육군사관학교 화랑대연구소, 2003, 《장충동 서울성곽 시굴조사 보고서》.

16장

유적의 두 얼굴, 보존과 활용

한양도성 발굴사의 보물, 남산 회현자락

   남산타워라는 이름의 친숙한 랜드마크가 있었기에, 한양도성 남산 구간은 순성을 시작하려는 사람들이 가장 편안하게 찾는 곳이었다. 게다가 발굴조사를 통해 한양도성의 옛 모습을 확인할 수 있는 흔적이 무더기로 발견되었는데, 이곳을 만나려면 셔틀버스에서 내려 조금만 걸으면 된다. 남녀노소를 불문하고 힘겹게 산에 오르지 않아도 한양도성의 진수를 느낄 수 있게 되었으니, 남산을 찾을 빌미가 하나 더 늘어난 셈이다. 남산도서관에서 책을

한양도성 남산구간. 신희권 촬영.

남산 회현자락 전체 조감도. 서울역사박물관 사진 제공.

보다가 잠시 지친 눈을 쉬어가며 조선의 성곽문화를 느껴볼 수 있는 곳. 바로 남산 회현자락 이야기다.

남산은 동쪽으로 국립극장과 장충단공원을 지나 광희문 일대로 연결되고, 서쪽으로는 회현자락과 숭례문을 지나 서소문 일대로 이어진다. 여기서 남산 서편의 얕은 구릉에서 정상으로 급하게 연결되는 지점이 바로 회현자락이다. 회현자락 일대의 발굴조사는 서울시에서 추진하는 남산르네상스 사업에서 비롯되었다. 이 사업은 "생태·역사성의 지속적인 회복回復과 시민과의 소통疏通을 통한 새로운 남산자락 문화의 창조"라는 미래비전 아래 남산을 자연·역사·문화가 어우러진 서울도심의 상징공간으로 탈바꿈시키기 위한 프로젝트로 2009년부터 시작되었다. 사업의 핵심비전 가운데 하나인 역사성 회복을 위해 회현자락에 대한 발굴을 진행한 것이다.

그동안 아동광장과 백범광장에 대한 발굴과 복원공사를 완료하였으며, 2016년 중앙광장 일원에 대한 발굴조사까지 완료하였다. 3차에 걸친 발굴조사에서는 이미 멸실됐다고 생각했던 한양도성의 성벽 266미터와 일제강점기에

아동광장 발굴. 서울역사박물관 사진 제공.   백범광장에서 발굴된 세종 대 성벽. 서울역사박물관 사진 제공.

건립된 조선신궁의 배전터 등을 찾아내는 성과를 올렸다.

회현자락 일대를 발굴한 결과, 조선시대에 초축 및 수축된 모든 시기의 성벽과 축성시기에 따라 달라진 축성기법을 확인할 수 있었다.

1단계 아동광장 발굴조사 결과 성벽 34미터 가량이 확인되었는데, 풍화암반을 'ㄴ'자형으로 굴착한 뒤 바닥에 깐 기단석 1~2단만이 남아 있었다. 여기서는 다수의 반방전半方甎, 직사각형 벽돌과 기와가 출토되어 벽돌로 만든 여장이 있었던 것으로 보인다.

2단계 백범광장 발굴조사에서는 성벽이 42미터 가량 확인되었는데, 주로 태조 대에 쌓은 구간과 세종 대에 고쳐쌓은 구간이었다. 태조 대 성벽의 경우에는 판축기법으로 안쪽에 흙을 다진 후 성벽을 쌓은 것이 특징이다.

3단계 중앙광장 발굴조사에서는 태조 대와 세종 대, 그리고 숙종 대 이후까지 시기별로 다양한 축조방식을 살필 수 있는 성벽이 확인되었다. 잔존 길이는 총 135.6미터이고, 잔존 높이는 최대 7단으로 약 2.6미터였다. 이곳이 바로 조선신궁의 핵심시설 가운데 하나인 배전拜殿의 기초가 발굴된 곳이다.

회현자락 발굴로 드러난 한양도성의 성벽 및 조선신궁 배전터. 서울역사박물관 사진 제공.

회현자락 발굴. 서울역사박물관 사진 제공.

　끝으로 최근까지 일부 마무리 조사가 진행된 회현자락에서 발굴된 성벽은 길이 53.7미터에 높이 1.8미터이고, 동쪽 산록에 연결되는 지점에 있기 때문에 동쪽이 6미터 가량 높다. 이곳에서는 조선시대 전 시기의 축성양식을 확인하였는데, 지금까지 보고된 적이 없는 각자성석 1점 奏字六百尺이 처음 발견되었다. 한양도성의 축조 구간에 의하면 60번째에 해당하는 중요한 자료이다.[1]

　앞에서도 언급했듯이 2009년부터 네 차례에 걸쳐 이루어진 남산 회현자락 일대의 발굴조사에서는, 태조 대부터 숙종 연간 이후까지 다양한 시기와 축조방식을 보여주는 성벽이 발굴되어 놀라움을 주었다. 대부분의 사람들이 일제강점기를 거치며 완전히 멸실되었다고 생각한 터였기에 이 발굴조사로 얻은 성과는 특별하다. 또한 일제가 한양도성을 무자비하게 훼손한 뒤 그 자리에 세운 조선신궁의 핵심건물도 발견되어 일제의 천인공노할 만행의 증거를 확인시켜 주었다. 결과적으로 남산 회현자락 발굴현장은 한양도성의 잃어버린 고리를 연결하는 중요한 학술자료가 될 것이며, 우리의 어두운 역사를 되돌아보게 하는 뼈아픈 교훈의 현장이 될 것임에 틀림없다. 아울러 이러한 모든 자료들은 향후 남산 일대를 포함한 한양도성이 세계문화유산으로 등재되는 데 필요한 밑거름이 될 것이다.

고고유적, 어떻게 보존해서 보여주는 것이 최선일까

회현자락 발굴은 유적의 보존과 활용이라는 측면에서 새로운 과제를 남겼다. 다시 말해 개별 유구는 물론이고 그것이 자리했던 도시와 경관까지 보존 및 활용의 범주에 포함됨으로써, 어느 선까지 보존하고 활용해야 할지 근본적으로 다시 생각해 보게 하였다. 조상들이 남겨준 위대한 자산을 어떻게 계승·발전시킬 것인가의 문제는 각 세대 및 공동체, 그리고 국가가 함께 떠안아야 할 공동의 책무이다. 이 때문에 유적의 보존 및 활용 문제는 기술적인 논의를 넘어 심오한 문화적인 논의로 확대되었다.

문화유산의 보존과 활용 원칙은 해당 유산이 어떤 분야에 속하든 동일하게 적용되어야 한다. 다시 말해 건축·조경·고고유적 등 모든 유산은 원형대로 보존되어야 하며, 주변의 역사문화 환경과도 조화를 이루어야 한다. 그중에서도 고고유적을 어떻게 보존하고 활용할 것인지에 대한 전제와 문제점 등을 논하자면 다음과 같은 점에 주목해야 한다.

첫째, 고고유적의 보존과 활용은 역사적 진정성에 기초하여 발굴된 모습 그대로를 기본으로 하여야 한다. 그러기 위해서 과학적이고 체계적인 발굴조사와 연구가 선행되어야 함은 두말할 필요가 없다. 발굴을 통해 유적의 정확한 범위와 유구의 분포상황을 파악하고, 그것의 성격과 연대를 밝히는 것이 우선되어야 한다.

둘째, 유적의 복원 및 활용은 충분한 학술적 연구와 철저한 고증 절차를 거쳐야 하고, 절대적으로 원래 유적을 훼손하지 않는 범위 내에서 이루어져야 한다. 고증 없는 복원은 허구이며, 원형 없는 보존은 그 의미가 퇴색될 수밖에

한양도성 발굴 이후 보존과 활용의 모범사례가 된 서울 한양도성 스탬프투어.
이호준 촬영.

없다. 우리는 발굴을 통해 드러난 흔적과 그 속에 내재된 시간의 흐름을 존중할 필요가 있다. 비록 그 흔적들만으로 과거를 완벽하게 이해하지 못한다 할지라도, 그 자체가 살아있는 역사임을 명심해야 한다. 현재 우리에게 주어진 지식·기술·정보로 인해 과거가 손상될 수 있음을 경계하고, 과거를 변형시키고자 하는 욕구를 최소화할 때 비로소 유적을 제대로 보존하고 활용할 수 있을 것이다.

셋째, 이 모든 과정은 철저히 기록·유지·관리되어야 하며, 관련 정보가 충실히 제공되어야 한다. 특별히 고고유적은 한번 발굴이 되고 나면 원상회복이 불가능하기 때문에, 기록보존의 중요성은 아무리 강조해도 지나치지 않다. 발굴자 외에는 발굴된 유적의 정보를 직접 접할 수 없는 탓에, 발굴자의 객관적이고 사실적인 보고가 향후 연구의 유일한 자료가 될 수밖에 없기 때문이다.

넷째, 고고유적 역시 온 국민이 향유할 수 있는 공간으로 활용되어야 한다. 다만 유적의 상태나 주변의 여건 등을 토대로 전시성·활용성·접근성·유지관리가능성 등을 종합적으로 고려하여 각각의 특성에 가장 적합한 방법으로 유적의 가치를 알리고 활용하는 쪽으로 추진해야 한다.

이러한 원칙과 전제가 확고하게 지켜진다면, 그 다음 문제는 바로 활용 방

서울시 신청사 지하에 자리한 군기시터 유적. 이호준 촬영.

법이 될 것이다. 문화를 향유하는 데 대한 기대치가 높아짐에 따라, 발굴조사가 이루어진 유적 및 유구 보존에 대한 국민들의 관심도 높아지고 있다. 그런데 주요 유적들이 대부분 지하에 매장되어 있기 때문에, 그것들을 효과적으로 보존하고 보여주는 데는 한계가 있을 수밖에 없다. 그럼에도 불구하고 가족단위 관람객과 초중고 학생들의 교육 프로그램, 소규모 문화유산 답사단체들의 방문 등은 날로 증가하고 있으며, 이러한 추세는 시간이 갈수록 더욱 증가할 것으로 예상된다. 따라서 늘어나는 수요에 부응하려면 교육·전시·체험 기회 또한 더욱더 확대하여야 한다.

발굴현장 공개 및 체험 프로그램 확대와 더불어 관광자원으로 활용할 수 있는 가장 우선적인 것은 발굴된 유적을 발굴현장에 그대로 전시하는 것이다. 발굴된 유적을 현장에서 보여주면 다른 방법보다도 훨씬 더 나은 교육효과를 얻을 수 있다. 고고유적은 당시의 토목기술이나 건축학적 요소 등을 생생하게 보여줄 뿐만 아니라, 그 시기의 정신적·문화적 배경까지도 보여주는 귀중한 자산이다. 이 때문에 그 자체로 훌륭한 야외박물관이 될 수 있다.

지금까지는 발굴이 끝나면 유적 위에 흙을 덮어 보존하거나 상황에 따라 이전·복원하는 것이 고작이었다. 그러나 이제는 중요한 유구가 발견된 유적에는 보호각을 씌우는 방법 등을 이용하여 그대로 노출·전시하는 현장박물관 방식의 활용방안도 적극적으로 고려해야 한다. 장기간 노출된 상태로 유지하여야 하기 때문에 온·습도 조절 등 관리상 어려움이 있겠지만, 제대로 관리하고 홍보만 잘한다면 살아있는 교육을 하면서 관광상품으로도 활용할 수 있을 것이다.

최근 서울시 신청사 건립부지를 비롯한 사대문 안 재건축 현장에서 중요한 조선시대 유적들이 양호한 상태로 다량 발굴되었다. 서울이라는 대도시의 도심 한복판에서 이루어진 일이었기에, 아무리 중요한 유적이 발굴되었다 하더라도 현장에 보존하기는 어려운 실정이었다. 그때 대안으로 제시된 것은, 개발을 계획대로 진행하되 발굴된 유구는 원위치에 두고 전시하는 방안이었다. 시간이나 비용이 발생하는 게 불가피했지만, 3D스캔 등의 방법을 동원하여 발굴 상태를 기록한 후 유구를 옮겨두었다가 공사를 완료한 후에 다시 원위치에 복원했다. 이렇게 유적보존과 건축공사를 조화롭게 병행함으로써, 결과적으로 문화재 보존 및 활용에 있어서 모범사례가 되었다.

특히 서울시는 신청사 지하에 조선시대 군기시터 관련 유적을 고스란히 보존한 것은 물론이고, 전시장까지 만들어 현장에서 출토된 유물을 전시하고 있다. 이로써 서울시 신청사는 시민들이 즐겨 찾는 서울시의 명소로 거듭나게 되었다. 이 사례에서 보듯이, 상태가 양호한 발굴유적은 노력을 기울여 전시·자료화하면 훌륭한 문화·관광 자원이 될 수 있다. 세계적으로 유명한 진시황 병마용갱이 현장 박물관으로 조성되어 사랑받고 있는 것을 떠올려보면, 앞으로 이런 방식의 문화재 보존 및 활용방법이 엄청난 반향을 불러올 것이라는 사실은 자명하다.[2]

발굴된 모습 그대로 만나고 싶은 회현자락

　이제까지의 한양도성 보존 및 복원 사례를 보면, 발굴된 성벽은 기록을 남긴 후 전면 해체되어 완전히 새로운 성벽으로 재탄생하였다. 사실 이러한 한양도성 수리·복원의 역사는 1960년대 초로 거슬러 올라가는데, 1970년대부터는 지구별로 대대적인 복원정비 사업이 시작되었다. 이러한 작업은 2000년대 초반까지도 계속되었는데, 안타깝게도 발굴조사와 같은 사전 고증작업은 거의 이루어지지 않았다. 그렇게 복원된 한양도성의 모습은 당연히 몇몇 전문가와 시공업자들의 뜻에 따라 임의로 설계된 것이었고, 대부분 여장까지 그럴듯하게 갖추어진 성벽으로 단장되었다. 이렇듯 고증이 결여된 한양도성 복원에는 몇 가지 커다란 문제점이 있다.

　첫째, 제대로 된 고증 없이 복원을 서두르다 보니, 한양도성에 얽힌 시간성을 무시한 채 졸속으로 진행해 버렸다. 한양도성은 태조 대에 초축된 후 세종 대와 숙종 대, 영조 대 등에 걸쳐 여러 차례 수축·성비되었다. 따라서 한양도성 전체를 놓고 볼 때, 구간별로 여러 시간대의 흔적을 간직하고 있다는 것이 중요한 특징 가운데 하나이다. 그럼에도 불구하고 최근에 복원된 성벽들은 그러한 시간성을 전혀 담아내지 못하고 있다. 특히 여장 같은 경우는 그 구조나

충분한 고증의 중요성을 일깨워준 한양도성 남산구간의 여장. 이호준 촬영.

이질감을 드러낸 한양도성 남산 복원구간의 성벽. 신희권 촬영.

형태 등에 대한 구체적인 고민 없이 편의적으로 복원됨에 따라, 원래의 모습과는 큰 차이를 보이고 있다. 즉 시기별로 다양한 모습을 띠고 있었을 성벽을 획일적인 형태로 복원해 버린 것이다.

둘째, 복원에 사용된 석재가 기존의 성돌과 전혀 어울리지 않고 이질감을 드러낸다는 점이다. 이는 비단 한양도성만의 문제가 아니라 우리나라 성벽 복원현장 전역에서 벌어지고 있는 심각한 문제이기도 하다. 한양도성 곳곳에서 눈에 띄는 이질적인 복원석재로 인하여, 한양도성이 조선시대에 축조된 성벽인지조차 인지하기 힘든 경우가 태반이다. 물론 최근의 문화재 복원원칙에서는 신 부재를 구 부재와 명확히 구별되도록 하여 오해의 소지를 없애도록 했다. 그럼에도 불구하고 지금과 같은 복원방식으로는 문화재가 원래 가지고 있는 가치를 반감시키는 역효과를 불러올 수 있다.

이러한 문제를 극복하려면, 발굴된 상태 그대로 보존하는 방안을 최우선적으로 고려해야 한다. 문화유산에 대한 보존철학은 시대에 따라 변화하고 있다. 현재는 문화유산의 복원에 최소한으로 개입하는 것이 원칙인데, 이러한 추세는 세계유산에 있어서도 예외가 아니다. 따라서 한양도성 역시 과도하거나 불필요한 복원 대신 원상태를 안정적으로 유지·관리하는 쪽으로 방향을 잡는 것이 바람직하다.

남산 회현자락 일대는 한양도성 전 구간 중에서도 훼손이 가장 심한 곳으로 알려져 있었다. 상황이 이러했기에 이번에 발굴된 성벽의 흔적은 상당히 중요한 의미를 지니고 있다. 비록 상태가 완전하지는 않지만 기단석을 포함한 석축 일부와 내부 채움토가 발굴되었고, '柰字六百尺 내자육백척'과 같은 각자성석이 확인됨에 따라 이 지점이 분할·축조된 한양도성의 어느 구간에 해당하는지도 밝혀내었다. 1~2단에 불과한 석축과 불안정한 상태의 뒤채움석이라 할지라도, 그 모습 그대로 보여주는 것보다 더 나은 대안은 없다고 생각한다. 다행히 중앙광장 구간은 평지에 가까울 정도로 완만하기 때문에, 조금만 보강하면 큰 문제없이 원상태를 유지할 수 있으리라 본다.

덧붙여 중앙광장 동편으로 이어지는 능선에서 발굴된 53.7미터 구간도 원상태로 보존할 수 있다면 최선일 것이다. 발굴된 구간은 땅의 높이가 많이 차이나는 급경사 지형인 데다, 그 뒤쪽으로 등산로가 있어 현재의 모습 그대로 보존하기 힘들 것이다. 하지만 성벽 자체만 본다면 중앙광장 구간보다 상태가 훨씬 양호하기 때문에, 기존에 남아 있던 동편의 성벽에 잇대어 연속적으로 보여주는 것이 가장 효과적이라고 생각한다.

한편 발굴조사 결과 기초까지 완전히 멸실되어 성벽의 흔적을 찾을 수 없는 구간도 70미터 가량 확인되었다. 이러한 구간은 원칙적으로 성벽의 원형을 고증할 단서가 없기 때문에 제대로 복원하기 힘들다. 다만 지적도 등 원래 그 자리에 성벽이 위치하였음을 입증할 수 있는 자료가 남아 있다면, 우선 원 지형의 회복을 과제로 삼아야 한다. 그 이후에 원래 그 자리에 성벽이 있었다는 것을 알려줄 수 있는 방법으로 무엇이 있을지 합리적 대안을 마련하는 게 올바른 순서가 아닐까 싶다.[3]

제2의 조선총독부 사례가 될 것인가, 상징적 독립기념관으로 자리할 것인가

남산 회현자락 발굴에서는 한양도성 성벽 외에도 조선신궁조영지朝鮮神宮造營誌 등 기록으로만 남아 있던 조선신궁의 배전터가 확인되었다. 발굴조사에서 드러난 조선신궁은 콘크리트 기초가 완전하게 남아 있었다. 가로 18.6미터에 세로 14.8미터이고 정면 5칸에 측면 3칸의 건물 기초가 서쪽을 바라보고 있다. 가장자리를 따라 기둥구멍 16개가 확인되는데, 기둥과 기둥 사이의 거리는 2.8미터 정도 된다. 근래에 조선신궁 배전터를 가로지르는 배수로가 설치되면서 일부가 훼손된 것을 확인할 수 있었지만, 배전터의 규모와 구조를 아는 데는 전혀 지장이 없다. 일제는 식민정책을 추진하는 주요 수단으로 조선신궁을 건립했는데, 이번 발굴을 통해 그 실체가 처음으로 확인되었다.

예기치 않게 발굴된 조선신궁 배전터의 처리 문제는 한양도성 성벽처리 방안 못지않게 민감한 사안임에 틀림없다. 일제가 우리 민족정기를 말살하고 일본인으로 동화시키려 했던 핵심 건물인 조선신궁의 흔적이 남아 있으리라고는 상상도 못했기에, 발굴된 배전터를 어떻게 처리할지 귀추가 주목될 수밖에 없다. 순수하게 문화유산적 관점에서만 본다면, 조선신궁 배전터 또한 우리 민족이 걸어온 역사의 일부분이다. 그것도 식민통치 시절 일국의 도성을 무참히 훼손한 비극적인 역사를 입증하는 생생한 현장자료가 될 수 있다.

　그러나 생각만 해도 치가 떨리는 치욕의 역사현장을 서울의 상징과도 같은 남산 한복판에서 봐야만 할까? 아픈 역사도 역사이니 그것을 감추고 가린다고 해서 지울 수 없음은 누구나 알고 있다. 하지만 일제가 우리나라를 식민통치한 것을 보여주는 상징물을 전시해야 할지의 여부는, 문화재의 보존여부를 떠나 민족의 자존심과도 연관된 문제이다. 남산 일대가 일제강점기에 어떻게 변형되었는지를 보여주는 방법은, 일본의 신궁터가 아니어도 충분히 많기 때문이다.

　그러고 보니 문화유산이라고 해서 반드시 좋은 것만 있는 것은 아닌 것 같다. 대부분의 문화유산은 역사적·예술적 가치가 크기 때문에 새롭게 발견되거나 발굴되면 환영받기 일색이다. 그러나 새로 발굴된 조선신궁터를 생각하면 왠지 찝찝하다. 그동안 그곳은 일제의 신궁터로 알려져 있었다. 하지만 발굴을 통해 그 실체를 확인하고 나니, 단순히 알고만 있던 것과는 전혀 다른 느낌이 든다. 역사적으로 그 존재를 반길 만한 성격의 문화재가 아니기 때문이다.

　이처럼 역사적으로 부정적 이미지 내지는 암울한 성격을 내포하고 있는 문화유산을 'negative heritage' 또는 'dark heritage'라고 부른다. 우리나라에서는 아직 익숙하지 않지만, 이 용어는 영어 의미 그대로 그 성격이 다분히 부정적이거나 어두운 측면을 가진 문화유산을 가리킨다. 바로 조선신궁처럼 일제의 식민통치를 상징하는 유적이 대표적인 예라 할 수 있다. 이제 우리에게 또 다

조선신궁터가 헐린 곳에 세워진 것으로 알려진 안중근의사기념관. 이호준 촬영.

른 과제가 하나 주어진 셈인데, 그렇다면 조선신궁의 핵심건물인 배전터를 어떻게 처리하면 좋을까?

    1996년 경복궁을 가로막고 있던 구 조선총독부 청사가 철거되던 때의 기억은 지금도 생생하다. 이 건물은 일제가 대한제국을 강제병합한 뒤, 우리 땅을 영원히 식민지로 통치하려고 세운 식민통치의 대표 건물이었다. 그 뒤 광복을 이뤄낸 우리 정부는 이 건물을 중앙청사에 이어 국립중앙박물관으로 활용해왔다. 그러다가 1996년에 이르러 이 건물은 완전 철거되었는데, 당시 대다수 국민들이 이를 적극 환영하고 진심으로 기뻐했던 것으로 기억한다. 마치 총독부 건물을 헐어버림으로써 비로소 진정한 광복을 맞이한 듯한 기분마저 들었던 모양이다. 물론 일부 문화계 인사들의 우려와 반대가 있었지만, 그래도 가슴 아픈 기억을 더 이상 간직하며 살 수 없다는 여론이 극히 우세했던 것 같다.

    조선신궁도 어찌 보면 구 조선총독부 청사와 다를 바 없는 건물이다. 일제가 대한제국을 강제병합한 뒤 실질적으로 통치하기 위해 세운 기관이 조선총독부였다면, 우리 민족을 정신적으로 지배하기 위해 건립한 건물이 조선신궁이었기 때문이다. 물론 조선신궁 건물이 통째로 서있는 상태로 발굴된 것이 아니어서 가시적으로는 차이가 크겠지만, 의미상으로는 구 조선총독부 건물에 버금가는 성격임에는 틀림없다. 그렇다면 이번에 발굴된 조선신궁 배전터를 구 조선총독부 건물 철거하듯 깨끗하게 없애버려야 할까?

결론적으로 말하자면 이번에는 조금 다른 조치가 필요하다고 본다. 아무리 부끄럽고 지우고픈 유적이라 할지라도, 그것을 보존해야 할 필요가 있다면 보존하여 교육 자료로 활용하는 것이 더 의미가 있지 않을까 싶다. 즉 발굴된 조선신궁 배전터를 현 상태대로 보존하여 한양도성을 찾는 수많은 국민과 외국인들에게 보여주는 게 좋을 듯하다. 그래서 일국의 도성유적을 무참히 유린하고 점령국의 신에게 참배를 강요했던 일제의 만행을 신랄하게 고발하는 교육현장이 되었으면 하는 바람이다. 어쩌면 이런 역사를 보여주는 곳이 바로 독립기념관이라 할 수 있지 않을까. 이런 차원에서 조선신궁을 구 조선총독부 청사처럼 없애버리기보다는 상징적인 독립기념관으로 활용했으면 좋겠다.

비록 치욕의 역사라 할지라도 이제는 당당하게 우리 역사를 감당해야 할 때가 되었다. 떠올리는 것만으로도 역겹고 불쾌하게 느껴질 수도 있겠지만, 외면하는 것만이 정답은 아니다. 역사의 교훈으로 삼아 반성할 것은 반성하고 극복할 것은 극복하여 미래의 거울로 삼는 것이 떳떳한 현대인의 자세이다. 그럴 때 한양도성 남산구간은 조선의 전 시간대를 품고 있는 문화유산으로서 뿐만 아니라, 일제강점기의 암울한 시기와 서울의 현대화 과정까지 한눈에 보여주는 진정한 역사적 장소로 거듭날 것이다. 그 이후 지난한 논쟁 끝에 조선신궁 배전터를 포함한 회현자락 한양도성은 유적 전시관 건립을 통해 전문해설과 함께 관람객을 맞이하고 있다.

---

1 최형수, 2014, 〈남산 회현자락 발굴조사 결과 및 의의〉, 《남산 회현자락 한양도성의 유산 가치》, 제5차 한양도성 학술회의, 서울특별시.
2 졸고, 2014, 〈고고유적 활용방안 연구〉, 《야외고고학》 19, (사)한국문화재조사기관협회.
3 졸고, 2014, 〈남산 회현자락 발굴유적 보존방안〉, 《도시 성곽의 과학적 보존과 창의적 개입》, 제3차 한양도성 국제학술회의.

5부

17장__국보 숭례문을 말한다

18장__흔적으로 말하는 서울도심의 도성길

19장__대한제국의 야외박물관, 정동

20장__사라진 돈의문, 역사마을로 되살아나다

숭례문구간 : 도심이 껴안은 역사의 흔적

17장

국보
숭례문을 말한다

한양도성의 정문, 숭례문

서울을 상징하는 것 두 가지를 떠올려보면, 남산 정상에 우뚝 선 N서울타워와 역사도시 서울의 문턱에 우뚝 서있는 숭례문崇禮門을 꼽을 수 있다. N서울타워가 산 위에서 서울도심 전체를 내려다보며 보살피는 아버지 같은 존재라면, 숭례문은 서울도심 한복판에서 수많은 사람들과 희로애락을 함께하는 어머니 같은 존재가 아닐까. 지금은 외따로 떨어져서 홀로 머물고 있는 숭례문이지만, 근대화와 일제의 침탈이 있기 전까지는 위풍당당하게 한양을 지키던 도성의 정문이자 서울의 관문이었다.

숭례문은 한양도성의 정문 격으로 사대문 가운데 남쪽에 위치하여 흔히 남대문南大門이라 불리었다. 현재 서울에 남아 있는 목조건물 가운데 가장 오래된 것으로, 태조 5년1396에 착공되어 2년 뒤인 태조 7년1398에 완공된 것으로 알려져 있다. 1396년 9월 한양도성의 축성이 일단락되고 성문들의 명칭이 정해졌지만, 숭례문의 공사는 완료되지 않은 상태였다. 다만 1396년 10월에 문루를 상량했다는 기록이 있으며, 1398년 2월 숭례문 공사가 완료되었다는 기록

〈남지기로회도(南池耆老會圖)〉(그림 부분). 이기룡(李起龍)이 그린 〈남지기로회도(南池耆老會圖)〉와 흡사하다. 부산광역시 유형문화재 제75호. 동아대학교 박물관 소장. 본 저작물은 문화재청에서 공공누리 제1유형으로 개방한 '남지기로회도(南池耆老會圖)'를 이용하였으며, 해당 저작물은 문화재청 홈페이지(http://www.cha.go.kr/korea/heritage/search/Culresult_Db_View.jsp?mc=NS_04_03_01&VdkVgwKey=21,00750000,21)에서 무료로 다운받으실 수 있습니다.

이 있다.

숭례문은 창건 이후 여러 차례의 중수重修, 낡은 건축물을 고침 과정을 거쳤는데, 가장 중요한 것은 세종 대와 성종 대의 기록이다. 세종 대의 공사는 세종 15년1433 7월에 개건 논의로부터 비롯되었다. 그런데 개건 공사는 그로부터 10여 년이 흐른 세종 29년1447에 시작되어 이듬해인 세종 30년1448 3월에 문루가 상량되었고, 그해 5월에 공사가 완료되었다. 이때의 공사내용은 자세한 기록이 남아 있지 않아서 파악하기 어렵다. 하지만 숭례문을 고쳐지어야 한다는 논의가 처음 나왔을 당시에 풍수지리적 관점에 따라 논의가 이루어졌다는 사실은 알 수 있다. 경복궁 우측의 산세가 낮아 열려있는 형세이므로 숭례문의 터를 높여 주변의 산과 연결시켜야 한다는 주장과, 남쪽에 연못을 설치하자는 등의 주장이 나온 것으로 보아 당시 중대한 변화가 있었을 가능성이 높다. 추정컨대 문루와 석축을 완전히 들어내고 지대를 높여 그 위에 다시 건축하는 중창 수준의 공사가 이루어진 것으로 보인다.[1]

세종 대에 개축한 후 30여 년이 지나자 숭례문은 서서히 기울기 시작한다. 이 때문에 성종 대인 1479년에 개축하게 되는데, 이러한 사실은 1961~1963년 해체·수리 때 밝혀졌다. 성종 대에는 동부승지同副承旨 채수蔡壽 등이 숭례문을 중수하면서 문 주위에 옹성도 쌓자고 주장하는데, 성종은 백성의 어려운 상황을 감안해 쌓지 말라고 명한다. 이에 관해서는 《성종실록》의 성종 10년1479 1월 17일 갑술 1번째 기사에 잘 나타나 있다.

"만약 옹성을 쌓게 되면 마땅히 민가를 헐어야 하니, 빈궁한 자가 어떻게 견디겠는가? 도적이 이 문에 이른다면 이 나라가 나라의 구실을 못할 것이니, 무슨 이익이 있겠는가? 그러니 쌓지 말게 하라."

성종 대에 이루어진 중건 공사 이후에는 숭례문을 중건했다는 등의 기록은 찾아볼 수 없다. 그러다가 고종 대인 1868년이 되어서야 성문을 보수하자는 논의가 제기되는데, 이렇게 볼 때 1860년대 말경에 숭례문의 지붕과 문을 수리했던 것으로 추정할 수 있다. 마침 2005년에 숭례문을 정밀실측하면서 1860년대에 보수할 때 사용된 것으로 보이는 목재를 확인하였는데, 그 나이테 연대를 측정한 결과치가 1860년대와 맞아 떨어져 당시에 숭례문 보수가 이루어졌음을 뒷받침해 주었다.

숭례문은 돌을 높이 쌓아 만든 석축 가운데에 무지개 모양의 홍예문을 두고, 그 위쪽에 벽돌로 여장을 돌렸으며 양 측면에는 협문을 두었다. 문루는 앞면 5칸에 옆면 2칸 크기로 지은 누각형 2층 건물이다. 지붕은 앞면에서 볼 때 사다리꼴 형태를 하고 있는데, 이러한 지붕을 우진각지붕이라 한다.

1962년에 이루어진 수리과정에서는, 원래 팔작지붕이었던 구조가 우진각지붕으로 바뀐 것을 확인하였다. 지붕 처마를 받치기 위해 기둥 윗부분에 장식하여 짠 구조는 다포 양식으로, 조선 전기의 특징을 잘 보여준다. 이수광李晬光의 《지봉유설》이나 이긍익의 《연려실기술》 등에 따르면, 숭례문의 편액은 양녕대군이 세자로 있을 때 썼다고 알려져 있으나 당대 명필가였던 신장申檣이 썼다는 설도 만만치 않다.

숭례문의 초기 모습을 상세히 보여주는 그림으로는 인조 7년1629에 이기룡李起龍이 그린 〈남지기로회도南池耆老會圖〉가 있다. 이 그림은 숭례문 밖에 팠던 남지南池라는 연못에서 퇴직관료 12명이 모여 잔치를 벌인 장면을 사실적으로 그린 것이다. 그중에서도 특히 숭례문의 모습이 인상적인데, 우진각지붕의 형태를 띤 2층 누각 건물로 그려져 있다. 그림에는 지붕을 장식한 기와들이 단순하지만 정확한 위치에 그려져 있는데, 용마루 끝에 올린 취두와 내림마루의 용두龍頭, 추녀마루의 잡상雜像이 전부 표현되어 있다. 한편 남산에서 굽이쳐 내려와 움푹한 숭례문을 지나가는 한양도성의 성벽은 단순한 가로선 정도로만 묘사되어 있다. 그래도 여장까지 선명하게 보여 당시 성벽의 모양을 추측하는 데 도움이 된다.[2]

근대에 들어서는 1898년부터 1899년 사이에 숭례문을 통과하는 전차 단선

대한제국 시기의 숭례문. 본 저작물은 국립민속박물관에서 공공누리 제1유형으로 개방한 '숭례문(崇禮門, 남대문)'을 이용하였으며, 해당 저작물[기증자 : Stefan Sander]은 국립민속박물관 홈페이지(http://www.nfm.go.kr/Data/colSd_new.jsp)에서 무료로 다운받으실 수 있습니다.

궤도가 부설되어 1911년까지 운영되었으나, 교통량이 증가하여 숭례문 주위로 전차 복선궤도를 부설하게 된다. 1907년 대한제국의 대신들은 흥인지문과 숭례문의 문루 좌우 성첩을 각각 8칸씩 헐어버림으로써 전차가 드나들 선로를 만들자고 건의하였다. 원래의 문으로는 사람만 왕래하게 함으로써 번잡한 폐단을 없앨 수 있다고 본 것이다. 그런데 이완용 등은 나머지 성벽도 도로에 장애만 될 뿐이라며 추가로 헐어버릴 것을 주청하였다. 이후 성벽처리위원회를 발족하여 즉각 성벽을 헐고 도로 개수 사업을 시행했는데, 이러한 주장에는 훗날 다이쇼大正 일왕이 된 일본 황태자 요시히토 친왕의 서울 방문 시 숭례문을 통과하기가 비좁아 도로를 넓혀야 한다는 명분이 더 크게 작용했을 것으로 보인다. 그 결과 숭례문의 좌우 성벽이 헐려나가고 숭례문 둘레에 원형 석축이 쌓아올려진 것으로 추정된다.

일제강점기를 거치는 동안 숭례문은 더 이상 훼손되지는 않았던 것으로 보이나, 한국전쟁을 겪으면서 또 한 번 엄청난 피해를 입게 된다. 전쟁 중에 긴급히 피해복구 공사가 이루어진 기록이 있고, 종전 후 1954년에 대대적인 단청보수가 이루어진 것을 알 수 있다. 1961년부터 1963년까지는 전면해체 보수공사가 이루어졌는데, 이 수리공사는 건축문화재 수리역사에서도 매우 중요한 의미를 지니고 있다.

당시 경제적 사정이 좋지 못해 본격적인 수리가 힘든 상황이었지만, 최고 기술진이 숭례문 보수공사에 참여하여 해체수리를 진행하였다. 이 보수공사에 참여한 기술자들은 이후 수리공사의 주역을 맡았는데, 결과적으로 숭례문 보수공사는 기술자들이 수리기술을 전수하는 계기를 만들어준 셈이 되었다. 당시 수리내용은 문루를 완전 해체하여 보수하고, 석축을 부분적으로만 해체 보수한 것이었다. 이후 2005년 문화재를 적극적으로 활용하자는 분위기에 따라 숭례문 주변에 공원을 만들어 시민들에게 개방하는 사업이 시행되었으며, 2006년 3월에는 드디어 숭례문 문루 일부를 개방하는 획기적 조치가 내려졌다.[3] 하지만 2008년 2월 어처구니없는 화재로 인해 국보 1호 숭례문의 2층 누각이 소실되고 말았다. 그로부터 5년이 지난 2013년 4월, 역사적인 복구 작업이 완료되어 숭례문은 다시 웅장한 모습으로 우리에게 돌아왔다.

숭례문 아래에는 무엇이 묻혀 있을까

2008년 화재 후 문화재청에서는 즉각 '숭례문 복원정비 사업' 계획을 수립하여 화재수습과 동시에 고증을 위한 발굴조사를 실시하였다. 첫해의 발굴조사 지역은 숭례문 내외부 약 10여 미터 구간이었는데, 이곳은 숭례문 복구를 위한 가설 덧집이 설치될 지역이었다. 이 지역을 발굴하게 된 것은 관련 유구 및 조선시대의 지형을 확인하려는 목적이었는데, 당시 경복궁 광화문지 발굴조사 책임을 맡고 있던 필자는 얼떨결에 우리나라 최초로 숭례문을 발굴하는 경험을 하게 되었다. 돌이켜보면 경복궁의 정문인 광화문과 한양도성의 정문인 숭례문을 동시에 발굴하면서, 조선사의 깊이와 넓이를 세밀하게 확인할 수

일제강점기의 숭례문. 대한제국 시기의 사진에서 확인할 수 있었던 좌우 성벽이 모두 사라지고 없다. 본 저작물은 국립민속박물관에서 공공누리 제1유형으로 개방한 '남대문 엽서'를 이용하였으며, 해당 저작물은 국립민속박물관 홈페이지(http://www.nfm.go.kr/Data/colSd_new.jsp)에서 무료로 다운받으실 수 있습니다.

2008년 국립문화재연구소 학예연구관으로 근무할 당시 숭례문 발굴에 앞서 개토제(開土祭) 사회를 보는 필자.

있었던 시간이었다.

발굴조사 결과, 숭례문을 통과하던 조선시대 전후기 도로면과 배수시설, 조선 후기 19세기부터 대한제국 시기 20세기 초까지의 민가터 등이 발견되었다. 또한 숭례문 좌우 성벽의 기초부를 확인하여 그 규모와 축조기법도 밝혀냈다.[4]

성벽은 얇은 판석 또는 할석과 황색 사질토를 40~90센티미터 가량 번갈아 쌓아 기초를 다지고, 그 위에 60×120센티미터 정도의 장대석 석재를 4단 가량 150~170센티미터 높이까지 들여쌓기 하는 방식으로 축조하였다. 특히 서벽의 기초부 맨 아래층에서는 성벽의 기초를 견고히 하기 위해 약 10센티미터 두께로 목탄을 깐 흔적도 확인되었다. 또한 동대문운동장 구간에서 발견된 말목 지정과 잡석 지정 기법이 숭례문에서도 발견되었다. 숭례문 동편 성벽 하부에 길이 50~60센티미터, 지름 5~10센티미터의 지정말목을 박아 성벽 기초를 쌓기 전에 지대를 단단히 정비한 것이 확인된 것이다.

숭례문을 통과하던 조선 후기의 도로면은 현 지표에서 30~60센티미터 아래에서 확인되었다. 도로는 갈색 사질토를 6~8차례에 걸쳐 130~140센티미터 가량 켜켜이 쌓아 바닥을 다진 후, 그 위에 커다란 박석 평균 $110 \times 100 \times 10 cm$ 을 덮어 노면을 포장하는 방식으로 축조하였다. 한편 조선 후기 도로면 기준 약 130~140센티미터 아래에서는 잡석이 섞인 회색 사질토층이 확인되었는데, 윗면이 다져진 듯 단단하고 그 아래층에서 분청사기 등 조선 전기 유물이 출토되는 점 등으로 미루어 해당 층은 조선 전기의 도로면으로 추정되었다.

이밖에 기초시설이 남아 있는 민가터 3동을 비롯하여 내부 구들시설 1기, 외부 배수시설 3기, 그리고 조선 전기로 추정되는 건물의 적심 일부가 발굴되었다. 특히 민가들은 조선 후기에 축조된 것부터 대한제국 시기에 축조된 것까지 확인되었다. 그 규모는 크지 않으나 내부에서 소와 돼지 등 각종 동물들의 뼈와 술잔 등의 유물이 출토된 것을 볼 때, 이 일대 민가들은 숭례문을 드나들던 상인이나 뭇 백성들이 이용하던 주막 또는 점포였을 가능성을 시사하고 있다.

1900년대 전후에 찍은 사진에는 숭례문 양 옆으로 점포가 빽빽하게 들어서 있는 것을 볼 수 있는데, 발굴조사에서 확인된 건물의 기초는 바로 이런 점포나 주막의 흔적이라고 보면 된다. 조금이라도 값을 잘 받으려고 지게에 잔뜩 짐을 지고 온 사람들이 있는 반면에, 한가로이 앉아 빈 수레의 주인이 오기를 기다리는 소 한 마리의 여유가 극한 대비를 이룬다. 그런데 요즘 남대문시장에

숭례문 주변 도로면과 민가 기초 발굴 모습.
국립문화재연구소 사진 제공.

숭례문 동측 성벽 기초 발굴 모습.
국립문화재연구소 사진 제공.

숭례문 외면 서편 구들시설 건물지 전경.
국립문화재연구소 사진 제공.

서 한 끼를 해결하고 바쁜 걸음을 재촉하는 사람들을 보면, 이곳 분위기는 그때나 지금이나 별반 다르지 않은 것 같다. 사람들이 힘겹게 나르던 지게나 수레가, 자동차나 오토바이로 바뀐 것뿐이니 말이다.

발굴조사에서 출토된 유물은 조선시대에 만들어진 도자기류와 기와편, 전돌편 등이다. 도자기는 조선 전기의 분청사기를 비롯하여, 백자향로 등 각종 제기祭器와 조선 후기의 청화백자 등이 확인되었다. 또한 구한말에 사용되던 왜사기倭沙器 등 외국 자기도 다량 출토되어 장구한 숭례문의 역사를 입증하고 있다.

숭례문 복구 후 달라진 것들

2008년 2월 10일 방화 화재로 누각 2층 지붕이 붕괴되고 1층 지붕도 일부 소실되는 등 큰 피해를 입은 숭례문은, 5년 2개월에 걸친 복구공사 끝에 2013년 5월 4일 준공되어 그 모습을 다시 드러냈다. 그런데 화재를 수습하고 국보 1호를 복구하는 과정은 간단치 않았다.

숭례문 화재 후 가장 먼저 이루어진 일은 부재 수습과 현황 실측이었다. 비록 처참히 불에 타서 못쓰게 된 목재들이 대부분이었지만, 하나하나 정성들여 수습한 후 경복궁에 있는 부재 보관창고로 옮겼다. 부재 수습 전에는 도면실측과 3D정밀실측으로 피해현황을 정확히 파악한 뒤 기록으로 남겼다. 피해현황 파악과 부재수습이 끝난 뒤에는, 복구 작업을 위한 가설 덧집을 설치하고 숭례문 둘레에 비계를 설치하였다. 가설 덧집이 설치될 자리를 포함한 숭례문 주위를 발굴조사하여 성벽의 구조와 숭례문 터의 변천 과정을 확인하였다.

사전작업이 끝나고 2010년 2월에는 숭례문 복구 기공식이 거행되었으며, 이후 2층 문루의 해체작업과 단청조사가 실시되었다. 숭례문 복구는 우리 전통기법으로 실시하겠다는 방침에 따라, 현장에 대장간과 석재가공소 등을 설치하여 숭례문 복구에 필요한 철물을 만들고 목재와 석재를 가공하는 모습을 일반에 공개하였다. 부여에 전통 가마를 복원하여 수제 기와를 제작하는 것도 빼놓지 않았다. 발굴조사가 끝난 후에는 숭례문 문루 하부의 석축 육축을 해체하고 좌우의 성벽 기초를 복원해 나가기 시작하였다.

2년여의 복구 작업 끝에 2012년 3월 역사적인 숭례문 복구 상량식이 열렸다. 상층 문루의 공포와 장여 조립 등 복구 작업이 본격적으로 개시되었다. 드디어 상층 문루에 기와이기를 하고, 추녀마루에는 잡상과 취두 등 기와 장식을 얹었다. 문루에는 단청을 칠하고 마감재를 도포하였다. 동시에 성벽 복원 작업도 차근차근 진행하는 등 모든 작업을 순조롭게 이어나갔다. 더 이상 화재 피해를 입지 않도록 스프링클러를 설치하는 등 방재작업도 꼼꼼히 실시하였다. 그 뒤 2013년 초 가설 덧집을 해체하고 숭례문 주변을 정비한 후, 5월에 역사적인 숭례문 복구 기념식을 거행하였다.[5]

불의의 화재로 제 모습을 잃었던 숭례문이 완전한 모습으로 다시 태어난 순간이었다. 화재 이전의 문제점은 물론이고, 화재 이후 수리 과정에서 문제가 되었던 점들까지 보완하여 완성된 모습으로 우리에게 돌아온 것이다. 일제강점기에 훼손된 숭례문 좌우측의 성벽을 동편으로 53미터, 서편으로 16미터까지 복원했기에 더욱 의미 있는 순간이었다.

여기서 새롭게 태어난 숭례문의 달라진 것들을 몇 가지 짚어 보자. 우선 숭례문의 지반이 현재보다 30~50센티미터 아래인 조선시대 중후기의 지면 높이로 낮아졌다. 숭례문 현판의 필체는 사진판독을 통해 새롭게 고증해냈고, 건물 구조도 1층 마루가 우물마루에서 장마루로 바뀌었으며 1층의 잡상 개수도 8개

복구된 숭례문. 이호준 촬영.

에서 7개로 바로잡았다. 2층의 용마루는 길이가 1미터 정도 길어졌고, 기와는 공장에서 일률적으로 찍어낸 일명 'KS 기와' 대신 전통 수제 기와를 얹었다. 단청은 인공 안료 대신 전통 안료로 바꿔 칠했고, 문양 또한 근대기 문양에서 전통 문양으로 환원하였다.

이렇듯 새로 태어난 숭례문은 모든 게 완벽해 보였지만, 단청의 안료를 완전히 검증하지 못한 상태에서 전통 방식으로 시공하다 보니 예기치 않았던 부작용이 생겼다. 이 바람에 복구한 지 채 몇 달이 지나기도 전에 단청이 벗겨지는 비극이 일어나고 말았다. 이 사태는 걷잡을 수 없이 확대되었고, 결국 숭례문 복구는 총체적 부실 복구라는 오명을 뒤집어쓰게 되었다. 나아가 문화재 복구 과정에 '원전 비리' 수준의 심각한 문제가 있었던 것으로 인식되어, 문화재계 전체가 곤욕을 치르는 일대 혼란에 빠져들고 말았다. 이 문제에 대해서는 구체적으로 다루지 않겠지만, 하루라도 빨리 우리 문화재에 대한 인식이 바로잡히기를 바랄 뿐이다.

숭례문 화재의 불똥이 국보 1호 개정 논의로 번지다

　복구 작업을 통해, 우리는 화재 전과는 또 다른 숭례문을 만나게 되었다. 불에 탄 2층 문루를 복원하는 등 크고 작은 변화가 있었던 탓에, 일각에서는 숭례문이 국보로서의 가치는 물론 문화재로서의 가치도 잃은 것 아니냐며 문제제기를 하였다. 국보 1호로서의 자존심과 상징성에 큰 상처를 입은 마당에 숭례문을 국보 1호로 계속 가지고 가는 게 옳으냐는 비판도 흘러나왔다.

　사실 국보 1호를 숭례문에서 《훈민정음 해례본》[6]으로 바꾸자는 주장은 2005년부터 제기되어 왔다. 당시 유홍준 문화재청장도 국보 1호 교체를 심각하게 고민했으나 문화재위원회의 반대로 무산된 바 있다. 급기야 2015년에도 시민단체들이 '훈민정음 국보 1호 지정을 위한 서명운동'을 통해 12만 명의 동의를 얻어내기에 이르렀다. 국보 교체의 핵심논리는 일제강점기 때 조선총독부가 정한 숭례문_{당시 지정 명칭은 경성 남대문}은 국보 1호라는 위상에 걸맞지 않은 데다, 화재 후 문화재로서의 가치도 많이 훼손됐기 때문이라는 것이다. 그러다가 2016년 5월 31일에는 사단법인 문화재제자리찾기와 우리문화지킴이, 국어문화실천협의회가 정치권의 동조에 힘입어, 20대 국회 1호 청원으로 훈민정음을 국보 1호로 지정해 달라는 청원서를 국회에 제출했다. 이런 청원서를 제출한 것은, '한글'이야말로 세계 어디 내놓아도 손색없는 우리 민족의 가장 큰 자랑거리라고 생각했기 때문인 것 같다.

　그런데 과연 숭례문을 국보 1호에서 끌어내리고 새로운 문화재로 대체하는 것이 타당할까? 복원된 숭례문은 정말 문화재로서의 가치를 잃어버린 것인가? 우선 문화재로서의 가치에 대해 얘기한다면, 비록 화재로 복구되었을망정 숭례문은 화재 전과 동일한 문화재적 가치를 보유하고 있다고 보는 것이 전문가들의 일반적인 견해이다. 이러한 이유로 문화재위원회에서도 숭례문을 국보에서 해제하지 않고 그 지위를 그대로 유지한 것으로 보인다. 왜냐하면 도면이나 화재 전의 사진과 같은 충분한 고증자료를 토대로 복구했기 때문에, 문화재로서 숭례문의 가치는 변하지 않았다는 논리이다. 다행히도 문화재청은 1960년대에 대대적인 숭례문 수리작업을 통해 발간된《서울남대문수리보고서》서울시교육위원회, 1965 와 화재 직전에 내부 건축부재들까지 일일이 실측한 결과를 수록한《숭례문 정밀실측조사보고서》중구청, 2006 등 숭례문의 화재 전 상태에 대한 정확한 현황자료를 확보하고 있었다.

목조건축물은 시간이 지나면 지붕에 기와이기를 새로 하는 것은 물론이고, 낡은 부재를 교체하거나 단청을 새로 칠하는 등 지속적으로 수리하게 마련이다. 따라서 이번의 복구 또한 그러한 작업의 일환으로 보아도 무방하다고 판단했을 수도 있다. 원님 덕에 나발 분다고, 이번에 2층 문루 외에도 훼철된 동서 성벽을 추가로 복원하고 원래의 지형을 회복하면서 일부 문제가 있었던 건축적 단점을 보완하기도 하였다. 이런 측면에서 숭례문은 오히려 화재 이전보다 원형에 좀 더 가까워졌다고도 볼 수 있다. 이 과정에서 불미스럽게도 숭례문 부실 복구니 문화재 비리니 하는 우여곡절을 겪기도 하였지만, 우리 국민에게 씻을 수 없는 상처를 안긴 숭례문 사건이 문화재 화재예방 등 안전관리에 만전을 기하는 계기가 되었기를 바란다.

그럼에도 숭례문이 국보 1호로 계속 버티는 것을 못마땅하게 여기는 사람들도 있을 것이다. 충분히 이해가 가는 대목이지만, 그렇다고 이런 일이 생길 때마다 매번 국보 1호를 바꿀 수는 없지 않은가. 예를 들어, 이번에 일부에서 주장하는 것처럼 국보 1호를 숭례문에서 훈민정음으로 바꾸었다 치자. 그런데 훈민정음 판본 가운데는 한글 창제 당시 만들어진《훈민정음 해례본》국보 70호 외에도, 도난당한 것으로 알려진 일명《훈민정음 해례본 상주본》도 있는 것으로 밝혀졌다. 현재 국보 70호로 지정되어 있는《훈민정음 해례본》은 국보 1호로 지정되어도 손색이 없을 만큼 소중한 문화재이지만, 더 가치 있는 훈민정음의 다른 판본이나 이보다 더 중요한 문화재가 발견되지 말란 법도 없다. 그렇다면 그때 가서 또다시 국보 1호를 바꾸어야 할까?

이런 이유 때문에, 대다수 문화재 전문가들은 국보나 보물에 매겨진 번호

서울도심을 묵묵히 지켜보는 숭례문. 이호준 촬영.

는 그 중요도를 뜻하는 것이 아니라 지정된 순서를 의미하는 '관리번호'에 지나지 않는다는 점을 강조한다. 더 이상 소모적인 국보 1호 교체 논쟁은 의미가 없다는 얘기다. 이밖에 국보 1호를 교체할 경우 안내판이나 안내책자 수정은 물론이고 교과서까지 고쳐야 할 수도 있으니, 그 비용 때문에라도 섣불리 교체하기 힘들다는 속내도 있다.

이 와중에 문화재청에서는 최근 국보 및 보물의 번호를 계속 유지하는 것이 타당한지, 아니면 국민들이 납득할 만한 대안을 만들 수 있는지에 대한 용역작업을 실시한 것으로 알고 있다. 이러한 논의가 촉발된 계기는 분명 숭례문이었지만, 실제로 국보나 보물에 번호를 매겨 관리하고 있는 나라는 우리나라를 제외하고는 거의 없다. 이 때문에 이러한 문제를 전반적으로 검토하기 위해 용역작업을 실시한 것으로 보인다. 그 결과 2021년 11월 문화재청은 국가 지정 등록문화재의 지정번호를 표기하지 않고 관리용으로만 사용하겠다는 개선안을 시행한다고 발표하였다.

---

1 문화재청, 2008, 《崇禮門 - 숭례문 화재 피해현황 및 수습 보고서》.
2 윤진영, 2012, 〈회화를 통해 본 서울 한양도성〉, 《서울 한양도성(서울성곽) 유네스코 세계유산 잠정목록 등재를 위한 학술연구》, 서울특별시.
3 문화재청, 2008, 《崇禮門 - 숭례문 화재 피해현황 및 수습 보고서》.
4 국립문화재연구소, 2011, 《崇禮門 - 숭례문 발굴조사 보고서》.
5 문화재청, 2010·2011·2013, 《숭례문의 혼을 다시 깨우다》.
6 국보 70호로 지정되어 있는 이 책은 세종 28년(1446) 왕명을 받은 정인지 등 집현전 학사들이 새로 창제된 훈민정음으로 쓴 한문 해설서이다. 책 이름은 글자 이름인 훈민정음과 똑같이 《훈민정음》이라고도 하고, 해례가 붙어 있어서 《훈민정음 해례본》 또는 《훈민정음 원본》이라고도 한다. 전권 33장 1책의 목판본이나 앞 2장은 1940년에 복원된 부분이다.

18장
흔적으로 말하는 서울도심의 도성길

일제가 철거해 자리만 남은 소덕문 터

지하철 2호선 시청역에서 서쪽 방향으로 길을 나서면, 중앙일보와 호암아트홀 사이 세종대로 7길로 접어드는 언덕마루 담장 밑에 조그만 표지석 하나가 세워져 있다. 소덕문터 昭德門址 라는 제목 아래에 눈길을 주면, "서울의 서소문으로 태조 5년 1396 세우다. 예종 때 소의문 昭義門 으로 고쳤고 1914년 일제가 철거하였다."라는 굵고 짧은 안내문을 볼 수 있다. 지금은 왕복 8차로의 서소문로가 나 있지만, 이 고갯길 어딘가에 한양도성의 사소문 가운데 서쪽에 있었던 서소문 西小門 이 세워져 있었던 것이다. 당시 도성 서쪽으로 연결된 문이라면, 주로 강화·인천 방면으로 왕래할 때 지나다니던 문이라고 볼 수 있다.

서소문은《태조실록》태조 3년 1394 2월 12일 임오 첫 번째 기사에 처음 등장한다.

> 임금이 수창궁에 거둥하였다. 서소문 西小門 의 옹성 甕城 이 장차 기울어지려 한다는 이유로 감역관 監役官 을 옹진 甕津 의 수자리 戍 에 귀양보냈다.

〈한양도(漢陽圖)〉, 100.3×57㎝, 소덕문에서 소의문으로 이름이 바뀐 것을 확인할 수 있다.
서울역사박물관 소장.

이 기사로 보건대 서소문은 처음에는 옹성 구조로 세워진 문이었음을 알 수 있다. 이후 서소문과 관련해서는 소덕문이란 이름이 소의문으로 바뀐 것과 중건에 관한 내용을 두어 군데에서 엿볼 수 있다. 먼저 성종 대에 선왕인 예종비 睿宗妃 한씨 韓氏의 시호를 추존하는 과정에서 '소덕 昭德'이라는 휘호를 피하기 위해 소덕문의 이름이 소의문으로 바뀐 시점을 확인할 수 있다.[1]

또 다른 기록인《영조실록》에도 서소문과 관련된 기록이 두 번 나온다. 먼저《영조실록》의 영조 14년 1738 10월 22일 신축 두 번째 기사를 보자.

> 이때 소덕문 昭德門을 세우는 역사가 준공되자, 그 편호 扁號를 고치도록 명하였는데, 승지 윤휘정 尹彙貞이 아뢰기를, "지난번에 양정합 養正閣 · 극수재 克綬齋라고 옥당 玉堂에서 편호를 정하여 망 望을 갖추었습니다마는, 성문은 비교적 중대한 것이므로 마땅히 주문 主文의 신하로 하여금 찬정 撰定하게 해야 합니다." 하니, 임금이 옳게 여겼다.

이 기사를 보면, 서소문이 새로이 준공되었다는 것과 그 이름이 여전히 처음의 이름과 같은 소덕문이었다는 사실을 알 수 있다. 두 번째는 그보다 6년 뒤에 나오는데,《영조실록》의 영조 20년 1744 8월 4일 무신 4번째 기사를 보자.

> 소덕문 昭德門을 속칭 서소문 西小門이라 불렀는데, 옛날에는 초루 譙樓가 없었다. 금위영 禁衛營에 명하여 이를 짓게 하였는데, 이때에 이르러 완성되었다고 보고하므로 소의문 昭義門이라고 이름을 고쳤다.

이 기사에는 서소문에 초루 대궐이나 성 등의 문 위에 사방을 볼 수 있도록 다락처럼 지은 집를 짓고 그 이름을 소의문으로 고쳤다고 언급되어 있다. 그렇다면 서소문의 이름이 소덕문에서 소의문으로 바뀐 시점은 정확히 언제일까?

소덕문이 소의문으로 이름을 바꾼 시점을 알아보려면 서소문의 훼손과

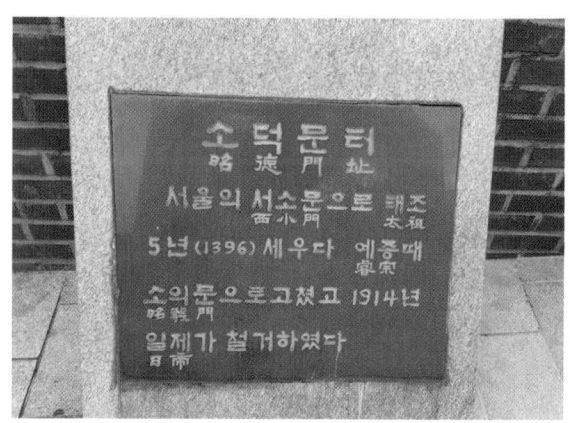

소덕문 터 표석. 신희권 촬영.

중건 등 여러 조건을 따져봐야 한다. 하지만 현재로서는 앞에서 언급한 두 가지 단서밖에 없기 때문에 정확한 시점을 확정하기가 쉽지 않다. 다만, 태조 대에 초축된 서소문은 임진왜란 때 소실되었다가 영조 대에 중건된 것으로 추정된다. 이후 일제가 1914년 12월 도시계획에 따른 도로확장을 명분으로 철거한 것으로 보인다.

이렇게 사라져 버린 소의문의 형태는 철거되기 직전에 찍은 사진을 통해 그 모습을 확인할 수 있다. 서쪽으로 올라가는 언덕에 자리한 소의문은 다른 문보다 더 높은 육축이 두드러지는데, 중앙에 홍예문을 두고 그 위에 단층 문루를 올렸다. 문루는 정면 3칸에 측면 2칸의 우진각지붕이며, 사방으로 벽돌 여장을 둘렀다. 확실하지는 않지만, 여장의 좌우 측면에는 문루로 들어가는 협문을 설치한 것으로 보인다. 또한 육축에 연결된 여장에 원총안과 근총안이 뚫려있는 것을 확인할 수 있다.[2]

한양도성의 서쪽 출입문 역할을 한 서소문은 여러 가지 사연을 전한다. 동쪽의 광희문과 마찬가지로, 서소문 역시 도성 안 백성들이 죽으면 그 시체를 도성 밖으로 내 가는 문이었다. 인조반정의 논공행상에 불만을 품은 이괄이 난을 일으켜 도성으로 진격하려 했을 때, 백성들이 돈의문과 서소문을 닫아 막아 버린 일화도 있다. 이름 값 한다는 말이 한양도성의 성문에서도 그대로 맞아

일제강점기의 숭례문(사진 왼쪽 중앙)과 서소문 일대 민가. 본 저작물은 국립민속박물관에서 공공누리 제1유형으로 개방한 '엽서 : 京城市街의 一部'를 이용하였으며, 해당 저작물은 국립민속박물관 홈페이지(http://www.nfm.go.kr/Data/colSd_new.jsp)에서 무료로 다운받으실 수 있습니다.

떨어졌으니, '서쪽의 의義'를 상징하는 돈의문과 소의문이 바로 그러한 격이다.

서소문은 경운궁 인근에 있던 탓인지, 1907년 대한제국 군대 해산으로 봉기한 시위대가 이곳에서 일본군을 상대로 격전을 벌이기도 했다. 또한 서소문 밖에는 조선 후기의 대표적인 시전인 칠패七牌가 있어서 19세기까지 활발한 상업 활동이 이루어졌다. 이러한 많은 사연을 담고 있던 서소문이 남아 있었다면 역사를 더 생생히 증언하였으리라. 하지만 이 일대에는 몇 단 남지 않은 성벽 일부와 표지석 등만이 예전의 흥망성쇠를 전하고 있다.

한양도성을 보기가 하늘의 별따기만큼 어려운 동네

숭례문에서 서소문소덕문까지의 한양도성 구간은 대한상공회의소 앞에 성벽이 일부 남아 있을 뿐, 서소문은 완전히 멸실되고 지형의 변화도 심해 대강의 위치만 추정할 수 있다. 서소문이 있던 곳은 현재 서소문로의 도로 중앙지점으로 추정된다. 서소문에서 돈의문 구간 사이에는 정동 지역이 위치하고 있는데, 성벽은 구 배재학당과 러시아대사관의 서쪽 대지 경계를 통과하며 대부분 멸실되어 지상에서는 성곽의 유구가 확인되지 않는다. 그러나 눈에 보이지 않는다고 땅속에 박혀 있는 한양도성의 성벽 기초마저 남아 있지 말라는 법은 없다. 1999년 러시아대사관 발굴조사의 경험으로 비추어볼 때, 이 일대의 지하에도 한양도성의 기초가 남아 있을 가능성이 매우 높았다. 이 때문에 일부 성벽만이 거의 바닥을 드러낸 채로 남겨져 있었지만, 정부와 서울시는 이 일대에 한양도성의 기초가 남아 있을 것으로 기대하고 주변 지역을 개발하기에 앞서 확인조사를 실시하도록 하였다.

서소문 명지학원 빌딩 신축공사 지역 현 퍼시픽타워 빌딩 은 성곽의 일부가 남아 있었다. 그런데 남아 있는 성벽이 조선시대 당시의 것인지 아니면 근대 이후에 수리된 것인지를 판단하기 위해 2001년에 발굴조사가 이루어졌다. 조사

서소문 주변 성벽 복원 이후의 모습. 신희권 촬영.

지역 내 잔존 성벽은 높이가 1.5~2.9미터이고, 길이는 3.7미터 정도였다. 주변에도 도로 때문에 잘려나간 35미터 정도의 성벽이 지면에서 2~3단 정도 남아있는 상태였다. 시굴조사 결과 대한통운 빌딩 북서쪽에 남은 성벽은 지하까지 이미 교란된 것으로 확인되었고, 심지어 그 아래에서도 원래 성벽의 뒷채움돌로 보이는 석재와 근대에 쓸려들어간 석재가 뒤섞여 나타나기도 하였다. 이로 보아 이 구간은 원래 있던 한양도성의 성벽을 근대 이후에 콘크리트 옹벽 등을 설치하면서 옛 것과 새 것을 함께 사용하였으며, 나머지 구간의 성벽도 파괴된 구간의 성벽 높이에 맞춰 새로 쌓은 것으로 추정된다.[3]

명지학원 빌딩과 인접한 대한상공회의소는 2003년 남쪽 담장구간의 한양도성 성벽을 복원·정비하기 위하여 잔존 성벽에 대한 시굴조사를 실시하였다. 이 구간의 성벽은 이미 1982년 상공회의소를 건립하면서 상당 부분 훼손된 것으로 알려져 있었다. 시굴조사 결과 담장 내외부에서는 어떠한 성벽 유구도 발견되지 않았다. 다만 조사지역 내에 일부 남아 있는 성벽 구간에서는 약 16미터 길이로 성벽의 지대석과 뒤채움 판축토층을 확인할 수 있었다. 비록 일부에 지나지 않지만 한양도성의 원형을 짐작할 수 있는 성벽의 기저부를 확인함으로써, 성벽이 지나가던 추정선을 제시할 수 있게 되었다.[4]

한양도성 전체를 놓고 볼 때, 숭례문에서 서소문에 이르는 구간은 흥인지문구간 다음으로 고도가 낮은 지대이다. 이 구간의 표고는 50미터를 넘지 않는다. 거의 멸실되거나 바닥 정도만 띄엄띄엄 남아 있는 성벽 주변으로 학교 및 관공서 등 공공시설들이 많이 분포하고 있으며, 그 밖의 지역에는 상업 건축물들이 빼곡히 들어서 있다. 평지에 축조된 한양도성 구간은 이처럼 사라지거나 땅속 깊이 숨어있어야 하는 운명일까? 한때 조선의 도읍인 한양과 도성민들의 삶을 지켜주기 위해 든든히 서있던 성벽이, 이제는 도성민들을 위해 모든 것을 내어준 셈이 되었으니 안타깝기만 하다.

한양은 천혜의 요새요, 하늘이 내린 땅

그렇다면 조선이 한양에 도읍을 정하고 천도를 하게 된 까닭은 뭘까? 이제 한양이 조선의 수도가 될 수 있었던 배경과 과정에 대해 알아보자.

한양은 태조 이성계가 고려를 무너뜨리고 건국한 조선의 도읍을 일컫는 이름이다. 한 나라의 도읍을 정하거나 옮기는 일은 국가적으로 가장 중요한 결정이자 선택이라 할 수 있다. 하물며 공동체의 가장 작은 단위라 할 수 있는 가정도 이사를 할 때는 여러 번 논의를 거치지 않는가? 집값·교육환경·교통·쇼핑 편의성·문화시설 등을 고려하여 온 식구가 만족할 만한 곳을 선택하기 마련이다. 한 가정이 이사를 하는 데도 이렇게 여러 가지 조건들을 따지는데, 국가의 수도를 정하고 옮기는 데야 오죽했겠는가? 조선도 건국한 뒤에 여러 차례의 논의와 번복을 거쳐 어렵게 도읍지를 결정하게 되는데, 한양에 최종적으로 정착한 시점은 조선의 세 번째 왕인 태종 대였다.

조선 건국 후 태조는 한양 천도를 서둘렀다. 새 나라를 세웠으니 도읍도 새롭게 정해야 한다는 점, 개경의 지덕이 쇠하여 새 나라의 도읍지로 마땅치 않다는 점, 정권수립 과정에서 최영과 정몽주 등 고려의 충신들을 제거한 무대가 개경이라는 점 등이 태조로 하여금 하루빨리 개경을 벗어나고 싶게 만들었을 것이다.

한양은 한반도의 중앙에 위치하고 있어 통치하기에 유리하며, 한강을 끼고 있어 수운水運을 이용해 조세를 거두기에도 편리하였다. 또한 서해로 진출하기에도 용이한 교통의 중심지라고 할 수 있다. 무엇보다 백악산을 위시한 내사산과 외사산으로 둘러싸인 지세가 천혜의 요새와 다름없었다. 중종 25년 1530에 편찬된 인문지리서인《신증동국여지승람》제1권 경도 상京都 上에서 서울의 지세에 관해 기록한 내용을 살펴보자.

"서울은 북으로 화산華山, 삼각산을 진산鎭山으로 삼아, 동과 서는 용이 서리고 범이

백제의 첫 왕성인 위례성으로 추정되는 풍납토성. 신희권 촬영.

쭈그리고 앉은 형세이고, 남쪽은 한강漢江으로 요해처要害處를 삼았으며, 멀리 동쪽에는 대관령이 있고 서쪽에는 발해渤海가 둘러싸고 있으니 그 형세의 훌륭함이 동방東方의 으뜸으로서, 진실로 산하山河 중에 백이百二의 땅이다."

한양도성은 이러한 지형조건을 이용하여 도읍을 수호할 목적으로 주산인 백악산을 중심으로 축조되었다. 즉 백악산에 이른 산줄기는 동쪽으로 좌청룡을 이루는 응봉과 낙산으로 흘러 흥인지문에 이른다. 또 서쪽으로는 우백호 인왕산을 거쳐 돈의문과 숭례문의 낮은 구릉을 지나 남산으로 솟구치며 흥인지문 쪽으로 이어졌다. 이렇게 한양을 에워싼 내사산과 삼각산을 위시한 외사산으로 이어진 지형은 그 자체가 성벽의 구실을 하고도 남는다.

서울의 지정학적 우월성은 조선보다 무려 1,400년이나 앞서 나라를 세운 백제가 서울을 도읍으로 정하였다는 점에서도 잘 드러난다. 백제의 첫 도읍인 '하남 위례성'의 입지를 살펴볼 수 있는 문헌자료는 그다지 많지 않기 때문에,

《삼국사기》의 기록에 의지할 수밖에 없다.《삼국사기》〈백제본기〉 온조왕 원년 조에는 '하남 위례성'의 입지를 다음과 같이 묘사하고 있다.

> 백제의 시조인 온조왕이 마침내 한산에 이르러 부아악에 올라 가히 살만한 곳을 바라보니…열 명의 신하가 간하여 말하기를, "생각건대 이곳 강 남쪽의 땅은 북쪽으로 한수漢水를 띠고 있고, 동쪽으로 높은 산에 의지하고 있으며, 남쪽으로 비옥한 들판이 바라보이고, 서쪽으로는 큰 바다에 막혀 있으니, 이렇게 하늘이 내려준 험준함과 지세의 이점은 좀처럼 얻기 어려운 형세입니다. 이곳에 도읍을 세우는 것이 또한 좋지 않겠습니까?"

이런 신하들의 간언에 온조는 하남 위례성을 도읍으로 정한다. 여기서 '한산'은 북한산이요, '부아악'은 '삼각산 봉우리'를 가리키며, '한수'는 당연히 '한강'을 일컫는다. 이러한 입지를 띤 '하남 위례성'은 현재 서울의 강남~송파~강동에 이르는 넓은 평야지대에 위치했다. 비록 백제의 도성은 지금의 강남에 있었고 조선의 도성은 강북에 있었지만, 백제나 조선이나 서울이라는 지역의 지리적 이점을 중시한 것이다.

고려 수도의 하나였던 서울지역

그렇다고 해서 한양이 조선의 도읍으로 결정된 게 이러한 지정학적 요인에만 기인한 것은 아니다. 앞에서 살펴본 지리적 이점과 더불어 또 하나 결정적인 요인을 들 수 있는데, 이곳이 조선 건국 이전에 이미 고려의 삼경三京 가운데 하나인 남경南京이었다는 점이다. 조선의 지도자들이 건국과 동시에 새로운 도시를 건설하여 천도를 하고자 하였다면, 아마도 엄청난 시간과 공력을 들여야 했을 것이다.

이성계가 고려를 무너뜨리고 새 나라를 세우며 내세웠던 가장 중요한 명분은, 나라의 주인인 백성들이 권문세족의 횡포에서 벗어나 자유를 누릴 수 있도록 새 세상을 열어주자는 것이었다. 그런데 새 나라의 도읍을 건설한다는 이유로 백성들을 공역에 동원했다면 어떤 일이 벌어졌을까? 민심이 흉흉해지고 새 나라 조선 조정에 대한 불만이 고조되었을 게 뻔하다. 이 때문에 이성계와 조선의 창업공신들은 고려 때부터 준 수도격의 도시였던 남경을 새 나라의 도읍으로 선택하여, 그곳의 풍부한 인프라를 활용함으로써 공역 동원을 최소화할 수 있었다. 실제로 이성계는 한양의 도성시설이 채 완비되기도 전에 천도를 단행하여, 새 궁궐이 만들어지는 동안 고려 때의 한양부 객사를 임시 왕궁으로 사용하기도 하였다.

그러면 고려시대에 한양이라는 도시는 어느 정도의 위치를 차지했을까? 고려 건국 당시 서울지역은 양주라는 지방행정구역에 속해 있었다. 양주가 고려 중앙정부의 직접 통치를 받게 된 것은 성종 2년983 전국에 12목牧을 설치하고 지방관을 파견한 때부터이다. 그 뒤 1046년에 즉위한 문종은 문물제도와 지방제도를 갖추어 고려를 중흥시키며, 문종 21년1067에는 양주를 남경南京으로 승격시킨다. 양주는 개경·서경과 더불어 고려의 삼경으로서 최고의 지위에 오른 것이다.

경京은 고려의 지방제도에서 도호부·목과 함께 가장 핵심적인 행정단위였다. 《고려사》에는 문종 22년1068 2월 남경에 새 궁궐을 지었다고 기록되어 있을 정도로 남경은 대단한 도시였다. 그런데 문종이 이렇게 양주를 남경으로 삼은 데는 이 지역이 지닌 몇 가지 장점 때문이었다. 앞에서도 언급했지만, 양주는 지금의 서울을 포함하는 교통의 요지로서 예로부터 물산이 풍부한 지역이었다. 하지만 양주가 삼경의 하나로 승격된 데는 당시 유행했던 지리도참설의 영향도 무시할 수 없는 것 같다.

이렇게 고려 조정은 나라에 좋은 일이 일어나길 기대하면서 양주를 남경으로 삼았는데, 결과는 썩 좋지 못했던 것 같다. 남경은 다시 양주로 격하되었고,

숙종 대에 이르러서야 그 지위를 회복한다. 당시 양주 도읍설을 제창한 사람은 김위제金謂磾였는데, 재차 지리도참설을 강조하며 '삼각산 남쪽, 목멱산 북쪽'에 도성을 지을 것을 청하였다. 그 와중에 숙종 4년1099 나라에 가뭄·장마·우박 등 천재지변이 자주 일어나 민심이 동요하자, 숙종은 도읍을 옮기려고 마음먹은 뒤 양주지방을 직접 둘러보기도 하였다.

그 뒤 1101년 9월, 숙종은 남경개창도감을 설치하고 문하시랑평장사인 최자추를 중심으로 지금의 흥인지문 밖 노원, 도봉산 아래 해촌, 면악 남쪽, 한양 연안의 용산 방면 등 남경 후보지를 물색하게 하였다. 여러 지역을 살핀 끝에 최자추는 면악을 도읍의 최적지로 꼽았는데, 면악의 남쪽 땅이 바로 경복궁 부근이다.

신하들의 제안을 받아들인 숙종은 그해 10월에 종묘·사직·산천에 남경 설치를 고하고 즉각 공사에 착수하여 1104년 5월에 궁궐을 완공하였다. 남경에 행차한 숙종은 연흥전延興殿에서 문무백관의 축하를 받으며 이를 경축하였다.

광화문광장에서 바라본 경복궁 전경. 조선의 정궁이 자리 잡기 전에 고려가 남경으로 삼을 만큼 명당이었다. 이호준 촬영.

《고려사》에 따르면, 당시 남경의 규모는 동서로는 대봉에서 기봉까지, 남북으로는 사리에서 백악산에 이른 것으로 기록되어 있다. 오늘날로 치면 동서로는 낙산에서 서대문구 안산鞍山까지 이르고, 남북으로는 용산에서 백악산에 이르는 지역이니 한양도성보다 더 큰 터에 자리를 잡았다고 볼 수 있다.

고려 숙종 대에 재건된 남경은 충렬왕 말기까지 200년 가까이 지속되었으며, 고려의 여러 왕들은 남경에 행차하며 또 다른 도읍으로 중시하였다. 1308년에 즉위한 충선왕은 중앙과 지방의 관제를 개편하면서 남경 또한 한양부로 개편하는데, 그 결과 오랫동안 유지된 고려 삼경제가 폐지되었다. 이에 한양부는 고양·양주·포천 등 현재의 한강 이북 서울지역과 그 주변 일대만 관할하게 됨으로써, 더 이상 정치 중심지가 아니라 국왕이 휴식을 취하다 가는 곳으로 전락하고 만다. 이후 한양부가 다시 주목을 받게 된 것은 배원排元 정책을 실시한 공민왕이 관제 복원과 천도 논의를 본격화하면서 부터이다.

고려의 피와 땀을 먹고 태어난 조선의 수도, 한양

공민왕은 1356년 전격적으로 남경의 궁궐을 수리하게 하였다. 공민왕 대에는 북으로는 원나라, 남으로는 왜구를 둘러싼 대외적 혼란이 극심하였다. 이에 지리도참설에 따라 왕조를 유지하려고 하는 움직임이 급속히 퍼져나갔다. 그러나 이는 신진사대부들의 성리학적 사상과는 완전히 배치되는 것이어서 조정은 바람 잘 날 없는 내분으로 진통을 거듭하였다. 공민왕은 이에 대한 타개책으로 도읍을 옮기는 카드를 꺼내들었는데, 분위기 쇄신을 통해 국기를 바로잡고 체제를 바꾸고자 한 것이다. 그는 남경에 성벽과 궁궐을 다시 짓게 하고 남경유수南京留守를 임명하는 등 천도 준비에 박차를 가하였으나, 이 또한 여론의 반대로 중단되고 말았다.

공민왕의 뒤를 이은 우왕 대에는 천도론이 더욱 높아져, 우왕은 신하들의 반대에도 불구하고 우왕 8년 1382에 한양 천도를 단행하였다. 그러나 이 천도는 이변을 피하기 위한 임시 성격이었기에, 이듬해에 개경으로 환도하였다. 한양 천도와 개경 환도가 한 차례씩 이루어진 가운데 우왕의 천도 노력은 끊이지 않았으나, 이성계의 위화도 회군으로 천도 논의는 흐지부지되었다.

이러한 한양천도론은 고려의 마지막 왕인 공양왕 대에 정점을 찍게 된다. 공양왕은 1390년 7월 서운관에서 올린 한양으로의 천도 상소를 빌미로 한양궁궐을 수리하고, 9월에 한양 천도를 단행하여 정무를 분담시켰다. 그가 유생들의 반대를 무릅쓰고 한양 천도를 단행한 이유는 개경의 지덕地德을 쉬게 하고 혹시 모를 이변을 피하기 위함이었다. 하지만 천도한 뒤에도 호랑이가 출몰하여 백성을 상하게 하면서 흉흉한 민심은 가라앉을 줄 몰랐다. 게다가 이성계를 제거하려는 사건까지 겹쳐 왕위를 지키기 어려운 상황에 이르자, 채 1년도 지

남산에서 서울의 중심을 향해 뻗어 있는 한양도성. 끊어진 성벽을 다시 이으며, 한양의 피와 땀이 어린 수도 서울의 소중함을 다시금 되새긴다. 이호순 촬영.

나지 않아 개경으로 환도하고 말았다. 천도를 통해 중흥을 모색하던 군주의 열망은 불안한 정치 상황으로 인해 좌절되고, 1392년에 이르러 500년 가까이 이어져온 고려는 마침내 종말을 맞이한다. 이후 서울지역은 한양부로 불리다가, 조선이 이 지역을 새 나라의 도읍으로 정하면서 한성부로 이름을 바꾼다.

이렇듯 서울지역은 고려시대 양주목·남경유수관·한양부 등 다양한 행정구역으로 불렸다. 특히 남경이 설치됨으로써 궁궐은 물론 관아·객사·향교·사찰·역원 등 다양한 기반시설이 들어서게 되었다. 이곳은 오행사상으로 보면 오덕구五德丘의 중앙에 위치할 뿐 아니라, 주산인 면악백악산을 중심으로 좌청룡·우백호가 에워싸고 조산朝山이 조공을 드리는 형세여서 천하의 명당이었다. 후에 조선이 한양에 도읍을 정할 때의 풍수지리적 논리와도 일치한다.[5]

고려시대 남경은 면악 등의 위치를 고려할 때, 오늘날 경복궁과 청와대 일대로 추정된다. 고려 남경의 궁궐터가 그대로 조선 왕조의 궁궐터가 되었고, 현재 대한민국의 대통령 집무실로 이어지고 있는 셈이다. 최근 경복궁 발굴조사 결과 흥복전지의 조선시대 건물 아래층에서 고려시대 기와편이 다량 들어가 있는 배수로가 발견되었다. 이 발굴결과를 통해 볼 때 이 일대는 학계가 꾸준히 제기해 온 고려시대 남경의 이궁離宮 터일 가능성이 높다.[6] 향후 남경과 관련된 증거들이 더 발견될 수 있을 것으로 기대한다.

조선의 창업공신들이 한양을 도읍으로 정한 데는 당시 유행하던 풍수지리설이 최고의 명당으로 꼽았기 때문이겠지만, 그들은 한양의 자연지리적 이점도 충분히 고려했을 것이다. 하지만 새 나라 조선의 도읍지로 한양이 가장 적합하다고 본 가장 큰 이유는 고려 남경이 갖추고 있었던 도시 기반시설을 십분 활용할 수 있다는 점 때문이었다. 즉 조선의 수도 한양은 고려의 피와 땀을 먹고 자란 것이나 다름없다.

그러나 하늘이 내린 한양도 그 기운이 다하는 것은 어쩔 수 없었다. 2,000년 전 백제로부터 맥을 이어온 수도 서울은 19세기 말 막강한 외세의 압력에 무릎을 꿇고 굳게 닫았던 문을 열어주었다. 이러한 시대적 상황이 한데 녹아 있는 곳이 있으니 서소문 북쪽의 정동 일대이다. 이제 시계바늘을 100년 전으로 맞추고 타임머신의 출발버튼을 눌러보자. 조선이 대한제국으로 바뀐 뒤 끝내 일제의 손에 넘어가는 역사적 순간들이 기다리고 있다.

1 이에 대한 내용은 3장 "숙정문에서 조선의 중심을 지키다"에서도 살펴본 바 있다.
2 서울타임스, 2010, 〈한양도성 서소문, 소의문〉《나각순의 서울문화유산 둘러보기》(http://www.seoultimes.net).
3 명지대학교 부설 한국건축문화연구소, 2001,《서소문지구 잔존 서울성곽유구 시굴조사 약보고서》.
4 명지대학교 부설 한국건축문화연구소, 2005,《서울상공회의소 구간 내 서울성곽유구 시굴조사 약보고서》.
5 서울특별시사편찬위원회, 2009,《시민을 위한 서울역사 2000년》.
6 국립문화재연구소, 2008,《경복궁 흥복전지 발굴조사 보고서》.

19장

대한제국의 야외박물관, 정동

정동이라는 이름에 얽힌 전설 같은 이야기

　연인이 함께 걸으면 헤어진다고 알려진 덕수궁 돌담길을 따라 뒷길로 들어서면, 많은 사람들에게 사랑받고 있는 '정동길'로 이어진다. 이 길을 따라 구한말 역사가 낳은 건물들을 하나씩 만나다 보면, 당시 꺼져가는 촛불처럼 위태롭던 대한제국의 상황과 서구 열강이 벌인 격전의 흔적을 확인하게 된다. 그런데 이 역사의 현장으로 한양도성이 흐르고 있다는 사실은 얼마나 알고 있을까? 한때 근대사의 산 증인이기도 했던 한양도성 성벽들은 지금도 정동 한복판에서 살아 숨 쉬고 있다.

　덕수궁이 역사에 처음 얼굴을 내민 것은 임진왜란 직후였다. 전란을 피해 의주로 피난을 갔던 선조는 전쟁이 끝날 무렵 한양으로 돌아왔지만, 경복궁을 비롯한 모든 궁궐들이 불에 타고 남아 있지 않은 터라 임시로 기거할 장소가 필요했다. 그래서 어쩔 수 없이 골라 들어간 곳이 정동에 있던 월산대군의 사저였는데, 그 사저가 바로 지금의 덕수궁 터에 있었다.

　이곳이 전란의 화를 피할 수 있었던 것은 임진왜란 때 왜병이 주둔했던 곳이기 때문이다. 1592년 한양에 쏟아져 들어온 왜병들은 왕족들의 별궁과 사저, 또는 고관대작들의 집을 차출하여 제 집처럼 사용하거나 군사들의 진지로 삼았다. 그중 우키다 히데이에宇喜多秀家 부대가 월산대군의 사저를 무단으로 점유하여 진지로 사용하였다. 이로 인해 월산대군의 사저는 전쟁 중에도 온전히 남아 있을 수 있었다. 그리고 이곳에 임금이 머물렀기 때문인지, 왕자들이나 고관대작들은 임진왜란 이후에도 정동에 집을 짓고 살았다.

월산대군의 사저는 임금이 머물던 곳이라 '정릉동 행궁'이라고 불리기도 하였다. 행궁의 이름에서 유추할 수 있듯이 정동의 원래 이름은 정릉동이었는데, 여기서 잠시

덕수궁 돌담길. 이호준 촬영.

정동의 유래를 짚어보자. 그 역사는 조선 건국 초기로 거슬러 올라간다.

1396년 태조가 한양으로 천도한 지 2년 만에 그의 계비 신덕왕후 강씨가 세상을 떠난다. 그 이듬해에 태조가 강씨의 능을 도성 안에 두려고 하자 신료들은 "도성 안에 무덤을 둔 일이 없다."라고 하며 반대한다. 하지만 태조는 이런 반대를 무릅쓰고 왕후의 능을 사대문 안, 그것도 경복궁에서 바라보이는 황화방 북쪽 언덕에 두도록 했다. 그리고 그 능을 정릉貞陵이라 했는데, 그 능의 이름에서 정동貞洞이란 이름이 나왔다.[1]

정동은 '서울 안의 외국'처럼 인식되었기에, 이국적 풍경을 원하는 사람들이 자주 찾던 명소였다. 정동 일대로 외국인들이 몰려들기 시작한 시점은, 조선이 일본의 위협으로 강화도조약을 맺은 1876년 이후이다. 강화도조약으로 열강의 개방 압력이 거세지면서 조선에 드나드는 외국인의 수가 급격히 증가

하였다. 1882년에는 청나라와 조청상민수륙무역장정朝淸商民水陸貿易章程이라는 불평등조약을 체결하게 되면서 외국인들의 도성 내 거주가 합법화되었는데, 그들은 치외법권의 테두리 안에서 서울 시내를 자유롭게 활보할 수 있었다. 이 때부터 청나라 사람들은 주로 서소문·북창동·수표교 일대에 거주했고, 일본인들은 조선시대 이래 남산 북쪽에 자리 잡았다. 그에 반해 정동 일대에는 서양인들이 집중적으로 모여 살게 되었는데, 앞에서 언급한 '서울 안의 외국'과 같은 풍경은 이때 만들어졌다.

사실 흥선대원군이 집권하던 시기에 조선 왕실은 정동에 별로 관심이 없었다. 당시 임금이 머물던 창덕궁과 비교적 가까운 곳에 경희궁이 있었기에, 경운궁덕수궁 또한 관심 밖이었다. 정동 일대가 변화하기 시작한 것은, 1883년에 미국 공사가 이곳에 땅을 매입해 들어오면서부터였다. 당시 외국인들은 사대문 안에 거주할 수 없었는데, 심지어 외국사절단이라 해도 사대문 밖에 살아야 했다. 그러나 1897년 경운궁이 대한제국의 황궁이 되면서 상황은 급변한다. 외국사절단의 수가 급속히 증가하자, 고종황제는 제한을 완화하여 정동지역을 외국사절단이 쓰도록 했다. 대부분의 외국 공관들이 정동에 자리 잡은 게 바로 이 시점이었는데, 이때부터 정동 일대는 외세의 각축장이 되었다.[2]

그렇다면 서양 열강의 공사관이 들어서기 이전의 정동은 어떤 모습이었을까? 개항 직후 정동은 도시의 중심과는 거리가 먼 지역이었는데, 이는 당시 서울의 중심가인 종로와 남대문로에 면해 있지 않았기 때문이다. 하지만 정동에는 정부와 고관 소유의 땅이 많았는데, 이 때문에 정동 일대에는 민가가 많지 않았고 일반인들의 통행도 별로 없었던 것 같다. 결과적으로 서양 열강은 일반인들이 이 지역으로 접근하는 것을 효과적으로 통제할 수 있었기에, 자국의 공관이 들어설 입지로 정동을 선택한 듯하다.[3]

이러한 배경에서 정동 일대에는 영국공사관·미국공사관·러시아공사관·프랑스공사관 등이 자리 잡게 되었다. 원래 독일공사관도 있었는데, 덕수궁의 정전인 중화전中和殿을 세우기 위해 대한제국이 이 터를 매입하여 지금과 같은

각국 공사관으로 나아가는 길목의 정동로터리. 왼쪽 횡단보도로 나아가면 러시아공사관이 있었고, 10시 방향에는 미국공사관이 있었다. 이호준 촬영.

궁역을 갖추었다. 이렇게 외국공관들이 우후죽순으로 들어서면서 정동은 서양의 도시처럼 변모했는데, 이때부터 정동은 '정동 외국인 거류지'라는 이름으로 불리게 되었다. 현재는 예원학교 북편으로 캐나다대사관과 뉴질랜드대사관이 들어서 있다.

외국공관들이 정동에 앞 다퉈 자리 잡던 시기에 다양한 근대 건축물들도 함께 들어섰다. 대표적으로 배재학당·이화여고·창덕여중 같은 근대 교육기관들이 밀집돼 있는 것을 볼 수 있다. 그 밖에 정동제일교회 같은 종교 건축물도 있고, 1900년대 초에는 법조단지도 위치해 있었다. 그중에서도 지금 서울시립미술관 자리가 당시 대법원이 있던 곳이고, 덕수궁 옆 서울시청 서소문 별관자리는 가정법원이 있던 곳이다. 가정법원의 주된 역할이 이혼 문제를 다루는 것이었기에, 그 진입로 격인 덕수궁 돌담길을 거니는 남녀는 헤어진다는 말이 나온 것이라는 이야기도 있다.

대한제국 선포의 현장, 경운궁

  선조는 정릉동 행궁에 머무는 동안 즉각 창덕궁 복원공사를 시작했고, 창덕궁 중건이 완료되자 정릉동 행궁은 궁궐의 지위로 격상되어 경운궁으로 불리게 되었다. 그러나 창덕궁이 정궁의 역할을 대신하고 인근에 이궁 격인 경희궁까지 완공되면서, 경운궁은 궁궐로서의 지위와는 동떨어진 대접을 받게 된다. 그러다가 경운궁이 다시 역사의 전면에 부상하게 된 것은, 앞에서도 언급했지만 대한제국 출범과 함께 황궁이 되었기 때문이다.

  1895년 경복궁 건청궁乾淸宮 곤녕합坤寧閤에서 명성황후가 시해된 이른바 을미사변이 일어나자 불안에 떨던 고종은 1896년 러시아공사관에 몸을 의탁하여 일본의 압력에서 벗어나고자 하였다. 우리는 이 사건을 아관파천俄館播遷이라 부른다. 하지만 이런 상황을 지켜보던 서재필 등 독립협회 인사들의 강력한 권유로, 고종은 이듬해1897 2월 러시아공사관에서 나와 경운궁으로 돌아온다. 곧이어 새로운 국가체제를 정비한 고종은 그해 10월 우리 역사에서는 처음으로 황제국을 출범시켰다. 고종은 연호를 광무光武, 국호를 대한제국大韓

아관파천의 현장인 러시아공사관. 현재 일부만 남아 있다. 이호준 촬영.

정동전망대에서 내려다본 중화전과 석조전. 이호준 촬영.

석조전. 현재 대한제국역사관으로 활용되고 있다. 이호준 촬영.

帝國으로 정하고 환구단에 나아가 천신에게 고제를 올린 뒤 대한제국 초대 황제로 즉위하였다. 경운궁이 조선의 궁궐이 아니라 황궁으로 거듭나는 순간이었다.

경운궁은 황궁이라고 보기에는 여러모로 격이 맞지 않는 궁궐이다. 백악산을 뒤로 한 조선의 정궁 경복궁이 광화문을 시작으로 정전·편전·침전이 중축선을 이루며, 좌우에 여러 전각들을 거느린 채 남북으로 긴 직사각형 형태로 설계되었던 것과는 사뭇 다른 모습이다. 원래 왕궁이 아니라 왕자의 사저였던 탓에, 경운궁 터는 지형이 불규칙하였고 면적도 턱없이 협소하였다. 또한 오랜 기간 머물기 위한 궁궐이 아니었기에, 전각들의 규모도 다른 궁궐에 비하여 훨씬 못 미치는 수준이었다. 그래서 황궁의 위상에 걸맞게 새로이 신축한 건물이 '돌로 지은 집'이라는 뜻의 석조전石造殿이다.

건물을 돌로 짓는다는 것은 당시로서는 상상도 못할 일이었기에, 석조전을 건축한다는 것은 그 자체로 큰 의미가 있었다. 즉 당시 서구에서 유행하던 신고전주의 건축양식에 따라 지어진 석조전은 서구 문물을 적극적으로 수용하여 근대국가로 거듭나겠다는 고종황제의 개혁의지가 반영된 건물이다.

석조전은 그 전까지의 전통건축물과는 달리 지하 1층에 지상 2층으로 지어졌다. 이 건물은 기초공사를 시작한 지 10년 만인 1910년에 가까스로 준공되었는데, 바로 그해에 대한제국이 일제의 식민지로 떨어지는 바람에 황궁의 정전으로 사용되지는 못하였다. 그런데 일본의 식민지로 떨어지기 3년 전인 1907년에 경운궁은 덕수궁으로 이름이 바뀐다. 이는 일제에 의해 강제로 퇴위당한 고종황제가 경운궁에 머물게 되면서 그의 만수무강을 기원하기 위해서였다. 조선과 대한제국을 통틀어 마지막 군주였던 순종황제가 창덕궁으로 이어한 뒤 태황제 고종은 계속 덕수궁에 머물렀는데, 이 기간 동안 석조전은 침전과 편전의 복합적인 용도로 사용되었다. 지상층에는 시종들의 대기소 역할을 하던 곳이 있었고, 1층에는 손님을 맞는 접견실이 있었으며, 2층에는 황제와 황후의 침실·거실 등이 마련되었다. 2층 베란다에 서면 궁궐의 구조를 한눈에 파악할 수 있을 정도로, 석조전은 덕수궁의 핵심적인 위치에 자리 잡았다.

덕수궁 동편으로는 즉조당卽祚堂 권역의 여러 전각들이 보이는데, 즉조당은 중화전이 건설되기 전까지 정전의 역할을 하였던 곳으로 반정에 성공한 인조가 즉위한 곳이기도 하다. 그 옆으로 임진왜란 후 선조가 머물렀던 석어당昔御堂, 그리고 1919년 고종이 승하한 침전인 함녕전咸寧殿을 차례로 볼 수 있다.

함녕전에서 눈을 조금 돌리면 가장 남쪽에 중화전이 위풍당당한 모습으로 서 있다. 중화전은 1902년에 준공되었으나, 1904년 대화재로 소실된 후 1905년 8월에 중건되었다. 석조전 공사가 상대적으로 오래 걸린 것은 경제적 여유가 없는 상황에서 고종이 중화전 건설에 더 공을 들였기 때문이다.

석조전 앞쪽에는 분수대 정원이 있는데, 안개처럼 피어오르는 분수 너머로 석조전을 빼닮은 '석조전 서관'이 눈에 들어온다. 일제는 1938년 이 건물을 짓고 이왕가미술관李王家美術館을 열었는데, 현재 이곳에는 '국립현대미술관 덕수궁 분관'이 있어서 때마다 유명한 근현대 작가들의 작품이 전시되고 있다.

정동전망대에서 바라본 덕수궁 전경. 이호준 촬영.

　석조전은 한때 덕수궁관리소의 사무공간이나 유물수장고 등으로 사용되었지만, 최근 고종 연간의 모습으로 복원하여 대한제국역사관으로 개관하였다. 입구로 들어서면 고종황제의 어진이 관람객을 맞이하고, 당시 연회를 베풀던 공간을 재현하여 과거의 영화와 쇠퇴를 한꺼번에 느끼게 해준다. 면적이 협소하고 동선이 겹치는 관계로 인터넷으로 사전예약한 사람들에 한해 개방하고 있다.

　한편 덕수궁의 모든 건물들을 한눈에 담을 수 있는 곳이 있는데, 바로 덕수궁 남쪽에 자리한 서울시청 서소문 별관이다. 이 건물 13층에는 정동전망대라는 카페가 마련되어 있어 누구든 올라가 볼 수 있다. 원래는 서울시장 집무실이었으나 최근에 일반인들에게 개방되었는데, 이곳에서 바라보는 서울도심의 전경은 가히 일품이다. 눈 아래 펼쳐지는 덕수궁의 전경과 서울시 청사는 물론이고, 백악산과 인왕산이 손에 닿을 듯 선명하다. 저렴한 가격으로 음료를 즐기며 서울의 북쪽 전경을 만끽하는 기분은 누려본 사람만이 알 수 있을 것이다. 요즘 말로 가성비가 최고인 전망대이다. 그런데 2016년 10월에 보도된 기사에 따르면, 13층의 전망대가 15층으로 이전되면서 광무전망대라는 이름으로 재탄생할 예정이라고 한다. 옥상과도 연결하여 더욱더 시원한 전망을 제공할 계획이라고 하니, 그곳에서 담아낼 덕수궁과 정동의 아름다움이 벌써부터 기대된다.

시계바늘을 대한제국 출범 시점으로 잠시 되돌려보면, 석조전의 신축과 함께 서울의 도시구조는 경운궁을 중심으로 확 바뀌었다. 대한제국이 출범하면서 서울의 중심이 경복궁에서 경운궁으로 바뀌고, 상업의 중심도 운종가雲從街, 지금의 종로사거리 일대에서 대한문大漢門, 원래 이름은 대안문大安門 앞으로 옮겨오게 된다. 경운궁의 정문은 원래 인화문仁化門이었지만, 인화문이 철거되고 대안문 앞으로 새로 큰 길이 나면서 1898년에 건설된 대안문대한문이 경운궁의 정문이 되었다.

도시구조의 변화 가운데 가장 선명하게 드러나는 것은 도로망의 변화인데, 대한제국이 출범하던 시점에 서울 시내의 도로는 대한문을 중심으로 방사선 또는 환상선 모양으로 개설되기에 이른다. 당시 내부대신 박정양朴定陽과 한성부 판윤 이채연李采淵 등이 미국 워싱턴에 외교관으로 주재한 경험이 있었기 때문에 서울 거리를 워싱턴을 닮은 모습으로 바꾸려 한 결과였다. 대표적으로 태평로와 현재 웨스턴조선호텔이 위치한 남별궁 자리에 소공로가 생겼는데, 이 길은 남촌과 대한문을 연결시켰을 뿐만 아니라 남대문 상권을 소공동 주변까지 확장시켰다. 공중에서 내려다보면 대한문이 인접한 서울시청 앞 광장으로 서울의 모든 길이 모여드는 것을 확인할 수 있는데, 뭔가를 알리거나 주장하려고 하는 사람들이 이곳을 찾는 것은 바로 이런 지리적 특징 때문이리라. 대한제국의 출범과 경운궁의 변모는 조선 건국 이래 지속되었던 한양의 도시구조가 일순간 변화하는 계기가 되었고, 그 결과 이 일대는 지금까지도 서울의 중심으로 자리하고 있다.

언덕 밑 정동길엔 아직 한양도성이 남아 있어요

정동 일대의 한양도성에 대한 최초의 발굴조사는 1999년 국립문화재연구소가 '주한 러시아대사관 건립 예정지 정동 34-16번지'에서 첫 삽을 뜨면서 시작되었다. 이곳은 원래 아펜젤러의 사저가 있었던 곳으로, 1984년까지 배재고등학교로 사용되었던 자리였다. 이 때문에 배재고등학교 졸업앨범 등 예전 사진을 보면, 서편 담장지역에 한양도성의 성벽이 여장까지 잘 남아 있었던 것을 확인할 수 있다.

조사지역은 서소문과 이화여고 사이의 성벽으로 세종 대의 수축공사 때 평안도가 축성을 담당한 상翔자 구간에 해당한다. 영조 대의 수축공사 이후에는 금위영에서 이 구간을 관리했다. 사업부지 내에서 성벽이 존재할 것으로 추정되는 곳은 조사지역의 서쪽 끝에 해당하는 곳으로, 이화여고 유관순기념관과 접해 있는 담장지역이다. 발굴조사 전에도 이미 담장 아래에 석축 일부가 드러나 있었다.

발굴 결과 생토인 지반 위에 일정 높이까지 점토와 마사토를 섞은 흙을 쌓아 다져 올리고, 그 위로 장방형으로 다듬은 석재 2단을 기단석으로 삼은 후 소형의 장방형 할석들을 쌓아 올린 것으로 확인되었다. 석축이 가장 잘 남아 있는 부분은 지대가 낮은 곳으로 3미터 정도 되는 것으로 밝혀졌다.[4] 비록 땅속에 묻혀있고 여장 등 성벽의 윗부분은 사라졌지만, 정동 일대의 주요건물들 아래에 한양도성의 성벽이 어떤 모양으로든 남아 있을 가능성이 높아진 것이다.

이 발굴이 계기가 되어, 정동 일대에 한양도성 성벽이 지나가는 것으로 추정되는 지역에 대해서는 현재까지도 사전 발굴조사를 실시하고 있다. 근래에도 창덕여중에 대한 발굴조사에서 한양도성 성벽의 기초와 프랑스공사관 터의 기초 3분의 2 정도를 찾아내는 성과를 거두었다. 2010년 창덕여중 증·개축 예정지 4,414제곱미터를 발굴조사한 결과, 한양도성 성벽 기단부 16.8미터를 확인했다. 비록 기단석 1단 정도밖에 남아 있지 않았지만, 풍화암반층 위에 적갈색 사질토를 10센티미터 정도 다진 후 박석을 깔고 다시 지대석을 놓아 성

러시아대사관 부지에서 발굴된 성벽. 국립문화재연구소 사진 제공.   창덕여중 부지 발굴. 고려문화재연구원 사진 제공.

벽의 기초로 삼았음을 알 수 있었다. 사실 이번 발굴은 성벽의 축조양상을 확인한 것보다는 서소문에서 돈의문까지의 한양도성 잔존 추정선을 밝혀냈다는 데 더 큰 의미가 있다. 발굴조사 지역 남쪽으로 60미터 정도 떨어져서 이화여고 교정에 성벽이 일부 남아 있고, 북쪽으로 약 77미터 떨어진 창덕여중 담장 아래에도 한양도성의 외곽선이 확인되고 있기 때문이다.[5]

이처럼 비록 지상에는 한양도성의 성벽이 남아 있지 않지만, 정동길 밑에는 한양도성의 기초가 고스란히 남아 있다. 일부 지점에 지나지 않는 발굴조사였지만, 예상했던 대로 한양도성의 흔적들이 속속 드러나고 있다. 이렇게 볼 때 정동길에서 출발하여 지금은 사라진 돈의문서대문 쪽으로 향하는 길가에는 한양도성의 기초가 대부분 남아 있을 것으로 추정된다. 이 일대에 대한 적극적인 보호대책이 필요한 이유이다.

덕수궁이 우리 품으로 돌아올 날을 꿈꾸며

덕수궁 경역에서 우리 근대사의 가장 가슴 아픈 장소를 선택해 보라고 하면 주저 없이 중명전重明殿을 꼽게 된다. 중명전 영역은 외국 선교사들의 거주지가 위치했던 곳이다. 의사이자 선교사였던 알렌 박사가 집을 지으면서 선교사들의 거주가 시작되었는데, 미국공사관 주변에는 언더우드의 집과 정동여학교, 이화학당 등이 들어서면서 일종의 선교타운이 형성되었다. 이렇게 교세가 커지자 선교사 측은 좀 더 넓은 대지가 필요하게 되었는데, 이는 궁역 확장이 절실했던 대한제국의 입장과 절묘하게 맞아떨어졌다. 그 결과 중명전 영역에 있던 정신여학교와 선교사들은 연지동으로 이사했고, 이 지역은 경운궁의 궁역에 포함되었다.

1897년 황실도서관으로 문을 열 당시 중명전의 이름은 수옥헌漱玉軒이었는데, 1900년 러시아 건축가가 이 수옥헌을 우리나라 최초의 서양식 2층 벽돌건물로 고쳐지었다. 그러다가 1904년 경운궁 화재 때 고종황제가 수옥헌을 임시 거처로 사용하면서 중명전이란 이름을 갖게 되었고, 이후 고종황제가 외국사절을 맞이하거나 연회를 베푸는 장소로 이용되었다.

1905년 11월 17일 이 중명전에서는 우리의 의지와는 무관하게 강제로 을사늑약이 체결되었다. 그날 밤 일제는 하세가와 사령관의 지휘 하에 완전무장한 군인들을 앞세워 고종황제와 각부 대신들을 협박하여 조약을 체결할 것을 요구하였다. 고종황제는 조약체결을 회피하며 끝까지 거부하려 하였지만, 다급해진 이토 히로부미는 조약체결에 찬성하는 을사오적과 더불어 불법적으로 조약을 체결하였다. 당시 고종황제는 공식적인 서명이나 옥새 날인 등을 거부함으로써 끝내 그날의 조약체결을 인정하지 않았다.

뿐만 아니라 고종황제는 을사늑약이 체결된 이듬해1906 초부터 일본의 만행을 규탄하는 친서를 작성하여 영국의 《트리뷴》지에 보도하고, 헐버트 박사를 통해 미국에 전달하는 등 을사늑약의 부당성을 서방세계에 알리는 데 힘을 쏟았다. 고종황제는 여기서 그치지 않고, 1907년 6월 헤이그에서 열린 제2차 만국평화회의에 특사를 파견하여 이준 열사 등으로 하여금 우리의 입장을 담은 탄원서를 각국 대표들에게 전달하는 등 필사적으로 노력하였다. 하지만 이러한 태도가 빌미가 되어 고종황제는 마침내 일제에 의해 폐위되었고, 경운궁

중명전 전경. 이호준 촬영.

또한 고종황제와 함께 황궁의 자리에서 밀려나고 말았다.

문화재청은 2010년 경술국치 한일강제병합가 일어난 지 100년이 되는 해에 중명전을 중명전 전시관이란 이름으로 리모델링하여 을사늑약 등과 관련된 자료를 전시하여 왔다. 2016년 8월부터는 내부의 전시내용을 교체하고 조경을 정비할 목적으로 보수공사를 진행하고 있으며, 2017년 7월에 재개관하였다.

중명전 너머 덕수궁의 가장 안쪽 공간은 선원전 璿源殿 권역이다. 선원전은 왕의 초상화인 어진을 두는 곳인데, 1900년 10월 14일 덕수궁 첫 화재 때 정전 7개실의 어진이 불에 타버렸다. 이 건물은 1901년에 복원되었지만, 보관하고 있던 어진을 1920년에 창덕궁으로 옮기면서 부지가 매각되었고 조선은행·식산은행 등이 들어서면서 해체되기 시작하였다. 또한 미국대사관 부지 너머에 남아 있던 선원전 주변의 전각들은 불교포교원, 경성제일공립고등여학교 구 경기여고와 구세군 본영 등이 들어서면서 완전히 자취를 감추었다. 이 중에서 주목해야 할 건물로 황태자 시절에 순종의 비였던 순명황후 純明皇后의 위패를 모신 의효전 懿孝殿이 있는데, 일제는 이 혼전과 유청문을 허물고 그 자리에 서대문소학교 현 덕수초등학교를 세웠다. 그런데 서울시립대학교 이강근 교수의 주장에 의하면, 덕수궁 의효전은 없어진 것이 아니라 창덕궁의 새로 지은 선원전 앞으로 옮겨졌다고 한다. 의효전과 현재 창덕궁에 있는 의로전懿老殿의 한자를 비교해 보면, 효孝자가 로老자로만 바뀐 것이니 타당해 보인다. 이 주장이 입증된다면 덕수궁의 잃어버린 주요건물 한 채를 되돌릴 수도 있을 것이다.

문화재청에서는 2015년부터 2039년까지 3단계 25년 계획으로 덕수궁 복원계획을 수립·추진하고 있다. 복원계획의 핵심은 선원전 권역에 대한 원형회복이라 할 수 있다. 근래에 어렵사리 이 땅의 소유주인 미국대사관 측과 부지교환 합의가 이루어져 본격적인 사업추진이 가능하게 되었다. 2018년에는 선원전 권역의 시작이라 할 수 있는 '고종의 길'도 복원되었다. 이 길은 일명 '아관파천 길'로서, 고종이 아관파천 때 이동했던 미국대사관 관저와 선원전 사이의 좁은 길이다. 110미터 남짓 되는 이 길은 대한제국 시기에 미국공사관이 만든 지도에도 '왕의 길 King's Road'로 표시되어 있어서 아관파천을 한 길임을 보여준다.

2016년은 고종의 아관파천 120년이 되는 해이기도 하였다. 이를 기념하기 위해 현재 탑 부분만 남아 있는 러시아공사관 건물도 복원할 계획이라고 하였다. 이러한 사업을 시작으로 2013년 발굴조사에서 그 기초가 확인된 홍덕전興德殿과 홍복전興福殿, 기타 선원전 부속건물들을 복원한 뒤 궁극적으로는 선원전 궁장과 후원인 상림원까지 복원한다는 야심찬 계획이다. 덕수궁이 옛 모습을 회복하는 그날이 오면, 우리 국민의 가슴에 맺힌 구한말의 깊은 상처가 치유될 수 있을까? 그런 날이 속히 오기를 손꼽아 기다려 본다.

---

1 김정동, 2014, 〈정동 일대의 문화유산과 세계유산적 가치〉, 《서울의 유산에서 세계의 유산으로》, 서울특별시.
2 김정동, [주1]과 같은 문헌.
3 안창모, 2016, 〈근대 한국의 원공간 – 정동과 덕수궁〉, 《2016년 궁궐길라잡이 19기 기본교육》, 우리문화숨결.
4 국립문화재연구소, 1999, 《주한 러시아대사관 건립예정부지 내 유적 시굴조사보고서》.
5 고려문화재연구원, 2012, 《서울 정동 유적 – 창덕여자중학교 증·개축부지 문화재 발굴조사 보고서–》.

20장

사라진 돈의문, 역사마을로 되살아나다

한양도성의 서쪽 대문, 돈의문

한양도성의 서쪽 대문인 돈의문敦義門은 태조 5년1396에 완공되었다. 도성을 동서로 가로지르는 종로의 서쪽 끝에 세워진 이 문은, 경희궁의 정문인 흥화문興化門과 인접한 중요한 위치에 자리 잡고 있었다. 인근에 중국 사신이 머물던 모화관이 있었으니 이와 관련된 행차에도 이용되었을 것이다. 그러나 완공된 지 얼마 지나지 않아 풍수지리상 좋지 못하다는 이유로 폐쇄되고 만다.

태종 13년1413 6월 19일 풍수지리학자 최양선崔揚善은, 도성의 장의동문藏義洞門과 관광방觀光坊 동쪽 고갯길은 경복궁의 좌우 팔에 해당하니 사람들의 통행을 막아야 한다고 주장했다. 태종은 최양선의 주장을 받아들여 돈의문을 닫은 뒤 새로 문을 하나 만들었는데, 그 문이 바로 도성 서쪽에 있는 서전문西箭門이다. 서전문의 위치는 사직터널 부근일 것으로 추정되지만 아직 확인되지 않고 있다.

"내가 인덕궁仁德宮에 가려는데, 성녕誠寧의 집이 길가에 있으니, 이를 보면 반드시

〈경기감영도〉(부분). 한양도성 인왕산구간의 성벽과 돈의문의 옛 모습을 확인할 수 있다. 삼성미술관 Leeum 사진 제공.

1906~7년경의 돈의문 앞 전경. 돈의문으로 오가는 사람들의 복장이 이채롭다. 본 저작물은 국립민속박물관에서 공공누리 제1유형으로 개방한 '돈의문(敦義門) 거리'를 이용하였으며, 해당 저작물(기증자 : Stefan Sander)은 국립민속박물관 홈페이지(http://www.nfm.go.kr/Data/colSd_new.jsp)에서 무료로 다운받으실 수 있습니다.

1906~7년경의 돈의문 앞 거리풍경. 장옷 입은 여인의 모습이 특별하게 다가온다. 본 저작물은 국립민속박물관에서 공공누리 제1유형으로 개방한 '서대문 거리'를 이용하였으며, 해당 저작물(기증자 : Stefan Sander)은 국립민속박물관 홈페이지(http://www.nfm.go.kr/Data/colSd_new.jsp)에서 무료로 다운받으실 수 있습니다.

애훼哀毁하는 마음이 생길 것이다. 나는 진실로 너희들이 나를 조소할 줄 알지만, 그러나 차마 볼 수가 없다. 숭례문崇禮門으로 나가려고 하는데, 서전문西箭門으로 돌아 들어가 알현謁見한 연후에 서전문으로 돌아 나와서 인정전仁政殿을 개조改造하는 역사役事를 보는 것이 어떠할까?"

《태종실록》태종 18년1418 8월 1일 무인 2번째 기사에는, "숭례문崇禮門으로 나가려고 하는데, 서전문西箭門으로 돌아 들어가"라고 언급되어 있다. 그런데 인덕궁으로 향하는 길에는 일찍 세상을 떠난 성녕대군의 거처가 있었기에, 태종은 이를 보면 넷째아들 생각이 나 애통한 마음이 들 터이니 서전문으로 들어가 정종을 알현한 연후에 다시 서전문으로 돌아 나오겠다고 한 것이다. 그러나 세종은 재위 4년째인 1422년에 서전문을 철거하고, 그 남쪽에 다시 문을 세우면서 이름을 원래대로 돈의문이라 하였다. 이처럼 서전문과 돈의문이 몇 차례 새로 지어지면서, 돈의문은 서대문 외에 새문·신문新門으로도 불린 듯한데, 현재 이 앞길의 이름이 '신문로'인 것과 근처에 새문안교회 등이 있는 것은 모두 돈의문의 별칭에서 유래한 것이다.

숙종 37년1711에 광희문과 함께 돈의문도 건립하라는 기록이 있는 것으로 보아 숙종 대에 한 차례 재건이 있었던 것으로 추정된다. 이후 1915년 일제강점기 당시 단선이었던 전차노선을 복선화하면서, 돈의문은 결국 철거되고 말았다. 이때 돈의문 남북으로 연결되는 한양도성의 성벽도 함께 훼철된 것으로 보인다. 철거 전의 돈의문은 홍예 구조를 띠고 있었고, 문루는 정면 3칸에 측면 2칸의 우진각지붕으로 되어 있었다. 현재는 강북삼성병원 앞 사거리에 '돈의문 터'라고 표시되어 있으나, 성벽이나 문에 대한 유구는 찾아볼 수 없다.

다행스럽게도 철거 전의 돈의문 모습을 추정해 볼 수 있는 몇 점의 그림과 사진자료 등이 남아 있다. 돈의문의 옛 모습을 보여주는 그림으로는 〈경기감영도京畿監營圖〉가 거의 유일한데, 여기에는 돈의문을 비롯해 한양도성 인왕산 구간의 성벽이 사실적으로 그려져 있다. 돈의문은 홍예 구조의 출입문 위에 정면 3칸, 측면 2칸의 단층 문루로 표현되어 있으며, 우진각 형태의 지붕에는 취두와 잡상 등도 그려져 있다.

이처럼 당시의 회화자료는 한양도성의 경관은 물론 건축물의 구조까지도 상세히 보여주고 있어, 지금은 사라지고 없는 도시의 모습을 추정하는 데 꼭 필요한 자료라 할 수 있다. 따라서 이러한 회화자료를 종합적으로 고찰한다면, 역사 문화 도시로서의 서울을 재조명하고 그 위상을 정립하는 데도 큰 도움이 될 것이다.[1]

구한말 우리나라를 찾은 외국인들의 눈에는 모든 게 신기해 보였기 때문인지, 돈의문 사진은 회화자료보다 많이 남아 있다. 그들이 사진기에 담았던 희귀한 사진들이 최근에 잇따라 발견되고 있는데, 돈의문도 예외가 아니다. 지금도 그렇지만, 1890년대 이래로 서울을 찾은 이방인들의 눈에는 한양도성이 능선을 따라 흐르는 풍경이 무척이나 멋스럽게 느껴졌을 것이다. 이 때문인지 돈의문을 찍은 사진도 생각보다 많이 남아 있어서 마음먹기에 따라 돈의문 복원은 그리 어렵지 않을 수도 있다. 각종 사진과 회화자료 등을 통해 철거되기 이전의 돈의문 모습을 고증할 수 있기 때문이다.

2009년에는 서울시에서 인근의 서대문고가차도를 철거하고 2013년까지 돈의문을 복원하는 계획을 발표하였으나, 예산 및 원형복원 등의 문제가 겹쳐 중장기 과제로 미뤄진 상태다. 그러나 현재로서는 돈의문 복원은 여러모로 무리라고 판단된다. 복원을 한다면 고증하는 문제 외에도 원래의 자리에 복원해야 하는 숙제가 남아 있다. 그런데 지금의 상황은 어떠한가. 돈의문은 종로에서 마포와 신촌 쪽으로 넘어가는 핵심 교통로에 위치해 있었다. 또한 돈의문 자리 인근에는 고층빌딩들이 앞다투어 들어서고 있다. 돈의문 일대의 교통상황과 개발양상을 볼 때, 돈의문의 원위치 복원은 현실적으로 불가능하다고 보는 편이 맞을 것이다.

돈의문은 사라지고 아파트 단지가 들어서다

말이 나온 김에 돈의문 일대의 개발상황을 한번 살펴보자. 현재 가장 문제가 되는 사안은 돈의문 뉴타운지구 재개발 사업이다. 지하철 5호선 서대문역에 내려서 독립문 방향으로 가다 보면, 오른편 아파트 건설공사장에 거대한 타워크레인 수십 대가 우뚝 솟아 있다. 하루가 다르게 쑥쑥 자라는 콘크리트 건물 너머에는 초록의 인왕산능선과 한양도성 인왕산구간 성벽이 깨금발로 서서 사람들과 아슬아슬하게 눈을 맞춘다. 누가 봐도 안타깝기 그지없는 광경인지라 이곳에 대규모 재개발을 허가한 것이 타당했는지에 대한 문제가 제기되었던 것으로 알고 있다. 그러나 현행법으로는 재개발을 제한할 근거가 없다.

돈의문 터 표시. 건너편 경향신문사 사잇길로 나아가면 정동과 덕수궁으로 이어진다. 이호준 촬영.

한양도성이라는 사적지가 인접해 있긴 하지만, 일정 거리를 두고 고도만 지켜 개발하면 그만이기 때문이다.

몇 년 전 이와 관련해서 일명 '돈의문 1구역 도시환경정비사업'을 둘러싼 문화재 심의가 있었다. 2014년 1월 시장방침으로 돈의문 정비계획을 변경하고 2월에 사업시행변경 인가가 이루어졌다. 이에 따라 2014년 3월 12일에 열린 문화재 심의2014년도 제4차 사적분과위원회 결과 한양도성의 역사경관을 보호하기 위해 다음과 같은 보완조치가 이루어졌다. 핵심사항을 정리하자면, 한양도성과 연접한 지역의 층수를 줄여 건물의 높이를 낮추고 녹지공간을 추가로 확보할 것과, 역사문화공원을 조성하여 철거 예정지역의 한옥 등 근현대 건축물을 이건하여 보존하며, 성벽 주변 발굴을 바탕으로 박물관을 건립하는 것이다.

이미 사업이 진행된 구역임에도 불구하고 여러 가지 사항을 고려하여 역사경관을 최대한 확보하려 했고 관련 자료들을 시민들이 활용할 수 있도록 한 전

향적인 심의결과임에 틀림없다. 그러나 한양도성 주변의 개발사업에 대한 근본적인 대책으로는 어딘지 미흡하다는 생각이 들 수밖에 없다. 그렇기 때문에 사후 약방문 같은 조치보다는 사전에 적극적인 보호대책을 마련해야 했다는 평가가 나온다.

한양도성은 내사산의 지세와 지형을 따라 축성되었기 때문에, 성벽이 지형의 굴곡을 따라 흐르고 있다. 덕분에 내사산 능선에서는 도성에 둘러싸인 도심을 편안하게 내려다볼 수 있으며, 한양도성의 안과 밖 어디에서든 성벽의 늠름한 모습을 한눈에 담을 수 있다. 특히 백악산·낙산·남산·인왕산에 올라 서울 도심을 바라보면, 인공으로 조성한 빌딩숲이 주변의 자연경관과 대조를 이루어 역사도시 서울의 정체성과 특징을 읽을 수 있다. 또한 한양도성을 에워싸고 있는 성벽의 모습은 서울의 자연지형과 더불어 서울을 상징하는 대표적인 경관으로 자리 잡았다.

이러한 이유로 한양도성 주변지역은 문화재와 도시계획이라는 두 가지 차원에서 상당히 엄격하게 관리되어 왔다. 그럼에도 한양도성은 끊임없는 개발사업으로 인해 그 지형과 주변경관이 훼손될 위기에 처해 있다. 이와 같은 위험성은 실제로 도시환경 정비사업과 각종 재개발·재건축 사업을 통해 여실히 드러나고 있다. 한양도성과 근접한 곳 가운데 정비사업 지구로 지정된 대표적인 사례로는, 돈의문 뉴타운지구 외에도 중구 순화구역, 서소문구역, 남대문구역, 종로구 이화1구역, 창신·숭의 지구 등이 있다. 이러한 정비사업 대상지는 개발 규모가 커서 사업 면적이 광범위할 뿐만 아니라 점점 고층화되고 있기 때문에, 한양도성의 경관을 유지하는 데 부정적 영향을 끼칠 것이 분명하다.

이를 우려한 당국에서는 한양도성의 훼손 방지와 경관 보호를 위해 높이·지형·재료·경관의 4가지 요소를 기준으로 개발 계획에 대한 문화재 심의를 하고 있다. 우선 건축물의 높이를 문화재 앙각(문화재 높이에서 올려다본 각도) 기준에 맞추되, 경우에 따라서는 성벽의 최고 높이 이하가 되도록 유도하였다. 특히 구릉지를 개발할 때는 성벽 주변의 흙을 최소한으로 깎아내도록 '지형'을 고려

하였고, 건축물을 배치할 때는 선으로 연결된 성벽 문화재의 특성을 살릴 수 있도록 '경관'의 문제를 주된 심의기준으로 삼았다. 이밖에 건축물의 '재료'가 주변과 조화를 이루도록 적극 유도하고 있다. 앞으로는 각 항목에 대한 명확한 관리기준과 가이드라인을 제시하는 과제가 남아 있다.[2]

다행히 최근에는 대규모 개발에 대한 회의적인 분위기가 조성되는 추세이고, 특히 한양도성 주변마을에 대해서는 서울시에서 '성곽마을 조성 종합계획' 2013을 수립하여 장수마을 만들기 사업 등을 추진하고 있다. 그러나 돈의문 뉴타운지구처럼 이미 사업이 진행되고 있는 경우에는, 한양도성에 미치는 영향이 최소화될 수 있도록 관리하는 수밖에 없다. 사업 시행이 확정되지 않은 지역의 경우에는 적극적인 출구전략 등을 적용해, 현재의 상태를 유지하면서 건축물과 마을환경을 세심하게 고쳐나가는 방식도 적극 권장할 만하다.

역사도시 조성을 위한 모범사례를 기대하며

서울시는 2014년 서울도심에 역사성을 부여하고 지속적으로 유지하기 위한 야심찬 계획을 내놓았다. 이 계획은 '역사도심 기본계획'[3]이라는 이름으로 수립되었다. 사실 서울시는 이전부터 서울도심 관리 및 발전 방안에 대해 고민해 왔는데, 2000년 '도심부 관리 기본계획'과 2004년 '청계천 복원에 따른 도심부 발전계획' 같은 것이 바로 그러한 고민의 결과물이다. 그러나 이러한 것들은 이름 그대로 계획에 불과한 수준이어서 보다 실질적이고 실천적이며 구속력을 가진 권역별 종합계획을 내놓았는데, 이것이 바로 '역사도심 기본계획'이다.

이것은 서울의 역사도심 전체를 대상으로 한 종합적인 성격의 계획으로, 역사·보행·주거·산업·안전·친환경이라는 6개의 핵심이슈를 주된 대상으로 선정하였다. 그중 첫 번째 이슈가 바로 '삶의 흔적이 쌓여 역사가 되는 도심'을 만드는 것으로, 이를 추진하기 위해 3가지 전략을 세우고 전략마다 3개씩의 실천과제를 제시하였다.

첫째, '역사문화자원 범위확대 및 관리체계 구축' 전략은 근현대 건축자산의 발굴 및 목록화, 한옥지원 대상 및 범위의 확대, 옛길 등 도시조직의 발굴을 3대 실천과제로 꼽았다.

둘째, '역사문화자원을 활용한 지역 재생유도 및 지원' 전략은 3대 실천과제로 한양도성·궁궐 등 주요자원과 주변지역의 통합관리, 한옥밀집지역을 비롯하여 옛길 주변지역 재생 추진, 역사문화자원의 지역재생 거점 활용을 도출하였다.

셋째, '역사도심에 대한 시민공감대 형성' 전략인데, 지역별 스토리 발굴 및 체험 프로그램 운영, 서울시 '역사도심의 날' 지정 및 관련 행사 운영, 동아시아 역사도시 네트워크 구축 등을 3대 실천과제로 삼고 있다.

이 계획의 핵심사항이라고 할 수 있는 역사도심 공간 계획에서는 지역 특성에 따라 특성·정비·일반 관리지구의 세 단계로 구분·관리할 방침이다. 그중에서 역사적·경관적·문화적 특성이 뛰어난 지구를 특성 관리지구로 지정하여 대규모 개발을 제한하고, 재개발 정비 예정구역에서도 배제하고 있다. 또한 재개발 가능 지구인 정비 관리지구 역시 대규모 관리지구는 최소한으로 줄이고, 도시조직의 역사성을 보존하기 위한 소단위 지구로 지정을 확대하고 있다. 그밖에 원칙적으로 개별 필지마다 건축 행위가 가능한 일반 관리지구는 큰 틀의 변화 없이 현재와 같은 모습을 유지할 계획이다. 이러한 방침이 수립됨으로써 그 가치가 충분히 파악되지 않은 상태에서 속수무책으로 헐려나가던 도심 내 역사자원이 효율적으로 보존·관리될 수 있는 단초가 마련되었다.

한편 역사도심 공간 계획의 하부 지침으로 각 구역별·지구별 특성에 맞는 상세한 지침을 제시함으로써 앞으로 있을 재개발이나 건축 계획 수립 시 반영하도록 하였다. 여기서도 핵심 고려사항은 역사자원이었는데, 돈의문이 위치한 '경희궁 구역 관리지침'을 보면 이 공간 계획의 추진 방향을 어느 정도 파악할 수 있을 것이다. 경희궁 구역 관리지침은 공공부문과 민간부문을 구분하여 제시하고 있지만, 여기서는 한데 묶어 그 핵심이 무엇인지만 보려고 한다.

'경희궁 구역'이라는 이름에서도 알 수 있듯이, 이 관리지침의 목표는 경희궁의 옛 모습을 회복하는 것이다. 아울러 돈의문과 그 주변의 멸실된 성벽이 어디에 어떻게 남아 있는지를 확인하여 순성길, 즉 탐방로를 조성하는 것도 빼놓을 수 없는 사업이다. 그리고 경희궁 주변의 역사문화 환경을 고려한 역사도심 마을 만들기 사업을 추진하여 주변경관과 어울리는 합리적인 도심 재생 사업을 목표로 하고 있다. 모쪼록 이러한 계획과 사업취지가 주민들에게도 충분히 전달되어 역사와 주민이 공존·상생할 수 있는 효율적 방안들이 마련됨으로써, 서울시가 진정한 역사도시로 거듭나길 기대해 본다.

역사문화마을과 돈의문 역사문화박물관을 향하여

역사도심 기본계획을 새롭게 수립한 영향이었을까? 서울시는 2015년 5월 '돈의문 1구역 도시환경정비사업'에 따라 기존 건물 전면철거 후 근린공원을 조성할 예정이었던 곳 신문로 2가 7-24번지 일원의 개발 방향을 바꾸어, 돈의문 안 첫 동네 가칭 '새문안 동네'로서의 역사적 가치를 살리기로 했다고 발표하였다. 이곳을 마을의 삶과 기억은 물론이고 역사적 층위가 살아있는 동네로 재생하여 서울시민의 역사·문화 자산으로 남기고자 역사문화마을 조성계획을 수립한 것이다. 기존 계획을 완전히 뒤집은 획기적인 발상의 전환이다. 이 구역은 앞에서 본 것처럼 문화재위원회의 심의까지 통과한 상태여서 기존 계획대로 사업을 추진해도 무방한 곳이었으나, 서울시장의 지침으로 갑자기 계획이 바뀐 것이다. 어떤 연유이건 간에 근린공원이 역사문화마을로 바뀐다는 것은 잘된 일이란 생각이 든다.

역사문화마을이 조성되는 곳은 강북삼성병원에서 서울특별시교육청으로 올라가는 송월길 동편으로, 경교장 맞은편에서 경희궁의 정문인 흥화문에 이르는 부지 1만 제곱미터가 조금 넘는 면적이다. 변경된 재정비 촉진계획에 따르면, 이곳에는 돈의문 전시관을 비롯하여 건축 전시관과 도시 건축 센터 등이 들어섰다. 또한 재개발 사업부지에서 철거된 한옥 가운데 가치가 인정된 세 채의 한옥을 이축해서 전시하였다. 기존의 한옥 가운데 양식이 우수하고 상태가 양호한 건물들은 철거하지 않고 리모델링하여 청소년을 위한 숙박시설 유스호스텔로 활용할 방침이다. 기타 나머지 공간에는 식당과 공방, 산책을 위한 마당 등을 만들 계획이라고 한다.

계획대로 된다면 이전에는 볼 수 없었던 창의적 역사문화마을이 탄생할 것임에 틀림없다. 특히 지금 우리가 돈의문을 볼 수도, 복원할 수도 없는 상황에서 돈의문의 역사와 변천과정을 체계적으로 보여주는 박물관이 생긴다니 절로 기대가 된다. 게다가 돈의문이 철거되기 직전 돈의문과 함께 한양도성 서쪽

돈의문 박물관 부지 발굴(경희궁 담장) 기초. 신희권 촬영.

경관의 한 축을 구성했던 시대적 건축물들도 같이 볼 수 있다면 그 또한 매력적이다. 현재 서울에는 한양도성의 성문과 조선시대의 도성 주변 마을이 공존하고 있는 곳이 한 군데도 없기 때문에, 그 의미가 각별하다 할 수 있다.

서울시는 본격적인 사업시행에 앞서 발굴조사를 진행하였다. 기존 건축물 밑으로는 예상대로 일제강점기와 조선시대 문화층이 차례로 확인되었다. 그런데 이 일대가 지형상 구릉지인 탓에 퇴적층이 그다지 깊지는 않은 상황이다. 특기할 만한 성과로는 경희궁의 남측 담장 일부를 확인한 것인데, 이는 사업부지가 경희궁 경역과 맞붙어 있기 때문에 익히 예상되었던 바이다. 서궐도형이나 조선시대 말기의 사진을 통해서 궁궐의 성벽을 확인할 수 있었는데, 담장의 기초석이 실물로 눈앞에 있으니 반갑기 그지없다. 현재는 아주 좁은 면적에서만 확인된 상태이기 때문에, 추후 경희궁 담장과의 관계를 어떻게 푸는 게 좋을지에 대해서도 별도의 대책을 마련할 필요가 있다.

돈의문 역사문화박물관 건립 사업은 역사도심 재생사업의 모범사례로 기록될 만한 뜻깊은 사업이다. 앞으로 서울도심에서 얼마나 많은 재개발이 이루어질지는 모르겠지만, 도성 안쪽은 경중의 차이만 있을 뿐 역사적으로 의미가 없는 곳은 드물 것이다. 이러한 차원에서 이번 사업은 역사도심 기본계획의 성패를 가늠할 수 있는 시금석이 될 만하다. 민간 사업자도 아니고 서울시에서 직접 추진하는 사업이니만큼 역사도심 재생사업의 전형이 되기를 바란다. 비록 돈의문은 사라지고 없지만, 돈의문의 역사와 변천을 살필 수 있는 박물관과 성곽마을을 상상하는 것만으로도 흐뭇한 미소가 머금어진다.

---

1 윤진영, 2012, 〈회화를 통해 본 서울 한양도성〉, 《서울 한양도성(서울성곽) 유네스코 세계유산 잠정목록 등재를 위한 학술연구》, 서울특별시.
2 서울특별시, 2013, 《유네스코 세계유산 등재를 위한 학술연구 - 한양도성 보존·관리 및 활용 종합계획》.
3 서울특별시, 2014, 《역사도심 기본계획》.

6부

21장_임시정부의 혼이 숨 쉬는 경교장
22장_나라의 번영을 기원한 사직단
23장_우백호 인왕산이 품은 도성과 명승들
24장_한양도성, 서울을 품다

인왕산구간 : 육백 년 도읍을 품은 한양도성

21장

임시정부의 혼이 숨 쉬는
경교장

친일파 거부의 저택에서 임시정부의 마지막 청사로

　숨 가쁘게 달려온 순성길도 마침표를 앞두고 있다. 창의문에서 출발해 성벽이 이끄는 대로 걷고 느끼며 생각했던 길. 한양도성의 마지막 대문인 돈의문 터까지 지났으니, 순성을 마친 사람처럼 발걸음이 가벼워진다. 하지만 왜 이제야 왔냐며 우리를 잡아끄는 한양도성 인왕산구간에는 우리 근대사의 핵심적인 인물과 사건이 기다리고 있다. 민족지도자 백범 김구 선생이 말년을 보낸 경교장京橋莊, 구불구불 뱀처럼 이어진 기나긴 성벽과 마주하다 보면 이내 우리 역사의 격변기로 빨려들어 간다. 어느 구간 못지않게 다양한 사연과 볼거리가 새순처럼 돋아나는 곳. 순성길의 막바지에 선 나그네는 마음을 다시 가다듬고 인왕산 초입으로 걸음을 옮긴다.

　경교장은 돈의문이 있던 언덕 북편, 종로구 새문안로에 있는 강북삼성병원구 고려병원 자리에 위치해 있다. 원래 이 건물은 1938년 일제 치하에서 금광업으로 엄청난 부를 쌓았던 최창학崔昌學이란 인물의 저택으로 건립되었다. 이 일대는 1884년 갑신정변 당시 일본공사였던 다케조에 신이치로竹添進一郎,

경교장 전경. 이호준 촬영.

1842~1917가 살고 있었기에 그의 이름을 따서 다케조에마치竹添町, 죽첨정라 불렸고, 이러한 연유로 이 건물 이름도 죽첨장竹添莊이라 하였다. 그 뒤 대한민국 임시정부 주석이었던 백범이 1945년 11월 중국에서 돌아와 1949년 6월 26일 육군 소위 안두희安斗熙에게 암살당할 때까지, 백범을 비롯한 임시정부 요인들은 이 건물을 집무실과 숙소로 이용했다. 이 건물의 이름 경교장은 백범이 근처 개울에 있던 다리 이름을 따서 고쳐지은 것이라 한다.

서양의 고전주의 양식을 본뜬 경교장은 지상 2층에 지하 1층 건물로, 연건평 264평약 873제곱미터 규모에 좌우 대칭형 2층 양옥으로 지어졌다. 정면 중앙 1층에는 당시로서는 드물게 승하차 시설을 갖춘 현관을 설치했으며, 1층 출입구의 원기둥과 포치porch, 건물 현관의 튀어나온 지붕의 규모부터 대저택의 느낌을 물씬 풍겼다. 두 개의 관이 대칭을 이룬 분할의 비례가 아름답고 1층의 튀어나온 원형창과 2층 중앙의 들임 아치창을 이용한 단아한 외관이 일품이다. 또한 샹들리에가 있는 응접실과 식당, 당구실과 전용 이발소, 썬룸sunroom에 냉난방

시설까지 갖춘 우아한 건물이었다. 건축학적으로 보면 1930년대 건축기술을 잘 보여주는 우수한 건축물로 평가 받고 있지만, 실상은 광부였다가 금광을 발견한 후 일약 '광산왕'이 된 최창학이 각종 친일단체에 가담하는 등 활발히 친일활동을 하며 당시 권력자들을 접대하기 위한 용도로 사용하던 건물이라 보면 되겠다.

이 건물은 우리나라 근대건축 분야에 초석을 놓은 것으로 평가받는 김세연金世演, 1897~1975이 설계하였다. 그는 1920년 경성공업전문학교서울공업고등학교의 전신 건축과를 졸업하였는데, 우리나라 사람으로 이 학교를 졸업한 것은 1919년에 졸업한 박길룡朴吉龍, 1898~1943에 이어 그가 두 번째였다. 이후 그는 조선총독부 건축 부서에 들어가 1941년까지 고용원·기수技手·기사技士를 거치며 20년간 활약하였다. 또한 1930년 잡지《조선과 건축》에 〈곡축曲軸을 갖는 철근 콘크리트 구재의 응력〉이라는 글을 발표하는 등 우리나라 사람으로서는 최초로 구조 계산 전문가로도 활동하였다. 김세연은 바로 이 조선총독부 근무 시기에 백범이 마지막 시간을 보냈던 경교장을 설계한 듯하다.

조선총독부에서 퇴사한 뒤 박길룡 건축사무소에서 일하던 그는 1943년에 박길룡이 세상을 떠나자 건축사무소 경영을 승계하였다. 우리나라 근대건축의 기틀을 확립한 것으로 평가 받는 박길룡은 1920년부터 조선총독부에서 건축기수로 일했으며, 1932년에는 박길룡 건축사무소를 개설하였다. 당시 한인 상업자본가의 건축 붐이 일어나자, 한청빌딩·화신백화점·이문당 사옥 등의 상업건물과 경성여자상업고등학교 등의 학교건물을 지었다. 이밖에도 1938년 조선건축학회 이사를 지내며 활발한 건축 활동을 했던 우리나라 근대 건축계의 중심인물이었다.

김세연은 건축사무소를 이어받을 정도로 박길룡과 각별한 인연을 맺었다. 김세연이 참여하였던 순수건축 설계 작품으로는 창신동의 동덕여자고등학교 본관과 강당을 비롯해 옛 중동중고등학교·휘문고등학교·풍문여자중고등학교 등의 학교건물이 있다. 또한 화신백화점·신세계백화점·미도파백화점의 구조 계산에도 참여하였다. 1945년 광복이 되면서, 그는 약 50명의 건축가들과 손잡고 조선건축기술단지금의 대한건축학회을 창설하여 초대 단장에 취임하였다. 그 뒤 조선건축사협회 고문과 조선토건협회 초대 회장을 맡으며 광복 전후의 혼란기에 우리나라 근대건축 분야에 초석을 놓았다. 1948년에는 '김세연 건축 사무소'를 개소하여 대한극장, 중앙청 제2별관, 옛 국학대학의 설계와 공사에 참여하였다.

이러한 역사적·건축학적 의의를 지닌 경교장은 1949년 백범이 서거한 후 중화민국 대사관저로 사용되기도 했고, 한국전쟁 기간 중에는 미군 특수부대 및 임시의료진 주둔시설로 쓰이기도 했으며, 한국전쟁 종전 이후에는 베트남 대사관 등으로 사용되었다. 그 뒤 1968년부터는 고려병원1995년 강북삼성병원으로 개칭의 본관으로 사용되었는데, 이 시기에 내·외부가 병원으로 개조되면서 원형이 변형되었다. 이때부터 경교장을 보존하자는 의견이 제기되었고, 1990년대부터는 문화재로 지정하는 문제가 본격적으로 검토되기 시작하였다. 그 결과 2001년에 서울시 유형문화재 제129호로 지정되었고, 2005년 6월에는 사적 제465호로 승격되었다.

이후 2010년 역사적인 경교장 복원이 시작되었다. 복원공사는 경교장 내 병원 시설을 철거하고,《조선과 건축》1938년 8월호에 수록된 건축 당시의 설계도면과 임시정부에서 사용하던 당시의 사진자료를 바탕으로 내부를 원형대로 복원하는 방식으로 추진되었다. 현재는 임시정부 청사로 사용되던 당시의 모습을 재현하여 시민들에게 개방하고 있다.

천신만고 끝에 고국으로 돌아온 백범과 대한민국의 법통

백범은 굳이 설명하지 않아도 될 만큼 우리 역사에 큰 족적을 남겼다. 그는 우리 국민들에게 존경하는 사람을 꼽아보라고 하면 늘 세 손가락 안에 들 정도로 위대한 민족 지도자이다. 그래서 여기서는 백범이 임시정부를 이끌며 중국 곳곳을 옮겨 다니다가 마침내 환국하여 경교장의 주인이 되기까지의 과정을 중심으로 살펴볼까 한다.

  1919년 3·1운동이 일어나자, 백범은 상해로 망명하여 임시정부 수립에 참여하였고 1927년에 임시정부 주석이 되었다. 주석으로 일하던 시절, 그가 한인애국단을 조직하여 이봉창·윤봉길 의사의 의거를 도모한 사실은 너무나 유명하다. 1937년 중일전쟁이 발발하자, 그는 임시정부를 장사長沙로 옮겼으며 한국광복전선을 결성하여 일본과의 결전을 준비하였다. 그 후 1940년에는 임시정부 국무회의의 주석으로 선출되었고, 1945년 광복이 되자 귀국하여 해방 정국을 본격적으로 주도한다.

  3·1운동과 임시정부 수립, 광복에 이르는 과정을 보니 최근 우리 사회를 혼란스럽게 하고 있는 대한민국 '건국'과 관련된 논란이 떠오른다. 일각에서는 1948년 8월 15일 정부 수립일을 건국절로 법제화해야 한다는 소리도 나오는 것으로 알고 있다. 그러한 주장은 1948년의 정부 수립일이야 말로 이른바 '국가'의 성립 요건인 국민·영토·주권의 3요소와 국제적 승인이 충족된 시점이기 때문에, 대한민국의 진정한 건국 시점으로 볼 수 있다는 것이다.

  물론 그러한 측면에서 국가를 바라볼 수도 있다. 하지만 세계사적으로 살펴보면 이와 같은 요건이 다 충족되지 않은 상태에서 독립을 선포하거나 나라를 세운 예들이 적지 않다. 대표적으로 현재 세계 최강대국인 미국의 경우만 보아도 그렇다. 미국은 1776년 7월 4일 영국으로부터 독립을 선언했지만, 실질적으로 연방정부가 수립된 것은 독립을 선언한 때로부터 13년 후인 1789년이었다. 그럼에도 모든 미국인들은 1776년 독립기념일을 미국의 건국일로 삼고 있다.

  굳이 미국의 예를 들 필요도 없다. 우리나라에는 1948년 7월 17일 대한민국 정부 수립 직전에 제정된 제헌헌법이 있는데, 그것만 보아도 이번 건국절 논란이 아무런 의미가 없음을 알 수 있다. 제헌헌법 전문에는 "유구한 역사와 전통에 빛나는 우리들 대한국민은 기미 삼일운동으로 대한민국을 건립하여 세계에 선포한 위대한 독립정신을 계승하여 이제 민주 독립국가를 재건함에 있어서 (중략) 이 헌법을 제정한다."라고 명시되어 있다.

여기에는 분명히 대한민국이 1919년 3·1 운동으로 건립되었다고 되어 있고, 그것은 다름 아닌 3·1 독립운동 후 중국 상해에서 설립된 대한민국 임시정부에 그 정통성이 있음을 천명한 것이다. 광복 후 초대 대통령을 지낸 이승만 대통령 역시 정부 수립 후 대한민국의 연원은 1919년부터 시작한다고 밝혔다. 이승만 대통령은 대한민국 임시정부 초대 집정관 총재직을 지낸 분으로 대외적으로는 대통령에 해당하는 직책이었기 때문에 그로서는 지극히 당연한 얘기이다. 무엇보다 1948년 9월 1일 처음 발간된 대한민국 관보 1호에도 연호를 '대한민국 30년 9월 1일'이라고 표기하여 대한민국 건국에 대한 논란이 전혀 없었음을 알 수 있다.

그런데 이제 와서 대한민국의 건국을 논한다는 것은 그야말로 우리가 제정한 헌법을 스스로 부정하는 행위에 다름 아니다. 왜냐하면 현재 우리가 사용하고 있는 헌법 전문에도 대한민국 건국과 관련된 내용은 이론의 여지가 없기 때문이다. 1987년 개정된 헌법 전문에는 "유구한 역사와 전통에 빛나는 우리 대한민국은 3·1운동으로 건립된 대한민국 임시정부의 법통과 불의에 항거한 4·19 민주 이념을 계승하고 (중략) 국회의 의결을 거쳐 국민투표에 의하여 개정한다."라고 되어 있다. 국민투표를 거쳐 헌법을 바꾸지 않는 한 대한민국의 건국에 대한 논란은 있을 수 없다.

이런 과정을 보면 대한민국의 건국과 정부 수립의 관계는 너무나 명확하다. 즉 대한민국은 1919년 임시정부에 기원을 두고 있고, 1948년에 수립된 정부가 대한민국을 재건한 것으로 보면 된다. 현재의 대한민국은 목숨 바쳐 투쟁한 임시정부와 이름 없이 사라져간 수많은 독립운동가들의 피와 땀에 기반하고 있음을 명백히 기억해야 할 것이다. 이에 대한 논란으로 괜한 국민들까지 분열되는 양상으로 비화되지 않았으면 좋겠다.

임시정부 청사로 사용된 경교장

　백범의 생애를 살펴보다 보니 놀라운 점 하나가 눈에 띈다. '임시정부' 하면 일반적으로 상해 임시정부만을 떠올리는 경우가 많지만, 임시정부는 사실 상해를 비롯해 여러 곳으로 옮겨 다녔다. 상해에서 출범한 임시정부는 중국의 항주·진강·장사·광주·유주·기강을 거쳐 1940년 중경重慶, 충칭에 정착하게 된다. 중국 내에서도 그만큼 항일 전세가 급박하였고, 우리의 독립 열망이 간절하였던 탓이었다. 현재 중국에는 대한민국 임시정부 청사 세 곳이 복원되어 있는데, 상해 임시정부 청사와 장사 임시정부 청사, 그리고 중경 임시정부 청사가 그것이다.

　상해 임시정부는 3·1운동 이후 일제의 주권 침탈에 조직적으로 항거하기 위하여 1919년 4월 13일 설립된 대한민국 최초의 임시정부이다. 당시 상해는

상해 임시정부 청사 입구. 신희권 촬영.

중경 임시정부 청사 입구. 신희권 촬영.

일제의 영향력이 덜 미쳤을 뿐만 아니라 세계 각국의 공사관이 있어서 외교활동을 전개하기에 편리했다. 상해 임시정부 청사는 임시정부가 가장 오랫동안 사용한 청사로서, 백범을 비롯한 임시정부 요인들의 활동과 이봉창·윤봉길 두 의사의 활약을 담은 기록들도 남아 있다. 이렇듯 우리나라 독립투쟁의 역사를 고스란히 간직한 상해 임시정부 청사는 오랜 시간이 흐르면서 노후하였다. 이에 우리 정부는 중국 정부와 협력하여 상해 임시정부 청사를 새롭게 정비하였고, 2015년 9월 4일 드디어 재개관을 하였다. 2015년은 광복 70년을 맞는 해로서, 중국 정부와의 협의를 통해 임시정부 청사를 리모델링한 것이다.

1996년 처음으로 중국출장을 갔을 때, 상해 임시정부 청사에 들른 적이 있었다. 문화재 분야에 종사하는 사람들에게는 꽤나 유명한 상해박물관을 관람한 뒤, 인근의 낮은 주택가 사이에 자리 잡은 청사를 둘러보았다. 이 글을 쓰기

20년 전에 인연을 맺은 대한민국 초대 임시정부 청사는, 이후 상해를 가게 되면 반드시 들르는 장소가 되었다. 마침 재개관을 하였다고 하니 무엇이 어떻게 달라졌는지 꼭 한번 들러봐야겠다.

다음으로 중국 내 대한민국의 마지막 임시정부 청사가 있는 중경으로 가 보자. 이곳은 사천성과 접한 인구 3,000만 명이 넘는 직할시로서, 중국에서는 드물게 언덕이 많은 산지에 자리 잡은 대도시이다. 이러한 지형적 이점으로 인해 일제에 맞서 항전하기에 유리했기에, 중경은 중일전쟁의 마지막 피난처가 되었으며 우리 임시정부도 중경까지 후퇴하였다.

중경 임시정부 청사는 1945년 1월부터 11월까지 사용되었는데, 비교적 짧은 기간 동안 사용된 청사치고는 잘 정돈된 느낌을 받았다. 몇 년 전 그 무덥다는 사천의 여름을 뚫고 중경까지 가서 임시정부 청사를 답사하였는데, 큰길가에 안내판이 있어서 그다지 어렵지 않게 찾을 수 있었다. 중경답게 가파른 계단을 중심으로 양쪽에 건물들이 앉아 있었는데, 1층으로 들어가면 안내실 겸 홍보실이 있어서 영상을 시청한 후에 전시실로 향하게끔 되어 있다. 당시를 떠올려 보면, 시원한 물 한 잔을 마시면서 꿀맛 같은 휴식을 취했던 것으로 기억한다. 청사에는 주석실과 비서실, 고위관리들이 사용하던 집무실 등이 그대로 남아 있어 임시정부의 모습을 상상하는 데 부족함이 없다.

듣자 하니 본래 중경 임시정부 청사는 1992년 한중수교가 이뤄지기 직전 재건축 대상이었는데, 철거되기 불과 2개월 전에 한중수교가 성사되면서 극적으로 살아남았다고 한다. 1995년에 1차 복원공사를 하고, 2000년에 2차 복원공사를 진행하여 지금과 같은 모습을 갖추고 있다. 한중수교가 조금만 늦었더라도 대한민국의 마지막 임시정부 청사가 재건축 아파트 단지 속으로 흔적도 없이 사라져버릴 뻔했으니 아찔하다.

1945년 11월과 12월, 대한민국 임시정부는 중국에서 환국하여 경교장을 중심으로 활동하였다. 그해 12월 3일 역사적인 대한민국 임시정부 첫 국무위원회가 경교장에서 개최되었는데, 이 자리에는 훗날 초대 대통령이 된 이승만도

참석하였다. 이후 경교장은 백범이 세상을 떠날 때까지 대한민국 임시정부 요인들뿐만 아니라 민족진영 인사들이 모여 반탁·건국·통일운동을 주도한 주요 무대가 되었다. 이 때문에 이승만의 돈암장과 이화장, 김규식의 삼청장과 함께 대한민국 정부 수립 이전의 핵심활동을 이끈 대표 요람으로 각광을 받았다. 특히 통일정부 수립을 주장한 우국지사들의 발길이 끊이지 않았던 경교장은 광복 후 민주인사들이 대거 집결한 역사적 현장이기도 하였다.

전시관으로 되살아난 경교장

서울시는 우리 근현대사의 역사적 현장을 되살려 시민들의 교육공간으로 활용하고자 대한민국 임시정부의 마지막 청사이자 백범이 서거한 역사적 현장인 경교장을 원형 복원하였다. 뿐만 아니라 임시정부의 지나온 역사를 한눈에 조망할 수 있도록 경교장 내부를 전시공간으로 꾸며 2013년 3월 2일부터 개방하고 있다. 여기서는 대한민국 임시정부가 걸어온 길을 유물과 영상, 정보검색 코너 등 다양한 콘텐츠를 통해 살펴볼 수 있다.

총면적 945제곱미터에 4개의 전시실을 갖춘 전시관은 경교장의 역사와 대한민국 임시정부가 걸어온 길, 백범을 비롯한 임시정부 요인들의 활동상을 소개하고 있다. 그리고 1층과 2층에는 《LIFE》지 등 각종 사료를 근거로 하여 임시정부 당시의 모습으로 각 실을 재현해 놓았다.

1층의 응접실은 임시정부의 국무위원회 등 대표적인 회의가 열리고, 백범이 국내외 주요 인사들을 접견하던 곳이다. 귀빈식당은 1945년 12월 2일 임시정부의 공식 만찬이 있었던 곳이며, 백범이 서거했을 때 빈소로 사용되었던 곳이기도 하다. 2층 응접실은 백범과 국내 정당대표들의 회담 및 국무위원회가 개최되었던 곳이다. 2층의 거실 겸 집무실은 백범이 공무를 보거나 접견 장소로 사용하던 곳인데, 안타깝게도 그는 1949년 6월 26일 이곳에서 서거하였다.[1]

경교장 1층 응접실. 이호준 촬영.   경교장 2층 백범 김구의 거실 겸 집무실. 이호준 촬영.

    2016년 초 서울시가 백범을 비롯한 독립운동가들의 삶을 지켜본 증인 4명의 인터뷰를 통해 '마지막 임시정부 청사 경교장'을 발간했다는 신문기사를 접한 적이 있다. 구술 자료집에는 임시정부 마지막 경위대장 윤경빈, 어린 시절에 백범 등 임정요인들과 지낸 김자동, 독립운동가 김상덕의 아들 김정륙, 백범 서거 당시 상황을 지켜본 오경자 등 4명의 증언을 담았다. 이들은 백범과의 인연을 회고하며 그의 따뜻했던 인간미와 민족지도자로서의 단호함을 상기시켜 주는 한편, 백범의 삶과 죽음에서 느꼈던 연민의 감정을 토로하였다.[2]

    늦은 감이 없지 않으나, 이제라도 경교장이 복원되고 관련 증언들을 생생하게 접할 수 있는 자료들이 발굴·소개되고 있다니 다행이다. 하지만 오늘날 대한민국 정부의 시발점이라 할 수 있는 경교장의 일부 시설이 여전히 개인병원과 관련된 용도로 사용되고 있는 것을 보면 씁쓸함을 지울 수 없다. 이는 비단 필자 혼자만의 하소연은 아닐 듯하다.

    나라가 창대하기를 염원하며 인왕산을 우백호로 삼았던 조선이었지만, 조선의 법통을 이은 대한제국은 일제에 속절없이 나라를 빼앗기고 말았다. 한양도성을 쌓은 사람들이 자신들의 이름을 성돌에 새긴 것처럼, 백범을 비롯한 우국지사들은 그 이름을 역사에 새겼다. 한양도성 인왕산구간을 오르며 경교장을 자꾸만 뒤돌아보게 되는 것은 나라를 지키기 위해 한양도성을 쌓은 사람들과 광복을 위해 싸웠던 애국지사들이 겹쳐졌기 때문이리라. 이제 조금만 올라가면 우리 선조들이 그토록 소중하게 지켜온 조선의 사직단을 만나게 된다. 그들의 열정과 염원을 만나기 위해 한양도성을 쌓는 마음으로 한 걸음씩 나아가 본다.

---

1 서울역사박물관 홈페이지(http://www.museum.seoul.kr).
2 《뉴시스》, 백범 김구 지켜본 4명 증언 담은 '마지막 임시정부 청사 경교장' (2016. 1. 15.).

22장
나라의 번영을 기원한 사직단

종묘와 사직을 보전하소서

조선의 임금이 되어 창덕궁에서 경복궁을 지나 신촌으로 나아간다고 생각해 보자. 광화문을 조금 지나면 인왕산 자락이 남쪽으로 뻗어 내려가면서 터널 하나를 열어주는데, 이 터널이 바로 사직터널이다. 인왕산에서 내려오는 한양도성 성벽은 바로 이 사직터널 부근에서 끊어졌다가 터널 남쪽 주택가 골목에서 다시 이어진다. 1967년 서울에서 가장 먼저 생긴 이 터널에 사직社稷이라는 이름이 붙은 까닭은 터널 북쪽에 조선시대에 조성된 사직단社稷壇이 위치해 있기 때문이다.

사직은 궁궐·종묘와 함께 가장 중요한 국가시설로 인식되었다. 그래서 태조 이성계는 재위 3년째인 1394년 9월 한양으로 천도하자마자 공사를 시작하여 이듬해 1월에 사직단을 만들었다. 사직단은 토지의 신인 사社와 곡식의 신인 직稷을 받들어 국가의 안녕과 농사의 풍요를 기원하는 제사를 거행하던 곳이다. 토지의 신에게 제사 지내는 사단은 동쪽에, 곡식의 신에게 제사 지내는 직단은 서쪽에 배치하였다. 각 단에는 다섯 가지 색깔의 흙을 덮었는데 동은

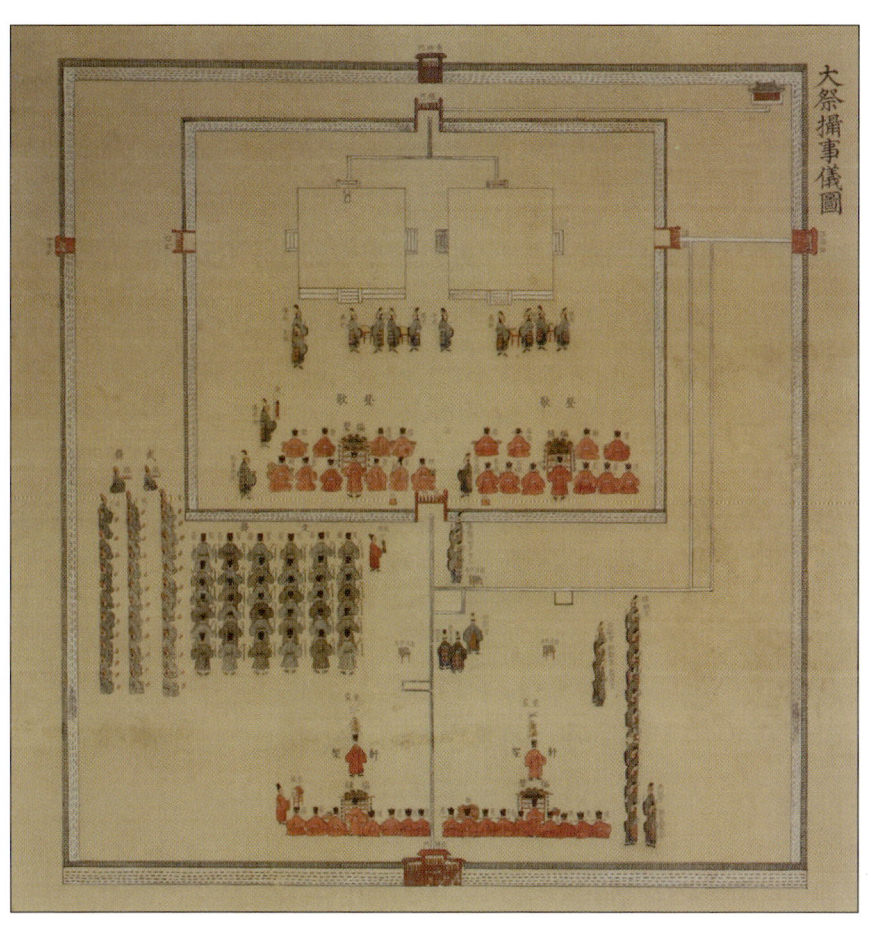

《사직단 국왕친향도 병풍》의 〈대제섭사의도(大祭攝事儀圖)〉. 국립중앙박물관 소장.

청색, 서는 백색, 남은 적색, 북은 흑색, 중앙은 황색 흙으로 하였다. 또한 사방으로 계단을 설치하였으며, 단의 둘레에는 유壝라고 하는 울타리를 치고 그 유에도 사방으로 문을 설치하였다.

조선의 사직단은 태조 대에 한양의 서부 인달방仁達坊에 처음 조성되었다. 경복궁을 기준으로 서쪽에 건설하여 좌조우사左祖右社의 원칙을 충실히 따른 것이다. 단의 형태는 천원지방天圓地方 사상에 근거하여 길이 25자약 7.6m에 높이 3자약 91cm의 방형으로 조성되었다. 이러한 규범은 중국에 대한 제후국의 체제를 따른 결과이다. 이후 태종 대에 사직단의 체계를 정비하여 가장 중요한 시설인 유를 설치하였는데, 유는 사단과 직단의 사방을 두른 낮은 기와담장을 말한다. 담장을 두름으로써 신성한 공간인 성계와 인간세상인 속계를 구분하였다. 또한 재실과 같은 부속건물도 신축하였다. 세종 대에는 사직의 관리를 전담하는 기구인 사직서社稷署를 신설하고, 사직신의 위판을 태사太社와 태직太稷에서 국사國社와 국직國稷으로 개정하였다.

이렇게 사직은 조선 전기에 일정한 체계를 갖추었지만, 임진왜란과 병자호란을 거치며 수난을 겪게 된다. 임진왜란이 일어나자마자 수도를 함락당해 피난길에 오른 조선 왕실은 개성에 이어 평양으로 종묘사직의 신주와 위판을 옮겨야 했다. 1592년 6월에 분조分朝, 임시로 만든 조정를 결정한 이후 그 보호책임을 광해군이 맡았다. 전세의 유불리에 따라 한양으로 돌아왔다가 피난하기를 반복하였으니, 조선 조정은 전쟁 중에도 종묘사직의 신주와 위판만큼은 목숨보다 소중이 여겼던 것 같다. 하지만 그 사이에 사직단은 불에 타 소실되고 말았다.

이러한 상황은 청나라를 상대로 한 병자호란 때도 다르지 않았다. 인조 14년1636 12월 병자호란이 일어나자 봉림대군을 중심으로 종친과 대신들이 종묘사직의 신주와 위판을 받들어 강화도로 피난을 떠났다. 그러나 얼마 지나지 않아 강화도마저 함락되면서 종묘와 사직의 신주와 위판이 청나라 군사들에 의해 파헤쳐지는 수모를 겪었다. 이때 사직의 위판이 손상되고 위판 받침대인

위에서 내려다본 사직단. 문화재청 사진 제공.

부방趺方이 멸실된 것으로 알려져 있다.[1]

그 뒤 임진왜란과 병자호란으로 훼손된 사직의 본격적인 정비가 이루어진 것은 숙종 대였다. 전란 후 한양도성을 대대적으로 수축한 숙종은 사직단과 부속건물도 수리했으며, 숙종 27년1701에는 안향청安香廳을 중건하는 등 일부 건물을 신축하였다. 이 안향청은 재궁으로 쓰인 사직서의 중심건물이다.

그로부터 오랜 세월이 흐른 현재의 사직단에는 대문을 비롯하여 사단·직단과 신실·안향청 등의 부속건물이 남아 있다. 이밖에 유·홍살문·판위·예감 등의 제례시설이 있다. 사단과 직단은 정방형의 평면 형태를 띠고 있는데, 각 변의 길이는 7.65미터이고 단의 높이는 0.94~1.02미터 정도이다. 각 단은 밑에서부터 지대석·면석·옥개석 순으로 석축을 쌓아 만들어졌는데, 윗부분은 황토로 덮여 있다.

유는 1988년에 복원된 것으로, 각 변 길이 약 31.5미터에 높이 1.29미터 규모이다. 유에는 동·서·남·북 사방에 유문을 설치하였는데, 문짝이 없는 홍살문이 세워져 있다. 유 외곽에도 사방으로 담장이 둘러져 있는데, 담장은 장대석 기단에 사괴석四塊石과 벽돌을 쌓고 기와를 얹은 형태이다. 담장의 동·서·남쪽에는 유문과 일직선이 되도록 홍살문을 세웠고, 북쪽에만 삼문 형식으로 된 북신문을 만들었다. 이밖에도 사·직·후토·후직의 신위를 모신 신실과, 제사를 준비하고 향축을 보관하던 안향청 등이 함께 복원되었다.[2]

사직에서 이루어진 제사

사직단의 제사는 2월과 8월, 그리고 동지와 섣달그믐에 거행되었다. 여기서 올린 제사는 조선의 국가 제사 체계에서도 가장 위계가 높은 대사大祀로 규정되었다. 《국조오례의國朝五禮儀》에 따르면, 사직제례는 종묘제례보다 위계가 높은 제사로 인식되었다. 사직제례는 삼국시대부터 시행된 것으로 알려져 있으며, 고려의 사직제례는 황제국의 제도를 따라 시행할 정도였다. 이렇게 사직제례는 우리나라 역대 왕조에서 무척 중요시되었고, 사직제례를 지내는 사직단 또한 조선시대 이전부터 국가적으로 대단히 중시되었다. 세종 대에는 사직제례악을 개정하고 제사절차를 정비하기도 하였다.

현재 사직대제는 중요무형문화재 제111호로 지정되어 있지만, 중요무형문화재 제56호로 지정된 종묘제례에 비해 인지도는 낮다. 2001년 종묘제례가 종묘제례악과 함께 유네스코의 '인류 구전 및 무형유산 걸작'으로 선정되어 세계무형유산으로 지정된 이유도 있겠지만, 그보다는 종묘에 비하여 사직의 관리나 원형보존이 제대로 이루어지지 못한 때문일 것이다.

아악은 세종 대의 음악가인 박연이 정비한 이후 사직제례에도 사용되었는데, 음악이 연주될 때에 일무佾舞라는 춤을 추었던 것으로 기록되어 있다. 일무는 사람들이 열을 맞추어 추는 춤으로, 현악기로 연주하는 등가登歌와 관악기

사직단 전경. 이호준 촬영.

로 연주하는 헌가軒架의 중간 위치에서 추었다고 한다.

  필자도 창덕궁관리소장 재임 시에 종묘제례에 초대되어 난생 처음 조선시대 국사를 참관한 적이 있는데, 국가의 제사라는 것이 그렇듯 그 엄숙함이 상상 이상인지라 솔직히 썩 재미있는 퍼포먼스는 아니었던 것으로 기억한다. 하지만 사직제례의 일무는 토지의 신과 곡식의 신에게 올리는 제사인 만큼, 혹시나 종묘제례와는 또 다른 분위기가 아닐까 하여 기회가 되면 꼭 한번 보고 싶다.

  숙종 대에는 사직제례의 각종 규례를 정비하여 기곡제祈穀祭를 처음으로 실시하였다. 원래 사직제례는 대사의 규정에 따라 춘추대제와 납제를 올리고, 소사의 규정에 따라 기고祈告를 올렸다. 기곡제는 매년 정월에 국왕이 그해의 풍년을 기원하며 드리는 제사로서, 영정조 대를 거치며 시행 횟수가 증가하였다. 무릇 백성들에겐 한 해 지은 농사가 잘 되어 많이 거두는 것 이상의 기쁨이 있을까? 숙종 이후 영정조의 태평성대가 혹시 토지신과 곡식신에게 열심히 제사를 올린 덕은 아니었을까?

사직단의 원조, 중국은 어떤 모습이었나

우리나라 사직단의 역사는 삼국시대로 거슬러 올라간다. 《삼국사기》에는 고구려 고국양왕 8년391에 "사직을 세우고 종묘를 수리하였다."라는 기록이 있고, 백제는 개로왕 21년475 고구려 장수왕의 침공을 받아 한성이 함락되기 직전에 개로왕이 왕자 문주를 남쪽으로 피신시키면서 "나는 마땅히 사직에서 죽을 것"이라고 말한 기록이 나온다. 신라의 기록에는 고구려나 백제보다 한참 늦은 선덕왕 4년783에 "처음으로 사직단을 세웠다."라고 되어 있다. 이로 보아 늦어도 삼국시대에는 사직단을 세우고 제사를 지냈음은 분명하나, 그 시작이 얼마나 더 올라갈지는 확실치 않다.

고려는 성종 대에 들어 제례의 형태로 사직제례를 받아들이고, 성종 10년991에 처음 사직단을 세운 것으로 보인다. 그러나 고려시대에는 사직제례가 확고하게 정비되지는 않았던 것 같다. 《고려사高麗史》를 보면 기본적인 제도는 송나라의 제도를 따른 게 분명한 듯하다. 하지만 국왕 친행의 사직제례가 거의 없을 뿐만 아니라, 그밖에 사직제례에 관한 기사 자체도 아주 적은 것을 알 수 있다. 이렇게 볼 때 고려시대에는 사직제례 자체가 그다지 중시되지 않았던 것 같다.

고대부터 시행되어 온 사직제도는 중국으로부터 지대한 영향을 받았을 것이다. 그렇다면 중국의 사직제도는 어떠하였으며, 지금 남아 있는 사직단의 모습은 어떠한지를 간략하게나마 살펴보고자 한다.

중국에서는 하늘과 땅신기神祇, 조상 및 옛 성현들을 제사하는 건물을 단묘壇廟라 하였는데, 건축학자들은 이를 예제건축禮制建築이라 부른다. 이는 중국 고유의 건축유형으로서, 불교·도교·신묘·교회당 등의 종교시설은 물론이고 궁전·관서·원림·주택 등 인간이 거주하는 건축물과도 달랐다.

자연신 중에는 하늘이 첫째이고 그 다음이 땅이며, 이어서 사社·직稷·해日·달月·산山·하천川·바람風·비雨·천둥雷·번개電·농사農·양잠蠶·메뚜기蝗 등의 순서로 서열이 매겨졌다. 신기와 조상의 지위에는 높고 낮음이 있었고, 제례의 규격과 예절 또한 각기 달랐다. 무릇 황제 혹은 그 특명을 받은 대표만이 국가의 명의로 천지일월과 사직 및 중요한 명산대천에 정식으로 제사를 올릴 수 있었다. 따라서 이러한 제사는 곧 국가를 통치하는 가장 중요한 행위로 인식되었다. 또한 단묘와 같은 예제건축 역시 유교정신을 구현하는 건축물로 간주되어 중국 역사상 가장 오랫동안 유지되어 왔다.

명나라 초기 남경에서는 사단과 직단을 나누어 제사 지냈다. 그러나 홍무 10년1377에 단을 합쳐 하나로 만들었다. 영락 19년1421에는 북경으로 천도하고 북경에 사직단을 건립했는데, 자금성의 오문午門 광장 서측에 광장 동측의 태묘太廟와 대칭을 이루도록 만들었다. 옛 사람들의 관념에는 사직은 음陰에 속하여 그 지위는 하늘과 천자의 밑이었기 때문에 황제가 제를 올릴 때 남쪽을 보도록 하였다. 그리하여 사직단의 건축 배열은 북에서 남으로 하였는데, 이는 중국 건축이 보통 남에서 북으로 배열되는 것과는 반대되는 것이다. 천자는 오문 광장의 서문으로 나와 사직단의 북문으로 들어가서, 남쪽의 향전享殿과 배전拜殿으로 향하였다. 그리고 나서 유壝의 북쪽 영성문欞星門으로 들어가 북쪽 계단을 이용하여 단으로 올라갔다.

북경의 사직단은 방형이고 3층이다. 하층은 각 변의 길이가 20미터인데, 3개 층의 총 높이는 2미터가 되지 않는다. 천단의 환구에 비하면 턱없이 작은 규모이다. 방단에는 난간을 설치하지 않았고, 4면에는 답도踏道가 돌출해 있다. 단의 정상부는 평평하고 오색의 흙을 덮었는데, 오색은 청·백·적·흑·황이다. 유의 담장 4면에도 유리와琉璃瓦를 얹었는데, 방위에 따라 각기 다른 색을 사용하였다. 유 담장에는 단 한 개의 길을 두었고, 네 문 정중앙에 각각 흰 돌로 영성문을 세웠다.

사직단은 배전과 향전을 포함한 안쪽 부분을 붉은색 담장으로 둘렀고, 그 면적은 사직단 전체 면적의 약 4분의 1 정도를 차지하였다. 원내에는 일체 녹화를 하지 않았고, 바깥으로는 짙은 나무 그림자로 하늘을 가렸다. 사직단 구역을 네모난 숲속의 빈 공간처럼 꾸며 극한 대비를 이루도록 한 것이다. 명나라 때에는 북경 이외에도 각 봉국封國과 부현府縣에 사직단을 건설하였지만, 북경의 사직단보다 규모가 훨씬 작았고 단 위에는 각 지역이 속한 방위에 해당하는 한 가지 색의 흙만 덮도록 하였다.[3]

이처럼 중국의 사직제도는 기본적으로 우리와 크게 다르지 않다. 이는 사직제도가 우리나라를 비롯하여 중국과 베트남 등 유교문화권에 속한 나라에서 공히 지켜지던 의례였기 때문이다. 다만 중국이 천자의 나라를 자처한 반면, 조선은 주자朱子, 주희朱熹가 정한 제후국의 규범을 준수했다. 한편 중국은 명나라 때 북경으로 천도하면서 사단과 직단을 합쳤는데, 이는 우리의 사직단과 확실히 다른 부분이다. 원래는 두 개가 분리되어 있었으니, 이것만 보아도 우리가 중국보다 더 모범적으로 규범을 지켜온 것이 아닌가 싶다.

한편 현재의 상황을 보면 중국이나 한국이나 별반 차이가 없는 점이 있다. 한때는 종묘보다 위상이 높았던 사직단이 언제부터인가 국민들의 관심에서 멀어져, 지금은 심지어 사식단이 어디에 있는지조차 모르는 사람이 태반이라는 점이다. 필자가 중국에 유학하는 동안 창피하게도 사직단은 한 번 정도밖에 가본 기억이 없다. 해마다 여러 차례 북경으로 손님들이 찾아왔지만, 그때마다

사단과 직단. 이호준 촬영.

사직단 신실. 신희권 촬영.

빠지지 않고 안내를 해준 곳은 자금성과 천단이었다. 이 두 곳은 지금도 중국 안팎에서 몰려온 사람들로 발 디딜 틈이 없는 북경 관광의 대표 명소이다. 반면 사직단은 가보자고 하는 사람도, 데리고 가려는 사람도 없는 그저 그런 유적이 되고 말았다.

사직단이 이렇게 홀대받게 된 까닭은 뭘까? 우리나라의 경우는 1995년 우리나라 문화유산 가운데 가장 먼저 세계유산으로 등재된 종묘에 비해 보존상태가 너무 불량했기 때문이 아닌가 생각된다. 일제강점기 이래 현대에 이르기까지 극심한 훼손에 시달린 사직단이었으니 누구인들 선뜻 가보고 싶었겠는가. 그렇다면 사직단은 대체 언제부터 얼마나 파괴되어 온 것일까?

사직단은 부활할 수 있을까

일제가 대한제국을 집어삼키려고 치밀하게 준비하던 때로 돌아가 보자. 을사늑약이 체결되기 3년 전인 1902년, 일제는 사직단과 사직단의 임무를 맡은 사직서를 다른 곳으로 옮겼다. 일제가 우리나라의 사직을 끊고 우리 민족을 자기네보다 못한 존재로 비하하기 위하여 사직단의 격을 낮추고 공원으로 삼은 것도 바로 이 시점이다. 그 후 일제는 1910년 한일강제병합으로 대한제국을 손아귀에 넣자마자 그 이듬해인 1911년에 〈사직단 제사 폐지에 관한 훈령〉을 내려 사직대제를 폐지하고, 1912년 토지조사에 따라 사직단 12번지 1만 6,662평을 조선총독부 소유로 등록하였다. 1922년에는 이곳에 사직공원을 조성하여 진입도로를 개설하고 사직단 부속건물을 철거하였다.

일제는 사직단을 공원으로 만든 바로 그해에 경희궁의 황학정을 사직단 북쪽으로 이건하였다. 조선총독부는 대한제국과 황실이 신성시하던 곳을 일반 대중이 쉽게 접근할 수 있는 공원으로 조성하여 신성을 격하시키려 하였다. 1933년 일제는 사직단의 공원화로 만족하지 않고 사직단 북쪽에 매동공립보

통학교까지 건립하였다. 3년 뒤인 1936년에는 사직단 일원 1,760평이 고적으로 지정되었는데, 1937년 공원 배치도를 보면 황학정까지 조성된 산책로와 아동정원·정자·변소가 설치되면서 사직서 부속시설은 모두 철거되고 안향청만 남아 사무소로 사용된 것으로 보인다. 1919년 장충단공원과 1924년 효창공원 조성 등도 일제가 사직단을 공원화하여 민족정기를 말살하려 한 것과 연장선상에 있다고 볼 수 있다.

하지만 사직단의 변형과 훼손은 일제강점기뿐만 아니라 광복 이후에도 계속되는데, 일일이 열거하기가 무색할 지경이다. 1956년 아동보건병원현 어린이도서관 건립을 시작으로 1967년 단군성전 신축, 1968년 종로도서관 건립과 사직파라다이스 수영장 개장, 1969년 율곡 이이 동상과 1970년 신사임당 동상 설치 등이 대표적이다. 이렇듯 원칙 없고 일관성 없는 시설들을 마구잡이로 설치한 것을 보며, 이곳이 사직단이라는 것을 알고도 그렇게 했는지 물어보고 싶은 마음 가득하다.

현재 사직공원 안에는 사직단과 함께 대문이 하나 남아 있다. 이 문은 사직단의 정문으로 태조 3년1394에 지어졌으나, 임진왜란 때 불에 타버린 뒤 새로 지어진 것으로 보인다. 숙종 46년1720 큰 바람에 기운 것을 다시 세웠다는 《숙종실록》의 기록으로 미루어 짐작할 수 있다. 지금의 사직단 정문은 조선과 대한제국 시기까지 이어왔던 자리보다 24미터 뒤쪽에 자리 잡고 있다. 1962년 서울시 도시계획에 따라 14미터 뒤쪽으로 옮겨졌다가, 1974년 도로확장으로 다시 10미터 뒤쪽으로 옮겨진 것이다. 건물은 앞면 3칸에 옆면 2칸의 맞배지붕을 하고 있다. 지붕 처마를 받치는 장식 구조는 새부리 모양의 부재를 이용해 기둥 위에서 보를 받치고 있다. 일제강점기인 1936년 이 건물은 전체적으로 소박한 기법과 튼튼한 짜임새를 갖춘 가치 있는 건물로 인정받아 보물로 지정되었고, 광복 이후 1963년에 이르러 보물 제177호로 재지정되었다.

조선시대에 궁궐·종묘와 더불어 중요한 국가시설 가운데 하나였던 사직단은 그 중요성에 비해 턱없이 홀대 받아 왔다. 더 이상의 방치를 용납할 수 없었던지, 서울시는 1985년에 사직단 고증조사 및 복원 기본계획 수립에 착수하였다. 1987년 율곡 및 신사임당 동상을 서쪽으로 이건한 것을 시작으로 1988년에는 수영장을 철거한 것으로 추정되며, 사직단에 이어 유원·유문과 함께 주원·주문·신실 등을 복원하였다. 이때부터 사직대제 봉행도 다시 시작되었다. 1988년에 이루어진 복원작업은 그해에 열린 서울올림픽과 무관하지 않은 것으로 보인다.

그로부터 20년이 지난 2008년에는 종로구가 중심이 되어 사직단 복원을 위한 기본 정비계획을 수립하였다. 그 첫 사업으로 2010년 담장 123미터를 축조하고 유문·홍살문·신실과 내부 담장의 기와를 차례로 보수하였다. 그리고 숭례문 화재 이후 국가지정 문화재는 국가가 직접 관리한다는 원칙 아래 2012년 1월 사직단의 관리단체를 종로구에서 문화재청으로 변경하였다. 그해 8월에는 사직단 문화재 구역을 변경 지정 고시하며 적극적인 보존정비 의지를 피력

사직단 대문. 이호준 촬영.

사직단 복원 정비 계획 조감도. 문화재청 사진 제공.

하였다. 이러한 의지를 북돋운 것은 다름 아닌 국회였다. 2014년 4월에 국회는 소위원회·교문위·본회의 등을 거쳐 사직단 복원 촉구를 결의함으로써, 문화재청으로 하여금 사직단 복원을 더 이상 미루지 못하도록 못을 박았다.

이런 이유 때문이었는지 문화재청은 사직단 복원정비 계획수립 용역 결과를 토대로 두 차례의 공청회와 관계기관 간담회를 거쳤으며, 이를 통해 2014년 막바지에 문화재위원회의 조건부 가결을 받아내며 사직단 복원정비 계획을 관철시켰다. 이 과정에서 일부 주민들의 거센 반발이 있었는데, 이는 여전히 현재 진행형이다.

대체 어떤 계획이기에 주민들이 결사반대하는 것일까? 이 계획에 따르면 2015년부터 2027년까지 13년 계획으로 사직단의 핵심권역인 전사청 권역과 안향청 권역의 건물 13동 등을 복원하고, 신실과 어도 등을 정비하겠다는 것이다. 그런데 이게 전부가 아니었다. 핵심권역만이 아니라 사직단 전체를 원래 모습으로 복원하려면, 현재 사직단 주변의 어린이도서관과 종로도서관 등 중요한 주민 편의시설을 이전하지 않으면 안 되기 때문이다. 공공시설 이전은 해당 지자체로서는 여간 곤혹스런 일이 아닐뿐더러, 공공시설을 생활방편으로 삼고 있는 상당수 주민들과도 관련되어 있다. 이렇게 중요한 문제이기에, 문화재청은 핵심권역 주변의 사직단 경역에 대해서는 주민들과 관계기관 및 전문가 등과 장기간에 걸쳐 협의하여 사업추진 여부를 결정하겠다는 방침을 밝히고 있다. 모쪼록 원래의 모습까지는 아니더라도, 사직단이 조선의 핵심적인 국가시설임을 느낄 수 있도록 정비가 이루어졌으면 하는 바람이다.

---

1 강문식, 2016, 〈조선시대 사직(社稷)의 연혁과 제도〉, 《2016년 궁궐길라잡이 19기 기본교육》, 우리문화숨결.
2 문화재청, 2014, 《사직단 복원정비 계획》.
3 中國藝術研究院, 1999, 《中國建築藝術史(下)》, 文物出版社.

23장

우백호 인왕산이 품은 도성과 명승들

도성의 서쪽을 지키는 호랑이

인왕산仁王山은 한양도성의 내사산 가운데 하나로 도성의 서북쪽에서 서쪽을 따라 내려오는 산이다. 조선 초기부터 서산西山이라 불렸으며, 중종 이후로는 필운산으로 불리기도 하였다. 인왕산은 조선이 한양을 도읍으로 정할 당시 강력한 진산鎭山 후보로 거론될 만큼 중요한 위상을 가지고 있었다. 태조 이성계의 명을 받은 무학대사가 한양을 도읍터로 잡고 "인왕산으로 뒤 진산을 삼고, 백악산과 남산이 좌청룡과 우백호가 되어야 한다."라고 말한 것에서도 여실히 드러난다. 비록 정도전의 반대에 부딪혀 한양도성의 진산이 되지는 못했지만, 백악산의 서편에 위치한 우백호가 되었으니, 그 중요성은 여전히 크다 하겠다.

인왕산을 배경으로 한 한양도성의 서북쪽 지역은 경복궁이 건립되는 순간부터 조선의 왕족과 세도가들의 거주지가 되었으며, 조선을 대표하는 문인과 화가들이 사랑한 명승지로 각광을 받았다. 왕족의 저택으로는 태조의 계비인 신덕왕후의 첫째 아들 무안군 방번의 집이 있었는데, 이 집은 훗날 선왕의 후

〈백운동〉, 정선, 지본담채, 33.1×29.5㎝, 국립중앙박물관 소장.

궁들이 거처하는 자수궁慈壽宮이 되었다. 태종이 즉위한 후 정종은 상왕으로 있으면서 경복궁 서편 구릉지 일대에 거처인 인덕궁仁德宮을 마련했는데, 그 자리는 돈의문 북쪽의 사직단 근처로 추정된다. 인덕궁 근처에는 태종의 최측근이자 권력자였던 이숙번의 집도 있었고, 명승으로 유명한 안평대군의 집도 인왕산 기슭 수성동에 있었다. 이밖에도 경복궁에 인접한 까닭에 어류와 연료 등을 공급하는 사재감司宰監 같은 관서도 있었으며, 그곳에서 일하는 관원들도 많이 살았다고 한다.

조선 초기에 이 지역은 흔히 우대右臺 혹은 웃대라고 불렸는데, 이는 백운동천과 옥류동천이 흐르는 장소를 가리키는 이름이었다. 웃대라는 명칭 외에도 이 일대는 '북부'라는 공식적인 행정구역명을 가지고 있었는데, 당대 세도가들의 주거지가 있었다는 의미에서 북리北里라고 불리기도 하였다. 그리고 오늘날에는 북촌과 더불어 관광객들이 즐겨 찾는 '서촌'이라는 이름으로 각광받게 되었다. 이 서촌이란 지명은 최근에 붙여진 게 아니라《세종실록지리지》등에도 등장하는 전통 있는 이름이다. 이렇듯 인왕산 아래 경복궁 서쪽 지역은 거주자들의 성향과 풍속 등을 고려해 여러 가지 명칭으로 불렸음을 알 수 있다.

경복궁 옆 서촌이 뜬다

관광객들이 많이 찾는 서울의 명소 가운데는 전통미를 느낄 수 있는 북촌·삼청동·인사동 등과 쇼핑 1번지를 다투는 명동이나 흥인지문 일대가 있다. 하지만 최근에 기존의 명소에 식상함을 느낀 관광객들이 경복궁 서쪽에 자리한 서촌으로 발길을 돌리면서, 서촌 일대가 새로운 도보 관광명소로 급부상하고 있다. 아직 외국인들에게까지는 많이 알려지지 않았지만, 북촌을 찾던 상당수 관광객들이 서촌으로 모여드는 건 사실인 듯하다.

박노수 가옥. 현재 종로구립 박노수미술관으로 관람객들을 맞이하고 있다. 이호준 촬영.

    서촌이 각광을 받기 시작한 것은 청운동·효자동·사직동 일대가 우리나라의 근대사를 고스란히 간직한 곳으로 알려지면서부터이다. 특히나 이곳에는 근대 문인과 화가 등 예술가들의 발자취가 두드러지게 남아 있다. 누하동에 자리한 시인 윤동주의 하숙집, 천재시인 이상의 집, 시인 노천명의 집, 소설가 박완서가 다녔던 매동초등학교 등이 이곳 서촌에 자리해 있다. 또한 화가 이중섭의 집터와 박노수의 가옥, 화가 구본웅 및 이상범의 고택 등이 밀집해 있어서 마을 전체가 박물관이나 마찬가지이다. 비록 세월이 흐르며 변하기는 했지만, 주택의 구획이나 골목 등 조선시대 서촌의 기본적인 도시구조를 그대로 보여주고 있어서 2015년에 서울시 미래유산으로 지정되었다. 미래유산 제도는 미래에 전달할 가치가 있는 서울의 근현대 문화유산을 선정해 보존하는 제도이다.

    역사와 문화가 살아 숨 쉬는 서촌은 우리의 귀중한 문화유산으로 탈바꿈하고 있다. 북촌·남촌과 더불어 조선시대부터 서울을 대표하는 마을로 자리 잡았던 서촌은 근대에 들어서도 서양식 가옥이 들어서는 등 꾸준히 그 맥을 이어왔다. 최근 서울시에서 원형복원을 결정하고 개방한 '딜쿠샤' 같은 건물도 서촌을 대표하는 서양식 건축물이다. '희망의 궁전'이란 뜻의 딜쿠샤는 3.1독립운동을 전 세계에 처음 알린 AP통신사 특파원 앨버트 테일러1875~1948가 거주했던 집으로서, 건축적 가치가 뛰어난 곳으로 평가 받고 있다.

이러한 요인들이 복합적으로 작용하면서, 젊은 예술가들과 소규모 상인 등 자신들의 꿈을 실현하려는 새로운 이주민들이 서촌으로 모여들게 되었다. 누가 먼저랄 것도 없이 서촌의 구석구석으로 스며든 이들은, 이제 어엿한 터줏대감이 되어 서촌을 찾는 수많은 관광객들에게 볼거리·먹거리·놀거리·살거리 등을 제공하고 있다. 이제 서촌은 조용하고 한적한 마을에서 활기 넘치고 역동적인 마을로 급격히 변모하고 있다.

그런데 이러한 서촌의 분위기가 마냥 달갑지만은 않은 것은, 일명 '젠트리피케이션gentrification'의 위협으로부터 안전하다고 볼 수 없기 때문이다. 젠트리피케이션은 도심 지역의 낡은 주택 등으로 이주해 온 중산층 이상의 사람들이 기존의 저소득층 주민들을 대체하는 현상을 말한다. 이는 영국에서 신사 계급을 뜻하는 젠트리gentry에서 파생된 말로, 원래는 낙후지역에 외부인이 들어와 지역이 다시 활성화되는 현상을 뜻했다. 하지만 최근에는 외부인이 유입되면서 원주민이 밀려나는 부정적인 의미로 많이 쓰이고 있다. 도시환경이 변하면서 중상류층이 도심의 주거지로 유입되고 이로 인해 주거비용이 상승하면서 비싼 월세 등을 감당할 수 없는 원주민들이 다른 곳으로 밀려나는 현상이다. 2000년대 이후 서울의 홍대인근·연남동·상수동·경리단길·가로수길 등과 전주한옥마을 등지에서 젠트리피케이션 현상이 극심하게 나타나고 있다.

조금 떴다 하면 귀신같이 돈 냄새를 맡고 비집고 들어오는 중소 자본가들의 횡포로부터 서촌이 얼마나 버텨낼 수 있을지 걱정이 앞선다. 서울의 다른 지역과는 달리 서촌이 간직한 역사적 뿌리와 문학적 경건함이 오랫동안 유지되어 빼어난 명승지로 유명한 인왕산에 인문학적 향기를 배가시켜 나갈 수 있었으면 좋겠다.

그림으로 추억하는 한양도성 인왕산구간

겸재 정선이 그린 유명한 그림 중에 인왕산 자락의 수성동계곡을 그린 〈수성동〉이라는 작품이 있다. 겸재의《장동팔경첩 壯洞八景帖》의 8경 가운데 하나인 수성동계곡은 한양에서 손꼽히는 명승으로서《동국여지비고》와《한경지략》등에도 소개될 만큼 널리 알려진 곳이었다. 그러나 1971년 이곳에 옥인시범아파트가 들어서면서 수성동계곡의 바위며 물길이 콘크리트로 덮여 버리고 말았다. 그 뒤 사람들의 기억에서 사라질 즈음 옥인시범아파트를 재건축할 시점이 되었고, 서울시는 이때를 놓치지 않고 2010년 아파트 부지를 매입·보상하여 수성동계곡을 복원하기로 하였다. 복원사업의 핵심은 인왕산의 옛 경관을 회복하여 시민들에게 당시의 감흥을 되살려 주는 데 있었다. 다행히 겸재의 그림에 나오는 수성동계곡의 모습에 가깝게 암반 지형과 물줄기를 살릴 수 있었고, '기린교'라는 이름의 돌다리도 제 모습을 찾게 되었다. 이러한 성과는 2014년 국토교통부에서 개최한 '대한민국 국토도시디자인대전'에서 수성동계곡 복원사업이 당당히 대통령상을 수상함으로써 보상을 받았다.

이렇게 인왕산의 대표 경관이 회복되면서 뭇 시민들의 눈과 발길도 조금씩 수성동계곡을 찾게 되었는데, 복원된 명승을 찾은 시민들은 조선시대 풍류객이 된 것처럼 깊은 감동을 받았다. 시민들로서는 서울의 옛 경관으로 들어가 선비처럼 여유를 즐길 수 있게 된 셈인데, 이러한 긍정적인 효과를 지켜보며 '앞으로도 한양도성의 여러 명승지들을 국민들의 품에 되돌려 줄 수 있겠구나.'라는 희망을 가져본다.

백악산과 인왕산을 배경으로 한양도성의 서북쪽 아늑한 지역에 자리한 웃

웃대를 대표하는 수성동계곡과 기린교. 안평대군의 집인 비해당이 있었다고 전해진다. 이호준 촬영.

대는 멈춰서는 곳마다 다른 풍광을 보여주는 빼어난 곳이었다. 이곳에 거주한 사람들의 계층은 무척 다양하였는데, 왕실의 종친들과 세도가들이 주로 웃대 북쪽에 거주한 반면 중인들은 인왕산 계곡에서 흘러내리는 옥계玉溪 주변에 터를 잡았다. 수성동계곡을 비롯하여 여러 명승지가 즐비하였기 때문에, 절경에 깃들어 학문과 예술을 펼치거나 풍류를 노래하고자 한 사람들이 이곳 웃대를 많이 찾았던 것 같다.

백악산과 인왕산이 빚어놓은 공간으로 사람들이 하나둘 모여들면서 골목길이 만들어지고 가옥들도 늘어났다. 옥류동천을 따라 조선 후기 중인문학을 꽃피운 요람이 여럿 만들어졌는데, 당시 문예공간으로 이름 높았던 천수경千壽慶의 송석원松石園이 대표적이다. 웃대를 대표하는 명승으로는 창의문 부근의 청풍계와 백운동을 비롯하여, 정조가 도성의 경관을 보며 아버지 사도제자를 그리워했던 세심대洗心臺와 봄철의 꽃구경 명소로 유명한 필운대弼雲臺를 꼽을 수 있다. 겸재는 웃대의 이름난 명승들을 자신의 색채로 화폭에 담아냈는데, 그 유명한 국보〈인왕제색仁王霽色〉과《장동팔경첩》등도 바로 인왕산의 비경들을 소재로 한 것이다. 훗날 김창흡, 이병연 등과 함께 우리나라 진경산수 문화를 이끈 겸재의 예술적 기반이 된 곳이 바로 웃대, 즉 오늘날의 서촌이었다.[1]

〈인왕제색〉, 정선, 1751년, 지본수묵, 79.2×138.2㎝, 국보 216호, 삼성미술관 Leeum 사진 제공.

    인왕산을 대상으로 한 18세기 진경산수화의 대표작으로는 겸재의 〈인왕제색〉과 담졸 강희언의 〈인왕산도仁王山圖〉를 꼽을 수 있다. 〈인왕제색〉은 경복궁 쪽에서 바라본 인왕산을 예술적으로 승화시킨 그림으로 겸재 작품 중에서도 최고로 치는 걸작이다. 반면 담졸의 〈인왕산도〉는 능선과 암벽 등 인왕산의 지형적 특색이 사실에 가깝게 그려져 있는 데다, 한양도성의 성문과 성벽까지 표현되어 있다. 이 때문에 지금의 한양도성 인왕산구간과 비교해 볼 수 있다는 점에서 눈을 크게 뜨고 살펴볼 만하다.

    〈인왕산도〉에는 '暮春登桃花洞 모춘등도화동 望仁王山 망인왕산'이라고 적혀있는데, 늦은 봄 도화동 골짜기에 올라 인왕산을 바라본 그림이란 뜻이다. 한양도성은 그림 전체에서 주로 오른쪽 아랫부분에 가느다란 선의 형태로 나타난다. 창의문과 맞닿은 성벽이 왼편으로 인왕산 정상까지 올라가며 이어져 있고, 산 정상에서 서편으로 연결되는 성벽이 곡성임을 알 수 있게끔 휘돌아 남쪽 능선으로 연결되도록 묘사되어 있다. 현재 인왕산 정상의 한양도성과 비교해 보면 크게 다르지 않다.

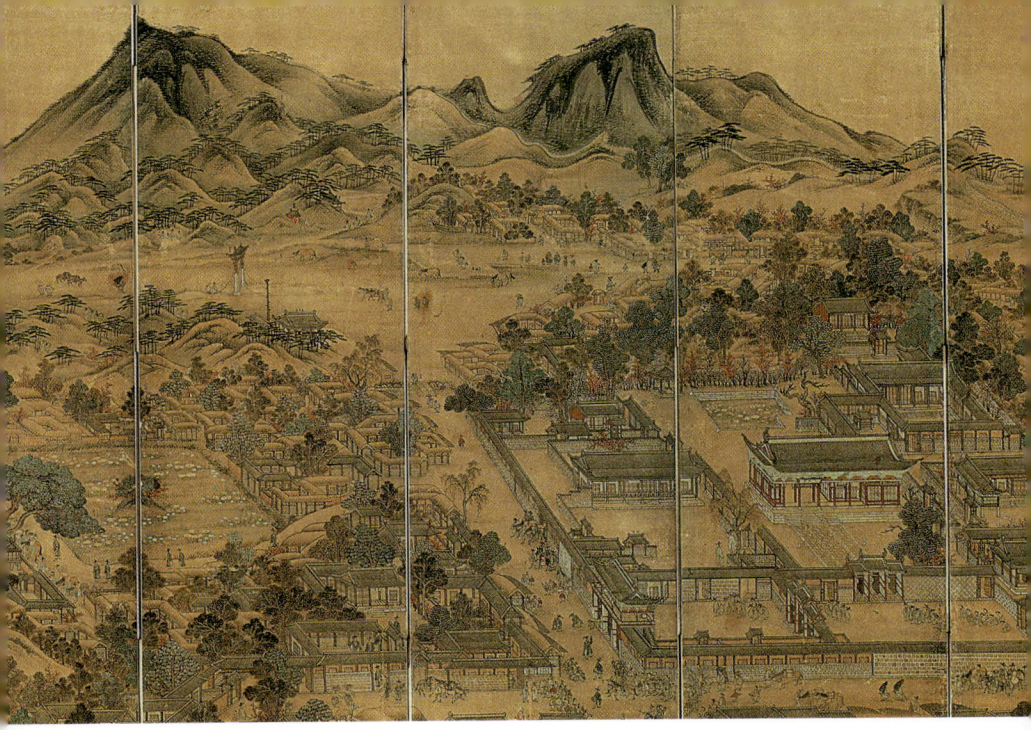

〈경기감영도〉(부분), 연대 작자 미상, 135.8×442.2㎝, 보물 제1394호, 삼성미술관 Leeum 사진 제공.

　〈인왕산도〉에 보이는 성벽이 남쪽으로 어떻게 이어지는지는 〈경기감영도 京畿監營圖〉에서 확인할 수 있는데, 이 그림에는 인왕산 정상에서 돈의문 쪽으로 이어지는 성벽이 잘 드러나 있다. 그런데 이보다는 하늘을 찌를 듯 솟구치는 삼각산의 산세가 인상적이다. 오른쪽부터 삼각산·백악산·인왕산 정상이 차례로 이어지고 있다. 특히 인왕산은 곡성 동편의 모암帽巖에서 오른편 산꼭대기로 두 개의 정상이 나란히 이어진 모습으로 그려져 있다.[2]

　〈경기감영도〉의 오른쪽 끝부분에 묘사된 돈의문이 있는 자리에서 한양도성의 서쪽 성벽을 따라 인왕산 정상 부근에 이르면, 서쪽의 곡성에서부터 위에서 말한 두 개의 인왕산 봉우리를 생생하게 만나볼 수 있다. 선조들이 잘 그려서 남겨준 그림 덕에 당시의 한양도성 인왕산구간을 제대로 감상할 수 있게 되었다. 이러한 그림을 염두에 두고 현실로 돌아와 보자. 멸실된 돈의문으로부터 사직터널에 이르는 구간에는 서울시교육청 담장 경계 송월길를 따라 한양도성

의 성벽이 지나갔을 것으로 추정된다. 실제로 최근 월암근린공원의 발굴로 성벽 유구가 발견되었고, 현재는 일부 구간이 완전히 복원되었다.

인왕산 정상에서 바라본 삼각산과 한양도성. 이호준 촬영.

공원 아래에 잠들어 있던 한양도성이 깨어나다

　송월동 월암근린공원은 돈의문 터에서 인왕산으로 올라가는 능선에 있는데, 좀 더 정확히는 '돈의문 박물관' 부지의 북쪽에 자리 잡고 있다. 2008년 종로구에서는 이곳 송월동에 공원을 조성할 목적으로 발굴조사를 실시하였는데, 원래 이곳에는 경희궁 서편 성벽이 있었다. 발굴 전만 해도 이 일대의 한양도성은 이미 멸실된 것으로 알려져 있었지만, 조사 결과 예상 밖으로 성벽이 잘 남아 있는 것으로 확인되었다. 특히 조사지역의 북쪽에 위치한 구 경성측후소 남쪽 지역에서 태조·세종·순조 연간에 걸쳐 축조된 성벽이 발견되어, 한양도성이 시기에 따라 다른 방식으로 수축된 것을 한눈에 알 수 있게 되었다. 여기서 발굴된 성벽의 길이는 127미터 정도나 된다. 이 가운데 태조 대에 초축된 성벽이 약 41미터, 세종 대에 수축된 성벽이 약 79미터, 순조 대에 수축된 성벽이 7.7미터 정도이다. 한편 구 경성측후소 북쪽 구간의 성벽은 근대 건축물에 의해 훼손된 것으로 보인다.

　이곳에서 발굴된 태조 대의 성벽은 시기적으로 오래되긴 했지만 그 형태가 비교적 잘 남아 있다. 초축에 참여한 사람들은 성벽의 가장 바닥면에 해당하는 풍화암반층을 평평하게 고른 뒤, 자연석을 거칠게 다듬은 길이 1미터에 두께 60~80센티미터 가량의 기단석을 놓고 그 위부터 본격적으로 석축을 시작하였다. 아랫부분의 성벽을 쌓을 때는 길이 1~1.5미터에 두께 60~80센티미터 정도의 큰 석재를 거칠게 다듬은 뒤 안쪽으로 약 5센티미터씩 들여가며 2~3단 정도 쌓았다. 그리고 나서 그 위로 길이 50~60센티미터에 두께 30~40센티미터의 자연석을 마찬가지로 조금씩 들여쌓았다. 이러한 면석의 뒤쪽으로 20~40센티미터 크기의 할석을 채운 뒤채움 구간이 1.0~1.2미터 가량 되고, 그 안쪽을 판축한 것이 뚜렷하게 드러났다. 판축구간은 풍화암반층 위에 사질토 및 풍화암반토를 이용하여 5~10센티미터 두께로 층층이 다져 올린 모습으로, 약 2.5미터 높이까지 확인된다. 성벽의 바깥쪽 바닥면에서는 지름 10센티미터 내외의 기둥구멍이 몇 개 확인되었는데, 이 구멍은 성벽을 쌓을 때 이용했던 거푸집이나 지지대와 관련된 용도로 생각된다.

다음으로 세종 대에 수축된 성벽은 태조 대의 것과 어떻게 달라졌는지 살펴보자. 풍화암반층 위에 기단석을 놓고 그 위에 석축한 것은 동일하지만, 성돌의 모양과 크기가 다르다. 1~3단까지의 아랫부분은 길이 60~90센티미터에 두께 30~40센티미터의 장방형 석재를 깨끗하게 다듬어 쌓아 올렸다. 그 위에는 옥수수 알갱이 모양으로 다듬은 30~35센티미터 크기의 정방형 석재를 수평을 맞추어 층층이 쌓아 올렸다. 이제는 성돌의 모양과 다듬은 정도만 보면 태조 대와 세종 대의 것을 구별할 수 있을 것이다.

면석의 뒤쪽은 태조 연간의 성벽처럼 할석으로 뒤채움을 한 뒤 판축한 것을 확인할 수 있다. 그러나 뒤채움 구간이 3.5~4.0미터 정도로 훨씬 넓어졌고, 채워 넣은 석재의 크기도 25센티미터 내외로 작고 균일해졌다. 성벽의 뒤채움 부분을 넓게 한 이유는 성벽을 더 튼튼하게 유지하기 위한 것으로 보인다.

세종 대에 수축된 성벽의 판축 양상은 태조 대의 성벽과 차이가 없다. 이 구간의 판축은 원래 태조 대에 축조된 토성의 일부로 보이며, 세종 대에 석성으

월암근린공원 발굴 성벽. 한울문화재연구원 사진 제공.

월암근린공원 성벽 복원 후 전경. 신희권 촬영.

로 개축할 때 토성 판축부의 앞부분을 제거한 후 석축 성벽을 쌓고 뒤채움을 한 것이 아닐까 싶다. 다만, 이러한 판단을 확정하기 위해서는 태조 대에 토축한 구간의 성벽과 비교하는 작업이 추가로 이루어져야 할 것이다.

순조 대에 수축된 성벽은 한양도성 전체 구간에서 그리 많은 부분을 차지하고 있지는 않으며, 송월동 발굴조사 현장에서도 7.7미터 정도의 구간에서만 확인되었다. 순조 대의 성벽은 풍화암반을 굴착한 후 지름 50~60센티미터의 기단석을 놓고, 그 위에도 같은 크기의 성돌을 3센티미터 정도씩 들여쌓았다. 성돌은 바깥쪽으로 향하는 면을 매끈하게 다듬어 사용하였는데, 성돌들을 빈 틈이 없을 정도로 밀착시켜 줄을 맞추어 쌓았으니 그야말로 네모반듯한 바둑판줄 같은 성벽으로 보면 된다. 참고로 겉모양만 보면 숙종 대의 성벽과 거의 차이가 없는데, 숙종 대의 성돌은 지름 45센티미터의 정방형으로 순조 대의 것보다 조금 작아서 그 크기로 시대를 짐작할 수 있다. 순조 대 성벽의 면석 뒤쪽은 일부 뒤채움한 것이 확인되기는 하지만, 심하게 교란되어 태조 및 세종 대의 성벽에 나타났던 판축의 잔존 양상은 구체적으로 알 수 없는 상태였다.[3]

예기치 않게 드러난 월암근린공원의 한양도성은 그 복원 방안이 문제가 될 수밖에 없었다. 이전부터 해왔던 정비방식이 다분히 복원 중심이어서 한양도성의 진정성에 대한 문제 제기가 많았기 때문에, 당시 발굴된 구간은 현상을 그대로 보존하자는 여론이 우세하였다. 하지만 이 구간 역시 이전과 마찬가지로 완전 복원에 가까운 모습이 되고 말았다. 발굴된 유구에 비해 새로운 부재가 월등히 많은 데다 일정한 높이까지 복토함으로써, 발굴되었을 때와 같은 성벽 기저부를 볼 수 없게 되었기 때문이다. 결과적으로 현재는 발굴 당시에 느꼈던 역사성과 고풍스러움 같은 것은 찾아보기 어려운 상황이다.[4]

오랜 세월에 걸쳐 수축되어 온 한양도성은 일제강점기 이전까지는 비교적 완전한 형태를 유지해 왔다. 하지만 일제강점기와 한국전쟁 시기, 그리고 이후 개발시대를 거치면서 많이 훼손되고 멸실되는 수난을 겪었다. 그러다가 1970년대부터 시작된 성곽 복원사업 결과, 훼손 구간과 멸실 구간의 상당 부분이 복원되고 정비되었다. 현재 한양도성 전체 구간 18.627킬로미터 가운데 12.854킬로미터 구간이 복원되어 전체의 70퍼센트 가까이가 복원·정비된 상태이다.

그런데 한양도성의 상당 부분이 원래의 모습을 찾아가고 있다는 점은 긍정적이라 할 만하나, 복원 및 정비 방법에 있어서는 여전히 문제를 드러내고 있다. 알다시피 문화재 복원과 정비에 있어서 가장 중요한 것은 원형을 있는 그대로 보존하는 것이다. 불필요한 복원과 과도한 정비가 화근이 되어 한양도성의 진정성을 훼손할 수도 있다는 얘기다. 월암근린공원 부지 외에도 청계천 복원사업 과정에서 광통교·오간수문 터 등이 있는 그대로 복원되지 못했고, DDP 공사현장에서 발굴된 이간수문과 성벽 및 치성의 복원정비 방식도 원형 보존의 관점에서 볼 때 심각한 문제가 있음을 지적한 바 있다. 남산 어린이공원 구간의 복원 방식 역시 사용된 성돌의 재료와 형태 등에 있어서 이전의 잘못 복원된 사례들과 별 차이가 없다.

다시 한 번 강조하건대 앞으로는 과도한 복원이나 정비를 지양하고, 있는 그대로의 현상을 보여주는 방식으로 복원 및 정비의 방향을 바꾸어야 할 것이다. 또한 훼손 구간이나 멸실 구간에 대해서도 발굴조사를 실시하되, 가급적 유적이 잔존한 상태 그대로 보존해야 할 것이다. 그래서 남산 회현자락에 세워진 한양도성 유적 전시관이 더 의미 있게 느껴진다.

---

1 서울역사박물관, 2011, 《웃대, 중인문화를 꽃피우다》, 서울 2000년 역사문화 특별전 Ⅳ.
2 윤진영, 2012, 〈회화를 통해 본 서울 한양도성〉, 《서울 한양도성(서울성곽) 유네스코 세계유산 잠정목록 등재를 위한 학술연구》, 서울특별시.
3 한울문화재연구원, 2010, 《종로 송월동 서울성곽 유적》.
4 김왕직, 2014, 〈역사유적 보존·정비 사례연구〉, 《남산 회현자락 한양도성의 유산가치》, 제5차 한양도성 학술회의, 서울특별시.

24장

한양도성, 서울을 품다

인왕산에서 내려다본 경복궁

　인왕산 정상에 다다를 무렵, 한양도성에 올라 동쪽을 바라보면 조선의 정궁인 경복궁 전역이 한눈에 들어온다. 경복궁의 정문인 광화문에서부터 북문인 신무문에 이르기까지 네모반듯한 궁궐의 모습은 현대판 계획도시처럼 깔끔하게 정돈된 느낌이다. 경복궁 너머로는 어렴풋이 응봉 자락에 깃든 창덕궁도 보이는데, 창덕궁에서 가장 높은 건물인 인정전의 꼭대기 정도는 알아볼 수 있다.

　경복궁은 태조 3년 1394에 공사가 시작되어 이듬해인 1395년에 완공된 조선시대 최초의 궁궐이자 정궁으로서 새 나라와 새 왕조의 상징과 같은 존재이다. 역성易姓 혁명을 통해 왕위에 오른 태조 이성계는 풍수적으로 명당인 데다 산과 강으로 둘러싸여 천혜의 요새라 할 수 있는 한양을 새 나라의 도읍으로 삼고자 하였다. 조선 조정은 태조 3년 신도궁궐조성도감新都宮闕造成都監을 설치한 뒤 경복궁의 좌우에 종묘와 사직을 두고, 그 앞에는 의정부·삼군부·육조 등의 관청과 문묘·시장·도로 등 핵심시설을 배치하여 새로운 도읍을 완성하였다.

　경복궁은 백악산을 뒤로 하고 남쪽으로 남산을 바라보고 있으며, 서쪽으로

인왕산에서 내려다본 서울도심. 왼쪽에 광화문이 슬쩍 얼굴을 내밀고, 남산의 N서울타워는 서울의 중심을 지키고 있다. 이호준 촬영.

는 인왕산에 기대고 있다. 또한 궁궐의 좌우로 물줄기가 흘러내려 남쪽의 청계천과 만난다. 입지를 선정하는 것에서부터 궁궐 및 부속건물들을 배치하고 도로를 건설하는 데까지 당시의 시대적 사상과 원리가 총동원된 조선 건국 시기 문화의 결정체라고 볼 수 있다.

태종 대인 1412년에는 경회루를 세우고 궐내를 수리하였으며, 세종 대에 이르러 오례五禮를 비롯한 각종 제도를 정비하고 궐내의 각 문과 다리의 이름을 짓는 등 법궁法宮으로서 갖춰야 할 체제를 완비하였다. 명종 8년1553에는 큰 화재로 정전과 편전을 제외한 내전이 전부 불에 타자 이듬해인 1554년에 대대적인 중건공사를 실시하였다. 그러나 선조 25년1592 4월 임진왜란으로 인해 궐내 전각들이 모두 소실되어, 이후 274년간 재건되지 못한 채 빈 궁궐로 남는 비운을 겪는다.

이후 고종 2년1865에 이르러서야 흥선대원군의 주도 하에 대대적인 재건공사를 단행하였고, 2년 뒤인 1867년에는 마침내 조선왕조 정궁으로서의 위용을

키 작은 건물들 사이로 일제가 경복궁을 훼손하고 지은 구 조선총독부 청사와 일제강점기 경성부청(京城府廳)으로 사용된 서울시청 구청사가 자리해 있다. 본 저작물은 국립민속박물관에서 공공누리 제1유형으로 개방한 '市街 中央部 엽서'를 이용하였으며, 해당 저작물은 국립민속박물관 홈페이지(http://www.nfm.go.kr/Data/colSd_new.jsp)에서 무료로 다운받으실 수 있습니다.

되찾는다. 중창된 경복궁은 궁궐 전각이 7,481칸에 궁성 담장의 둘레가 1,813보에 달하는 큰 규모였다. 이때 새로이 추가된 건물로는 후원에 연못을 파서 만든 향원정香遠亭을 비롯하여, 고종이 국사를 돌보았던 별궁인 건청궁乾淸宮 등이 있다. 명성황후가 시해될 당시 기거했던 곳으로 알려져 있는 건청궁과 태조의 어진이 보관되어 있던 태원전泰元殿은 최근에 복원이 완료되어 개방되었는데, 덕분에 시민들은 궁궐의 옛 정취를 만끽할 수 있게 되었다.

    조선 최고의 궁궐이었다가 270여 년이나 지난 뒤에야 겨우 본연의 모습을 되찾았지만, 경복궁은 일제의 침략으로 인해 또다시 원형이 크게 훼손되는 수모를 겪는다. 한일강제병합이 있던 1910년 순종은 경복궁을 조선총독부에 인도하였는데, 이후 일제는 4,000여 칸에 달하는 궁궐 건물을 헐값에 팔아넘겼다. 또한 1915년 일제는 이곳에서 조선물산공진회朝鮮物産共進會를 개최하여 궁궐 건물의 대대적인 철거와 근대 건물의 신축공사를 감행한다. 급기야 1916년에는 근정전 앞에 조선총독부 청사 건립을 개시하는 등 경복궁의 원형을 알아볼 수 없을 정도로 철저히 훼손하였다.

이에 문화재청은 500여 년간 조선의 정궁으로서 숱한 화재와 외세의 침탈 등을 겪으면서도 꿋꿋하게 명맥을 유지해 온 경복궁을 복원하여 민족적 자긍심을 회복하려 하였다. 이후 '경복궁 복원 20개년 계획1차'을 수립한 문화재청은 1990년대부터 관련 사업을 추진해 왔으며, 현재 2차 복원사업을 진행하고 있다. 필자는 대학교 2학년생이던 1990년에 경복궁 복원사업 보조원으로 참여한 적이 있는데, 이때 왕과 왕비의 침전구역인 강녕전과 교태전의 발굴을 시작으로 왕세자의 거처인 동궁지역의 발굴이 이루어졌다. 또한, 한때 선풍적인 인기를 끌었던 TV드라마 《대장금》의 배경이 되었던 소주방지 등 크고 작은 발굴도 이어졌다.

그 뒤 2007년부터는 경복궁 복원의 핵심이라고 할 수 있는 광화문 권역에 대한 발굴조사가 시작되었다. 이 과정에서 1996년, 일제가 우리의 민족정기를 말살하고자 경복궁의 중앙에 버젓이 건설하였던 구 조선총독부 건물이 철거되었는데, 지금 그 자리에는 광화문과 근정문을 이어주는 흥례문이 웅장한 모습으로 복원되어 그 위용을 과시하고 있다.

경복궁 복원의 첫 삽을 뜰 당시 궁 안에 남아 있던 건물은 안타깝게도 몇 동되지 않았다. 고종 연간에 중건된 7,400여 칸 가운데 남아 있던 것이라고는 근정전과 경회루 등 잘 알려진 10여 동에 불과하여 중건 당시의 10퍼센트 정도에 머물러 있었다. 게다가 창건 당시의 기록이 턱없이 부족하여 경복궁의 원형을 추정하고 복원하는 데는 커다란 한계가 있었다. 경복궁과 관련된 연구 또한 이제껏 남아 있던 자료를 통하여 접근할 수 있는 문헌사·건축사·미술사 위주로 진행되었다. 이 때문에 경복궁의 원형복원은 당연히 땅속에 묻혀 있을지도 모르는 고고학적 발굴에 초점이 맞추어질 수밖에 없었다. 다행히도 발굴 결과는 경복궁의 조선 전기와 후기 모습을 고스란히 간직하고 있다고 해도 좋을 정도로 양호한 편이다. 즉 경복궁이 걸어온 길을 고스란히 보여주는 귀중한 자료들이 발굴을 통해 속속 드러나고 있다.

조상님들 뵐 면목이 없을 뻔했던 광화문 복원

2007년에 이루어진 광화문지 조사 결과 현재의 아스팔트 도로 밑 30~40센티미터 사이에서 고종 연간에 축조된 광화문지와 월대月臺가 발굴되었다. 또한 광화문의 좌우로 이어지는 궁장宮墻과 당시의 구 지표면도 발견되었다. 고종 연간의 광화문지는 1968년 콘크리트 건물로 복원되었다가 철거된 '구 광화문'에서 남쪽으로 11.2미터, 서쪽으로 13.5미터 떨어진 위치에서 확인되었는데, 기단을 기준으로 동서 34.8미터, 남북 최대 잔존 길이 14.5미터 크기로 밝혀졌다. 안타깝게도 북편 일부는 구 광화문을 세우고 후대에 상수도관을 매설하면서 파괴되었다. 앞서 남산구간에서 잠시 언급한 대로 콘크리트 재질의 구 광화문 방향은 기존 경복궁의 남북축에서 동남 방향으로 3.75도 틀어져 있었다. 그런데 2007년도 발굴에서 고종 연간에 중건된 광화문지를 확인하는 가운데, 우리나라 발굴사에 기록할 만한 엄청난 성과를 거두었다. 태조 연간의 광화문은 물론이고, 고종 연간에 중건된 광화문의 방향과 축 또한 태조 연간에 건설된 경복궁의 기본 축과 완벽하게 일치한다는 사실을 밝혀낸 것이다.

광화문지를 확인한 결과, 뻘흙과 모래를 번갈아 채워 다진 층 위에 'U'자 모양으로 넓게 터파기를 한 뒤 황색점토와 잡석을 섞은 사질토를 켜켜이 쌓아 기초를 만든 게 드러났다. 하부의 다짐층에서는 지반을 보강하기 위해 말목을 박은 것도 확인되었다. 특히 문루의 기초인 육축 하부에는 비교적 큰 방형 또는 장방형의 석재를 2~3단 쌓고, 육축 사이의 문 부분에는 흑색 사질토와 잡석을 번갈아 3~4단 가량 쌓아 기초를 튼튼히 하였다.

광화문에는 아치형 출입구가 3개 있는데, 중앙에는 임금이 통행하던 어도

고종 연간의 광화문 터.
국립문화재연구소 사진 제공.

御道 하나가 있고 그 동쪽과 서쪽에는 문무백관이 통행하던 두 개의 출입구가 있다. 그중에 어도의 너비가 남쪽 5미터에 북쪽 5.9미터로 가장 넓고, 나머지 두 개의 출입구는 너비가 각각 남쪽 3.5미터에 북쪽 4미터로 동일하다. 이처럼 문의 각 출입구는 궁 바깥쪽보다 안쪽이 넓은 사다리꼴 형태를 띠고 있는 것이 특징이다.

앞서 살펴본 대로 고종 대 광화문지의 기초 및 토층을 조사하던 중 그보다 70센티미터 정도 아래에서 경복궁 초창기, 즉 태조 연간에 축조된 문지가 추가로 발견되었다. 조사 결과 두 문의 위치와 좌향坐向은 일치하나, 그 규모와 통행문의 크기 및 위치가 약간 달라진 것으로 밝혀졌다. 초창기 광화문의 규모는 육축 기준 동서 길이 27미터에 남북 잔존 길이 9.6미터인데, 고종 연간에 지어진 광화문은 동서 길이 31미터에 남북 잔존 길이가 11.5미터였다. 즉 고종 대 광화문은 태조 대 광화문의 기초를 그대로 이용하여 그 위에 방형과 장방형 석재 2~3단을 70센티미터 높이로 쌓아올린 후, 좌우에 약 2.2미터, 북쪽에 1.5미터 가량을 덧대어 확장한 것이다. 또한 고종 대 광화문은 어도가 가장 넓고 동문과 서문이 좁은 반면, 태조 대 광화문은 어도가 고종 대의 그것보다 15센티미터 좁았고, 동문과 서문은 20~30센티미터 정도 더 넓었던 것으로 확인되었다.[1]

지어진 시기가 무려 472년이나 차이가 나는 두 광화문이 동일한 자리에 서서 같은 방향을 바라보고 있었다니 놀랍기만 하다. 여기서 슬쩍 의문이 생긴다. 고종 대에 광화문을 중건한 사람들은 그 자리에 태조 대의 문이 있었다는 사실을 알고 있었을까? 당연히 파악하고 있었으리라. 그랬기에 원래의 위치에 기초를 세우고 북쪽과 동서 양쪽으로 규모를 확장하였으리라. 놀라운 것은 고종 연간에 광화문을 중건할 때 태조가 처음 만든 문의 기초를 훼손하지 않은 채, 그 위에 기초를 보강하여 문을 세웠다는 점이다. 아마도 이전의 기초를 무시하고 다시 설계하여 지었다면 훨씬 수월하게 기초공사를 하고 그 위에 문을 올릴 수 있었을 것이다. 그런데 그렇게 편의적으로 한 것이 아니라 선대의 유구인 문지를 그대로 두고 그 위에 새로운 문을 만든 것이다. 이것은 우리 조상들의 문화재 보존의식을 보여주는 대표적인 사례가 아닐까 싶다.

경복궁 발굴조사를 해 보면, 광화문뿐만 아니라 고종 대에 중건한 경복궁의 모든 건물들이 태조 대에 마련한 건물지 위에 자리 잡은 것을 볼 수 있다. 우연으로 보기에는 너무도 절묘하게 일치하지 않는가. 발굴을 통해 조상들의 문화재 보존의식이 너무도 철저했다는 사실을 확인했기에, 오늘날 우리가 정비 및 복원이라는 미명 하에 수많은 문화재들의 선대 유구들을 무참히 들어내고 생뚱맞은 21세기의 문화재를 양산하고 있는 현실이 안타깝기만 하다. 훗날 조상들 앞에 가서 얼마나 부끄러울지, 호되게 꾸지람을 듣지나 않을지 심히 걱정

태조 연간의 광화문 터. 국립문화재연구소 사진 제공.

광화문지 하부 다짐층과 말뚝 기초. 국립문화재연구소 사진 제공.

스럽다.

　단적으로 지금의 광화문 밑에는 고종 대의 광화문과 태조 대의 광화문 기초가 얼마나 남아 있을까 생각해 보자. 미리 말하자면 현재의 광화문 밑에는 고종 대의 광화문 기초는 사라지고 태조 대의 기초만이 남아 있다. 원래는 태조 대의 기초마저도 들어내고 콘크리트 기초공사를 해야만, 1,000년이 가도 무너지지 않을 광화문을 복원할 수 있다고 주장한 공사업자들이 있었다. 광화문 앞으로 지하철 3호선이 지나가고 그 밑으로 상하수관이나 통신케이블 등이 가득 매설되어 있기에, 원래의 광화문 기초를 두고서는 광화문 복원 자체가 불가능할 것이란 주장이었다.

　하지만 당시 광화문지 발굴조사 책임을 맡고 있던 필자는, 태조 대와 고종 대의 광화문 기초를 모두 들어내자는 주장을 도저히 용납할 수 없었다. 상황을 모르는 바는 아니었지만, 조상들이 남긴 광화문 기초를 전부 없애면서까지 새로운 광화문을 복원해야 하는 걸까? 그래야만 민족정기가 회복되고 잃어버린 원형을 되찾을 수 있는 걸까? 고민이 깊어질수록 기초를 들어내서는 안 된다는 마음이 강하게 자리 잡았다. 결국 이럴 바에는 광화문을 복원하지 말고 후대에 물려주자고 강하게 주장하면서 다른 방법을 강구하도록 요구하였다. 당시 복원공사를 맡았던 담당자들은 생각지도 않았던 복병으로 인해 애를 먹을 수밖에 없었다.

다행히 일부 언론에서 '원형을 훼손하면서까지 광화문을 복원할 이유가 있는가'라는 필자의 주장에 강하게 힘을 실어주면서 상황은 급반전되었다. 여러 달의 검토 끝에 고종 대의 광화문 기초를 없애는 것은 불가피하지만 태조 대의 광화문 기초만큼은 살릴 수 있겠다는 대안이 나왔다. 결국 그 안이 받아들여져 태조 대의 유구 위에 오늘의 광화문이 들어서게 된 것이다. 태조 대의 광화문 기초를 두고 고종 대의 광화문을 세웠던 것을 똑똑히 보았던 필자로서는 어찌 보면 당연한 주장이었다. 하지만 만에 하나 전대의 기초 위에 광화문을 복원해야 한다는 주장이 받아들여지지 않았더라면 어떻게 되었을까 하는 생각에 지금도 식은땀이 난다.

월대와 육조거리

광화문의 앞쪽에는 건물의 격을 높여주기 위해 시설한 높은 대가 마련되어 있는데, 이를 월대月臺라 한다. 월대는 건물의 위용을 과시하기 위한 것일 뿐만 아니라, 왕실 내의 중요한 행사가 이루어지는 공간이기도 했다. 발굴조사에서는 추정 길이 52미터 가운데 8.3미터 가량만이 확인되었다. 현재 안국동에서 사직터널로 향하는 대로가 광화문 앞을 통과하는 까닭에 나머지 지역을 발굴할 수 없었기 때문이다. 그 앞으로 쭉 파 나간다면 원래의 월대 전부가 드러날지도 모르겠다.

발굴을 통해 확인된 광화문 월대의 너비는 약 30미터였으며, 월대의 중앙부에는 너비 7미터 정도의 어도 흔적도 드러났다. 월대 좌우에는 장대석 기단을 2단 2열로 쌓았으며, 내부에는 흑갈색 사질토와 할석을 5~6단 다져넣었다. 그 위에는 마사토를 10센티미터 내외의 두께로 깔았는데, 이러한 방식은 창덕궁 돈화문과 덕수궁 대한문의 월대에서도 동일하게 확인할 수 있다.

19세기 말 안중식이 그린 〈백악춘효도〉와 《조선고적도보》의 광화문 사진을 보면 당시 월대의 모습을 그려볼 수 있다. 이런 자료에는 월대의 어도 가장자리에 장대석을 한 줄로 놓고 그 부분만 주변보다 높게 시설한 것과, 월대 양 끝에 수십 개의 동자석을 세워 만든 난간이 보인다. 하지만 지금은 어도 장대석의 기초 잡석만 70~100센티미터 너비로 남아 있을 뿐이고,[2] 그 많던 동자석과 난간석은 완전히 자취를 감추고 말았다. 그러던 중 우연히 경복궁 건청궁 뒤편의 녹산에서 광화문 월대에 사용된 것으로 보이는 동자석 1점이 발견되었다. 앞으로 광화문 앞쪽의 월대를 복원한다면 이 동자석이 큰 역할을 하게 될 것이라 생각하니 왠지 기특하게 보인다.

경복궁의 정문인 광화문 복원이야기를 했으니, 그 앞에 자리했던 조선의 핵심 관청에 대해서도 살펴보도록 하자. 조선 조정이 한양을 도읍으로 조성할 당시 관아의 배열을 확인해 보면 무척 흥미롭다. 현재 광화문과 광화문광장 사이에는 넓은 도로가 흐르는데, 이 도로를 사이에 두고 광화문을 바라보자. 그 자리에서 오른쪽을 바라보면 맨 앞에 의정부議政府가 자리하고 그 남쪽으로 이조吏曹·예조禮曹·호조戶曹·한성부漢城府·기로소耆老所가 있었다. 현재 정부서울청사와 세종문화회관 등이 자리한 왼쪽에는 삼군부三軍府를 위시해서 중추부中樞府·사헌부司憲府·병조兵曹·형조刑曹·공조工曹 등의 관아가 위치하였다.

서울시에서는 경복궁과 육조거리의 역사성을 회복하고자 조선시대 최고의 정치기구였던 의정부의 복원을 계획하고 있다. 현재 광화문 앞 대로와 대한민국역사박물관 사이에 시민열린마당으로 이용되는 공간이 바로 의정부 터로 알려져 있다. 일제강점기에 경기도청이 들어서는 등 수난을 겪은 곳이지만, 사전 검토 결과 의정부의 중심건물지 등이 잘 남아 있을 것으로 판단되어 2016년

2022년 10월 대한민국역사박물관에서 바라본 경복궁과 육조거리.
이호준 촬영.

서울 육조거리 발굴 토층.
한강문화재연구원 사진 제공.

여름부터 실체 확인을 위한 발굴조사가 시작되었다. 경복궁의 광화문과 더불어 웅장한 의정부의 모습을 볼 수 있는 날도 멀지 않을 것이란 기대감이 든다.

   의정부와 육조관아 중간에는 광화문과 연결되는 남북방향의 대로가 형성되어 관리와 백성들이 통행하였는데, 이를 '육조거리'라 불렀다. 육조거리는 임진왜란으로 경복궁이 소실되면서 원래의 모습을 상실하였는데, 조선 조정이 경복궁을 복원하지 않은 채 창덕궁을 정궁으로 삼았기 때문에 그냥 관아거리로만 남아 있었다. 그러다가 흥선대원군이 경복궁을 복원하면서 다시 조선 초기의 육조거리 모습을 잠시 회복했지만, 대한제국이 일제의 식민지로 전락하면서 또다시 시련을 겪었다. 1914년에 육조거리는 '광화문통'으로 이름이 바뀌었으며, 1926년 조선총독부 청사가 완공되어 광화문이 이전되면서 육조거리 양쪽에 건설되었던 장랑들도 사라지게 된다.

   광복 이후 육조거리에는 세종로가 놓여 이순신장군 동상과 함께 수도 서울의 상징이자 대한민국의 대표 도로가 되었는데, 최근에는 서울시가 이곳에 광화문광장을 조성하여 또다시 탈바꿈하였다. 이 광장을 조성하기 전에도 발굴조사가 이루어졌는데, 그 결과 현재의 도로면 바로 밑에서 1928년에 신설되었다가 1968년에 폐선된 서울 전차의 선로 및 침목 등이 발견되었다. 또한 그 밑으로 확인된 육조거리의 지층은 4개 층이나 되었다. 가장 아래층에서는 하천의 범람 등으로 퇴적된 자연층이 발견되었고, 그 위로는 자연 퇴적층을 보강한 후 조성한 조선 건국 초기 14~15세기의 도로면, 임진왜란 전후 16~17세기의 도로면, 고종 연간 경복궁 중건기 19~20세기의 도로면 등이 차례로 쌓여 있었다. 즉 지하 3미터 정도 아래에서 최초의 육조거리 조성층이 드러났고, 지하 1미터 지점에서는 조선과 대한제국을 아우르는 518년의 흔적이 2미터 정도의 두께로 덮여 있었으며, 지하 1미터부터 현재의 지표까지는 일제강점기 이후의 토층이 확인되었다.[3]

조선이 대한제국을 거쳐 역사의 무대에서 퇴장한 518년 동안 3미터에 가까운 퇴적이 이루어진 셈인데, 이게 과연 가능할까 하는 생각이 앞선다. 이와 동시에 앞으로 수백 년이 지나면 지표가 얼마나 더 높아질까를 생각하니 놀라울 따름이다.

흔히 지표는 깎여나가기 마련이라고 생각하기 쉬운데, 현재 한양도성의 사대문 안쪽 지역을 보면 육조거리와 마찬가지로 대체로 3미터 내외의 깊이까지 조선시대 문화층이 존재한다. 조선 전기부터 따져 보면 100년에 50센티미터 정도의 두께로 퇴적되었다는 말인데, 당시 사람들이 이러한 현상을 인식하고 있었는지도 궁금하다. 아마도 이렇게 지층이 높아진 이유는 이곳이 평지였기 때문일 것이다. 비가 오거나 풍화작용이 일어나 산이나 구릉지가 깎여나가고 그 입자들이 평지에 쌓이면서 지층이 자연스레 높아졌을 것이다. 더불어 현대에는 우리가 인식하기 힘든 황사나 미세먼지 등도 지표 퇴적에 상당한 영향을 미치고 있으리라 생각된다.

인왕산에서 북한산성까지, 한양도성이여 영원하라

한양도성 인왕산구간은 남산구간과 마찬가지로 표고가 높은 구릉지와 산지로 이루어져 있어서 성벽의 보존상태가 대체로 양호한 편이다. 그러나 월암근린공원부터 사직터널에 이르는 주거지역에서는 성벽이 많이 훼손되어, 다세대 건물의 주차장 사이에서도 체성의 일부를 확인할 수 있다. 안타깝지만 장충동구간과 마찬가지로 성벽에 대한 보호조치 없이 훼손된 채 방치되고 있다.

사직터널부터 인왕산 초입에 이르는 성벽의 바깥쪽에도 구릉지를 따라 다가구 및 다세대 주택들이 난립하고 있다. 그나마 주택가를 조성할 때 원래의 지형을 계단식으로 절토하여 지형의 변화는 그리 심하지 않다. 주거지역을 벗어나 인왕산로 1길을 거쳐 인왕산 정상에서 창의문에 이르는 구간에는 성벽이 잘 남아 있으며, 체성만 남아 있던 구간은 지속적인 노력을 통해 대부분 여장까지 복원된 상태이다.

인왕산구간의 성곽길을 따라 한참 올라가다 보면, 이 구간의 특징을 가장 잘 보여주는 시설인 곡성曲城이 나온다. 인왕산의 정상이자 한양도성 전체로 보면 서북쪽 모서리에 해당하는 지점이다. 곡성은 지형 여건에 맞춰 치성을 길게 늘인 형태로 산성의 경우에 많이 나타난다. 치성은 홍인지문구간에서 살펴본 것처럼, 적의 접근을 조기에 관측하고 전투 시 성벽에 접근한 적을 정면 또는 측면에서 격퇴할 수 있도록 성벽의 일부를 돌출시킨 구조물을 말한다. 그런데 곡성은 치성 중에서도 특히나 체성부가 굽어 굴곡이 있는 곳에 설치된 반원형의 시설을 말한다. 사료史料에서는 치성의 일종인 곡성과 용도甬道, 옹성 등을 엄격히 구분하지 않았는데, 이렇게 볼 때 이 시설들의 형태나 축조 목적이 유사했던 것 같다. 즉 이런 시설들은 축성할 때 성 바깥쪽에 두면 방어하기에 불리해지는 높은 지형이나 주변 관측이 용이한 지점을 효과적인 방법으로 성 내부로 끌어들이기 위한 방어시설의 일종이다. 현재 인왕산 곡성부를 보면 예나 지금이나 군사적 요충지는 변하지 않는다는 사실을 실감할 수 있다. 이 때문에 곡성에 접근하는 것이 사실상 불가능한데, 워낙 두드러진 위치인지라 도성 밑에서건 남산 쪽에서건 간에 인왕산을 바라보노라면 금세 알아볼 수 있을 정도이다.

곡성을 포함한 인왕산구간은 한양도성의 북서쪽을 경계하고 방어하는 데 있어서 핵심적인 역할을 하고 있다. 그런데 이것도 모자랐던 모양이다. 조선왕실은 임진왜란과 병자호란이라는 두 번의 큰 전쟁 동안 도성을 버리고 피난하면서 뼈저린 아픔을 겪었다. 이를 교훈삼아 한양의 북쪽 방비를 튼튼히 하기 위해 북한산성北漢山城, 사적 제162호과 탕춘대성蕩春臺城을 축조하였다.

북한산성은 숙종 37년1711에 북한산삼각산의 높은 봉우리들을 이어서 축조한 석축 산성으로, 경기도 고양시와 서울특별시 은평구·종로구·성북구·도봉구를 아우르는 곳에 위치해 있다. 성벽은 낮은 곳에서부터 해발 700미터 이상의 능선부까지 축조되었다. 평지에는 성벽을 높게 쌓았지만 산지로 올라가면서 점차 낮게 쌓았고, 정상부에는 체성 없이 여장만 설치하여 성벽의 높이를 맞추었다. 급경사나 암반이 있는 곳은 자연지형을 최대한 살려서 성벽을 쌓았는데, 이마저도 경사가 너무 심해서 축성이 힘든 구간은 성벽을 쌓는 대신 암반 자체가 성벽 구실을 하도록 한 점이 돋보인다.

한양도성 인왕산구간의 곡성. 얼굴바위 부근이 곡성으로 이루어져 있다.
이호준 촬영.

북한산성은 능선의 바깥면을 이용하여 외벽만 석축한 편축성으로, 네모난 성돌을 평평하게 들여쌓기 하는 수법으로 축조되었다. 축성 당시 훈련도감·어영청·금위영 등 삼군에서 분담하여 총 7,620보에 달하는 성벽을 쌓았는데, 자연암반을 포함한 전체 둘레

인왕산 정상에서 바라본 한양도성과 수도 서울. 한양도성은 앞으로도 서울을 품에 안고 지켜낼 것이다. 이호준 촬영.

는 12.7킬로미터이고 이 중에 성벽을 쌓아올린 구간은 8.4킬로미터이다. 주요 시설물로는 7개의 성문과 암문, 수문·성랑, 그리고 유사시 임금의 거처로 사용하기 위한 행궁 및 창고와 장대지 3개소 등이 있다.[4]

   숙종 44년1718에는 인왕산 정상의 북동쪽 능선에서 북한산 비봉까지의 구간에 탕춘대성을 쌓기 시작하여 이듬해에 완성하였다. 탕춘대성은 북한산성과 한양도성을 이어주기 위해 축조한 산성이다. 이 성을 탕춘대성이라고 부르게 된 이유는 세검정의 동쪽에 연산군이 만들어 풍류를 즐긴 곳으로 알려진 탕춘대蕩春臺라는 정자가 있었기 때문이다. 또 서쪽에 위치한 성이라 해서 서성西城이라고도 하는데, 한양의 북서쪽 방어를 목적으로 축성된 성이기에 그렇게 불린 듯하다.

   탕춘대성은 축성의 개념과 축조방식이 독특한데, 인왕산 북쪽능선과 북한산 남쪽능선을 자연 암반을 이용하여 이어 만든 남북방향의 일자형 편축성이다. 성벽 외에 주요시설물로 성문과 수문이 있으며, 성벽은 대부분 석성이고 일부 구간만 토성으로 축조되었다. 성벽의 길이는 조금씩 다르게 알려져 있으나, 북한산국립공원 내 안내문에는 5.1킬로미터로 소개되어 있다.

   탕춘대성의 성문으로는 홍지문弘智門이 있는데, 한성의 북쪽에 있는 문이라 하여 한북문漢北門이라고도 하였다. 홍지문은 홍예 구조의 출입구를 만들고, 육축 위에 단층의 문루를 세운 형태이다. 문루의 규모는 정면 3칸에 측면 2칸이며, 좌우에 협문 2개소를 두었다. 여장은 육축 위에 벽돌을 쌓아 올린 형식으로 만들어져 있다. 이밖에 암문 1개소와 오간대수문이 있다. 1921년에 홍지문의 문루 및 오간대수문이 훼손되었으나, 1977년 성벽을 보수하고 오간대수문과 홍지문을 복원하였다.

오간대수문은 지형상으로 남쪽능선과 북쪽능선 사이를 흐르는 모래내를 막은 것인데, 다섯 칸의 수문이 연이어 있는 홍예 구조를 띠고 있다. 동쪽의 물을 서쪽으로 흘려보내는 수문의 기능 외에 성벽의 기능도 겸하고 있다. 오간대수문의 규모는 전체 길이 26.7미터에 너비 6.8미터이며, 각 수구의 폭은 3.8미터에 높이 2.8미터 정도이다. 이밖에도 연무장인 연융대鍊戎臺와 비상시 창고인 선혜청宣惠廳 등을 시설하여 총융청 기지로 삼았고 군영도 배치하였다. 홍지문 및 탕춘대성은 1976년 서울특별시 유형문화재 제33호로 지정되었다.

조선시대에는 한양도성을 중심으로 남쪽에 남한산성과 북쪽에 북한산성을 축조함으로써 명실상부한 도성 방어 체계를 완성하였다. 이는 방어에 취약한 한양도성의 단점을 극복하기 위한 최선의 선택이었다. 이로써 한양도성은 18.6킬로미터가 넘는 엄청난 규모의 성벽 외에도, 위 아래로 그에 버금가는 두 개의 방어성을 보유하게 되었다. 최근 보도에 따르면, 서울시와 경기도가 한양도성, 탕춘대성, 북한산성을 연계한 조선후기 도성 방어 체계를 주된 가치로 하여 세계유산에 공동 등재하기로 하였다고 한다.

한양도성은 오늘도 어김없이 수도 서울의 심장부를 굽이쳐 흐르고 있으며, 한양도성 외곽을 둘러싼 늠름한 산들은 서울도심을 여느 때처럼 포근히 감싸주고 있다. 이것들이 닳아 없어지는 그날까지 영원히 지속될 한양도성을 그려본다.

---

1 국립문화재연구소, 2011, 《경복궁 발굴조사 보고서1 – 광화문지, 월대지, 어도지》.
2 국립문화재연구소, [주1]과 같은 문헌.
3 한강문화재연구원, 2011, 《서울 육조거리 유적》.
4 차용걸, 2009, 〈서울 도성과 방어유적의 복원·보존 및 과제〉, 《서울의 문화유산에서 세계의 문화유산으로》, 2009 서울역사국제학술대회.

참고문헌

- 《고려사高麗史》
- 《만기요람萬機要覽》
- 《문암집問庵集》
- 《삼국사기三國史記》
- 《삼국유사三國遺事》
- 《삼봉집三峰集》
- 《수성책자守城册子》
- 《신증동국여지승람新增東國輿地勝覽》
- 《연려실기술練藜室記述》
- 《용재총화慵齋叢話》
- 《조선고적도보朝鮮古蹟圖譜》
- 《조선왕조실록朝鮮王朝實錄》
- 《주례周禮》
- 《증보문헌비고增補文獻備考》
- 《택리지擇里志》
- 《해옹시고海翁時藁》

- 고려문화재연구원, 2012,《서울 정동 유적 – 창덕여자중학교 증·개축부지 문화재 발굴조사 보고서-》
- 국립문화재연구소, 1999,《주한 러시아대사관 건립 예정부지 내 유적 시굴조사보고서》
- 국립문화재연구소, 2008,《경복궁 흥복전지 발굴조사 보고서》
- 국립문화재연구소, 2011,《崇禮門 - 숭례문 발굴조사 보고서》
- 국립문화재연구소, 2011,《경복궁 발굴조사 보고서1 – 광화문지·월대지·어도지》
- 국립문화재연구소, 2014,《풍납토성 XVI – 성벽의 축조공법 및 연대 규명을 위한 학제간 융합연구》
- 국립민속박물관, 2007,《조선대세시기Ⅲ – 경도잡지·열양세시기·동국세시기》
- 김영상, 1994,《서울 六白年 ① – 북악·인왕·무악기슭》
- 김영상, 1996,《서울 六白年 ④ – 낙산기슭·청계천변》
- 명지대학교 부설 한국건축문화연구소, 2001,《서소문지구 잔존 서울성곽유구 시굴조사 약보고서》
- 명지대학교 부설 한국건축문화연구소, 2005,《서울상공회의소 구간 내 서울성곽유구 시굴조사 약보고서》
- 문화재청, 2008,《崇禮門 - 숭례문 화재 피해현황 및 수습 보고서》
- 문화재청, 2010·2011·2013,《숭례문의 혼을 다시 깨우다》
- 문화재청, 2014,《사직단 복원정비 계획》
- 서울시·중원문화재연구원, 2011,《동대문운동장 유적》
- 서울역사박물관, 2005,《서울특별시 문화유적 지표조사 종합보고서》제Ⅱ권.
- 서울역사박물관, 2009,《남산 봉수대지 발굴조사 보고서》
- 서울역사박물관, 2011,《웃대, 중인문화를 꽃피우다》, 서울 2000년 역사문화 특별전 Ⅳ.
- 서울역사박물관·한양도성박물관, 2014,《도성과 마을》, 2014년 한양도성 마을 특별전.
- 서울특별시, 2012,《서울 한양도성 서울성곽 유네스코 세계유산 잠정목록 등재를 위한 학술연구》
- 서울특별시, 2013,《유네스코 세계유산 등재를 위한 학술연구 – 한양도성 보존·관리 및 활용 종합계획》
- 서울특별시, 2014,《역사도심 기본계획》

- 서울특별시, 2016, 《낯설고도, 그리운 골목-시민이 발로 찾은 서울 골목길 명소 30선》
- 서울특별시사편찬위원회, 2007, 《서울의 시장》
- 서울특별시사편찬위원회, 2009, 《시민을 위한 서울역사 2000년》
- 손영식, 2009, 《한국의 성곽》
- 손현정, 2011, 《서울성곽 복원에 따른 관광상품화 방안 연구 : 홍인지문에서 낙산구간의 성곽중심으로》, 이화여자대학교 석사학위논문.
- 신영문, 2016, 《한양도성 축성술의 역사고고학적 연구》, 국민대학교 대학원 박사학위논문.
- 육군사관학교 화랑대연구소, 2003, 《장충동 서울성곽 시굴조사 보고서》
- 이승민, 2016, 《이화마을의 재생방식 변화과정》, 성균관대학교 디자인대학원 석사학위논문.
- 이재운·박숙희, 2008, 《우리말 1000가지》
- 장남종·맹다미, 2012, 《한양도성 연접지역 실태분석 및 합리적 관리방안 연구》, 서울연구원.
- 中國藝術研究院, 1999, 《中國建築藝術史(下)》, 文物出版社.
- 중앙문화재연구원, 2004, 《서울 청계천 복원구간 내 청계천 유적》
- 한강문화재연구원, 2011, 《서울 육조거리 유적》
- 한울문화재연구원, 2010, 《서울 타워호텔 서울성곽 유적》
- 한울문화재연구원, 2010, 《종로 송월동 서울성곽 유적》

- 강문식, 2016, 〈조선시대 사직社稷의 연혁과 제도〉, 《2016년 궁궐길라잡이 19기 기본교육》, 우리문화숨결.
- 고동환, 1998, 〈조선후기 서울의 인구추세와 도시문제 발생〉, 《역사와 현실》제28권.
- 구본현, 2012, 〈漢詩文에 나타난 漢陽 城門의 성격과 의미〉, 서울학연구 47.
- 김대호, 2014, 〈20세기 남산 회현자락의 변형, 시각적 지배와 기억의 전쟁〉, 《남산 회현자락 한양도성의 유산가치》, 서울특별시.
- 김영관, 2004, 〈조선시대 서울 지역의 봉수대 설치와 운영〉, 《白山學報》69.
- 김웅호, 2012, 〈조선 초 都城의 축조와 수도 境界 기능〉, 《서울학연구》47.
- 김왕직, 2014, 〈역사유적 보존·정비 사례연구〉, 《남산 회현자락 한양도성의 유산가치》, 제5차 한양도성 학술회의, 서울특별시.
- 김정동, 2014, 〈정동일대의 문화유산과 세계유산적 가치〉, 《서울의 유산에서 세계의 유산으로》, 서울특별시.
- 나각순, 2012, 〈서울 한양도성의 기능과 방위체제〉, 《서울 한양도성(서울성곽) 유네스코 세계유산 잠정목록 등재를 위한 학술연구》, 서울특별시.
- 문인식, 2014, 〈한양도성의 각자성석에 대한 종합적 고찰〉, 서울학연구 55, 서울학연구소
- 박한제, 2000, 〈五胡 赫連夏國의 都城 統萬城의 選址와 그 構造-胡族國家의 都城造營方式〉, 《東洋史學研究》69.
- 손영식, 2012, 〈한양도성의 독창성 고찰〉, 《서울 한양도성(서울성곽) 유네스코 세계유산 잠정목록 등재를 위한 학술연구》, 서울특별시.
- 신희권, 2014, 〈고고유적 활용방안 연구〉, 《야외고고학》19, (사)한국문화재조사기관협회.
- 신희권, 2014, 〈남산 회현자락 발굴유적 보존방안〉, 《도시 성곽의 과학적 보존과 창의적 개입》, 제3차 한양도성 국제학술회의.
- 신희권, 2015, 〈한양도성 축조기법 연구 – 백제 성곽과의 비교를 중심으로-〉, 《百濟文化》53, 公州大學校 百濟文化研究所.
- 심광주, 2010, 〈漢城百濟의 '烝土築城'에 대한 研究〉, 《鄕土서울》76.
- 안창모, 2016, 〈근대 한국의 원공간 – 정동과 덕수궁〉, 《2016년 궁궐길라잡이 19기 기본교육》, 우리문화숨결.
- 오충현, 2012, 〈서울성곽 주변 식생과 생태〉, 《서울 한양도성(서울성곽) 유네스코 세계유산 잠정목록 등재를 위한 학술연구》, 서울특별시.
- 윤진영, 2012, 〈회화를 통해 본 서울 한양도성〉, 《서울 한양도성(서울성곽) 유네스코 세계유산 잠정목록 등재를 위한 학술연구》, 서울특별시.
- 이상구, 2012, 〈서울 한양도성의 지형과 도성구조〉, 《서울 한양도성(서울성곽) 유네스코 세계유산 잠정목록 등재를 위한 학술연구》, 서울특별시.

- 이상해, 2013, 〈서울 한양도성의 세계유산적 가치〉,《역사도시와 도시성곽》, 제1차 한양도성 국제학술회의, 서울특별시.
- 이용범, 2012, 〈서울 한양도성과 서울 사람들의 삶 : 한양도성 관련 민속을 중심으로〉,《서울 한양도성(서울성곽) 유네스코 세계유산 잠정목록 등재를 위한 학술연구》, 서울특별시.
- 이우태, 2014, 〈9. 慶州 南山新城碑〉,《韓國金石文集成(6)》, 한국국학진흥원·청명문화재단.
- 장옥연, 2014. 〈한양도성 주변 성곽마을의 가치인식과 보전원칙〉,《역사문화환경 보존과 건축역사학회의 역할》, 2014년 4월 월례학술세미나, 한국건축역사학회.
- 장지연, 2009, 〈권력관계의 변화에 따른 東郊 壇廟의 의미 변화 – 근대 先農壇과 東關王廟를 중심으로〉,《서울학연구》36.
- 장지연, 2012, 〈풍수 및 입지관을 통해 본 서울 한양도성〉,《서울 한양도성(서울성곽) 유네스코 세계유산 잠정목록 등재를 위한 학술연구》, 서울특별시.
- 차용걸, 2009, 〈서울 도성과 방어유적의 복원·보존 및 과제〉,《서울의 문화유산에서 세계의 문화유산으로》, 2009 서울역사국제학술대회.
- 최기수, 2014, 〈남산의 경관景觀 및 공원변천〉,《남산 회현자락 한양도성의 유산가치》, 제5차 한양도성 학술회의.
- 최형수, 2014, 〈남산회현자락 발굴조사 결과 및 의의〉,《남산 회현자락 한양도성의 유산 가치》, 제5차 한양도성 학술회의, 서울특별시.
- 허경진, 2012, 〈문학에 나타난 서울 한양도성의 이미지〉,《서울 한양도성(서울성곽) 유네스코 세계유산 잠정목록 등재를 위한 학술연구》, 서울특별시.
- 太田秀春, 2003, 〈近代 韓日兩國의 城郭認識과 日本의 朝鮮 植民地政策〉,《韓國史論》49.

- 《뉴시스》, 백범 김구 지켜본 4명 증언 담은 '마지막 임시정부청사 경교장', 2016. 1. 15.
- 서울시설공단 홈페이지(http://www.sisul.or.kr/open_content/cheonggye/intro/history.jsp).
- 서울역사박물관 홈페이지(http://www.museum.seoul.kr).
- 서울타임스, 2010, 〈한양도성 서소문, 소의문〉,《나각순의 서울문화유산 둘러보기》(http://www.seoultimes.net).
- 연합뉴스 김태식 기자 블로그(http://blog.yonhapnews.co.kr/ts1406, 2005. 11. 8.).

| 일러두기

이 책의 모든《조선왕조실록》번역문은 한국고전번역원 제공〈한국고전종합DB〉의 번역문을 인용한 것이다.

도성 바깥에서 바라본 한양도성

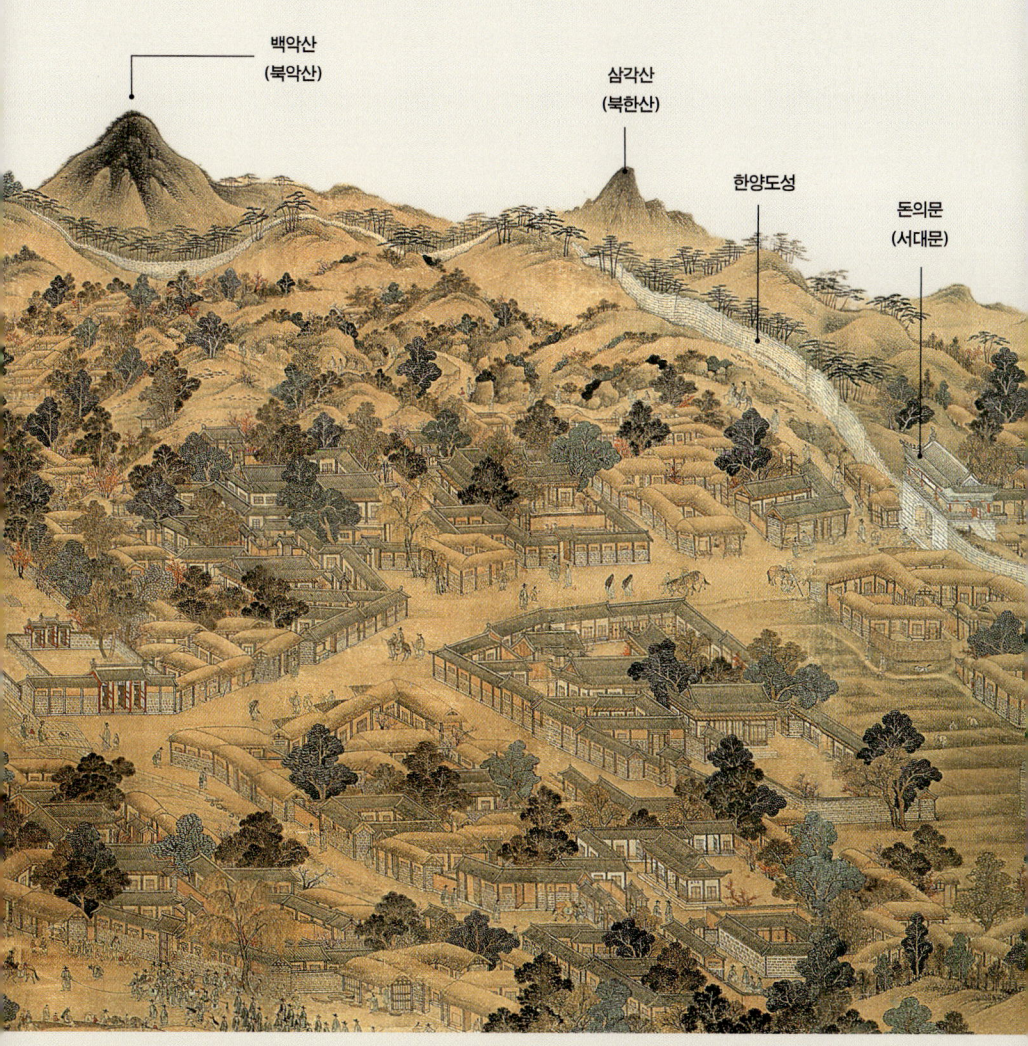

〈경기감영도〉(부분). 삼성미술관 Leeum 사진 제공.